U0919262

THE DISTRACTED MIND

专注

把事情做到极致的艺术

[美] 亚当·格萨雷 拉里·罗森 / 著
李闻甲 尹晓虹 / 译

江苏凤凰文艺出版社
JIANGSU PHOENIX LITERATURE AND ART PUBLISHING, LTD

图书在版编目（CIP）数据

专注 / (美) 亚当・格萨雷 (Adam Gazzaley) ,
(美) 拉里・罗森 (Larry Rosen) 著 ; 李闻甲, 尹晓虹
译. -- 南京 : 江苏凤凰文艺出版社, 2017.7（2017.11重印）
书名原文: THE DISTRACTED MIND
ISBN 978-7-5594-0728-3

Ⅰ.①专… Ⅱ.①亚… ②拉… ③李… ④尹… Ⅲ.
①注意－能力培养 Ⅳ.①B842.3

中国版本图书馆CIP数据核字（2017）第138187号

著作权合同登记号 10-2017-254 图字

书　　名	专注
作　　者	亚当・格萨雷（Adam Gazzaley） 拉里・罗森（Larry Rosen）
译　　者	李闻甲　尹晓虹
责任编辑	邹晓燕　黄孝阳
出版发行	江苏凤凰文艺出版社
出版社地址	南京市中央路 165 号，邮编：210009
出版社网址	http://www.jswenyi.com
发　　行	北京时代华语国际传媒股份有限公司　010-83670231
印　　刷	北京富达印务有限公司
开　　本	880 × 1230 毫米　1/16
印　　张	15.5
字　　数	200 千字
版　　次	2017 年 8 月第 1 版　2017 年 11 月第 2 次印刷
标准书号	ISBN 978-7-5594-0728-3
定　　价	36.00 元

我们的大脑在掌控信息还是被信息掌控

我们现在所在的高科技世界是如此引人入胜又如此令人分心，本书首次从心理学和神经学角度探索我们在这一世界中平日所遇到的挑战。信息日渐饱和的世界充满了弹出窗口、智能手机、短信、聊天、邮件、社交媒体和电子游戏，加上人们对全年全天时时在线和即时响应的要求，这些都过度消耗了我们的大脑。通过列出科学依据及人们面对和解决注意力不集中的实例，我们将带你从特别的角度看待这一现象。

《专注》一书将带领你探索人们是如何和为何与内心世界和外在世界出现的干扰所斗争的，与此同时，本书还提供使用的策略，用以改变人们行为，让人们的大脑不受搅扰，从而让人们更好地完成目标。毫无疑问，干扰我们的科技只会变得愈来愈有影响，让我们无法集中在生活中重要的方面，所以我们迫切需要搞清我们为何如此易受干扰，也要明白我们可以在高科技世界中找到“躲藏在噪声中的信号”。

《专注》不会用花花绿绿的脑部扫描成像和不可靠的神经学让话题显得更加可信。在本书中，我们从现代科学角度来呈现即时而实用的看法。亚当·格萨里博士是一名认知神经科学家，他在大脑应对干扰的研究方面也是一名开拓者。拉里·罗森博士是一名心理学家，他在“科技心理学”方面也是领路人，并在该领域有超过30年的经验。我们之间的看法互为补充，并都将重点放在人们为何难以驾驭现代科技的生态系统，以及这一现象对我们的安全、认知、教育、工作、亲友关系的损害。我们利用自身的研究和科学假设，以及该领域其他学者的观点来充盈这一讨论，用以解释大脑是如何努力应付沟通和信息的要求。

我们将分三部分叙述观点。在第一部分中，我们将携你通过新视角看待为何会存在“干扰困境”，以及与人们变得如此相关的原因。大脑中有一部分高度进化，人类也之所以为人（具有为自身设定更高目标的能力），我们解释了其是如何与人类认知控制（注意力、工作记忆、目标管理）的根本局限性相冲突的。这种冲突导致我们对于阻碍目标达成的干扰十分敏感，无论是无用信息造成的干扰，还是试图一心多用所造成的干扰。这些杂音弱化了我们的感知，影响着我们的语言，阻碍着有效的决策，也让我们难以捕捉和回想生活片段的具体记忆。对于那些认知控制尚未发育成熟或具有缺陷的人来说，例如孩童、青少年、老年人和患病人群，负面影响则更为强烈。我们还从进化角度深入探讨了为何人们会做出极具干扰效果的行为，以至于成了只是极力满足天生对信息渴求的生物。

在第二部分中，我们仔细分析了人们在现实世界中的行为，也展示了无时无刻不沉浸在现代丰富信息科技中的我们是如何激化了在第一部分中所提到的冲突。人们和亲友聚餐时总是时时查看着自己的手机。我们在排队时不再无所事事地等着，也不再沉思或和旁边的人交流，而是低头看着那个透过手机召唤着我们的虚拟世界。有些事情需要人们从始至终心无旁骛并深入思考，而人们总是在这期间分散着自己有限的注意力。我们将解释人们为何在清楚这种行为的负面影响后仍旧如此。通过建立由最优觅食理论而来的新模型，我们将阐释人类所处的高科技世界是如何纵容着这种行为的——让人们更易满足自身天生对信息的渴求，也影响着无聊和焦躁之类的重要内心因素。我们确实是在高科技世界中拥有古老大脑的人类。

最终，我们在第三部分解释人类是如何将大脑改造得更具抗压性的，也介绍了人们是如何利用策略来改变自身行为，以在生活各个领域游刃有余的。我们首先探索了所有能为我们所用的可能方法（无论科技含量高低），用以管控大脑的可塑性，从而强化人们备受干扰的意志。这些深入的实验包括传统教育、认知力训练、电子游戏、药物、体育运动、冥想、亲近自然、神经反馈、大脑刺激，展示了同一科技既可以加剧大脑干扰，也可以逆向弥补的耐人寻味的现象。之后，在策略方面，我们在现代科学框架下提出了该如何改善自身行为的建议，从而减少大脑干扰的负面影响。利用书中先前提到的最优觅食模型来达到行为转变，从而保证我们所提出的策略均十分可行，且有可靠的科学做支撑。

《专注》将告诉你大脑是如何在充斥着干扰的世界中处理波涛汹涌的信息流的，及其背后的原因。我们将视角延展开，探索这种超出人们能力外的负荷对个人生活的影响（无论是人们在路上，在学校或在办公地点），并解释产生这些影响的原因。极为重要的是，我们提供可靠而又务实的建议，告诉人们怎样才能在信息时代生存并发展下去。

第一部分
认知和控制的本质

第三章　大脑和控制力

第四章　我们认知控制能力的局限

第五章　我们的专注力总在不断地变化

第二部分
高科技世界中的行为学

第三部分
控制思维，提升专注力

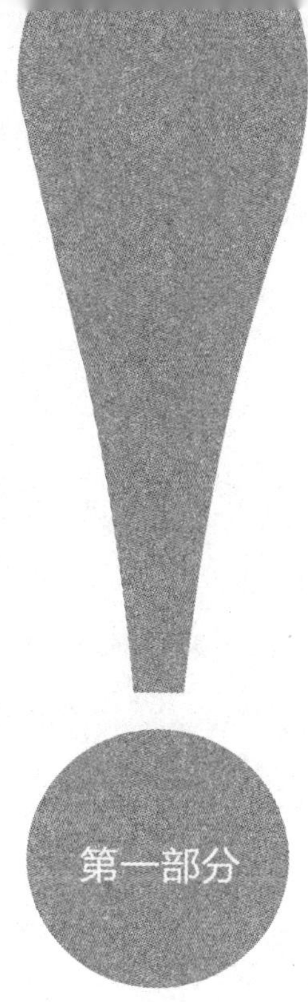

第一部分

认知和控制的本质

我们的大脑是一个精妙的信息处理系统，它有着人类已知的最复杂的结构。从发现广义相对论到绘画西斯廷教堂（the Sistine Chapel），从制造飞机到谱写交响乐，因为大脑，我们得以完成这些非凡的壮举。然而，我们仍然会忘记在回家的路上拿牛奶。这是怎么回事儿?

本书的第一部分，我们会解释我们的目标和有限的认知控制能力之间的碰撞是如何导致干扰（interference）和性能降低的。在第一章，我们会详细讨论干扰现象：它是什么，它如何影响我们的专注力，以及为什么它似乎变得越来越严重？我们认为，可以运用原本用于解释动物觅食行为的模型来更好地理解人类任务切换的倾向。

在第二章，我们将讨论人类大脑是如何进化的，使之能够建立并执行复杂的目标。大脑执行复杂目标的能力被称为认知控制，包括：注意力、工作记忆和目标管理。

在第三章，我们会深入大脑的内部。在过去几十年里，无创技术的发展使我们能够一探大脑内部的究竟，从而更好地了解信息处理过程和认知控制。

我们的大脑固然强大，但也有其局限性。从我们的祖先开始，这些局限性并没有获得很大的改进。

在第四章，我们将探讨大脑在注意力、工作记忆和目标管理方面的局限性。

最后，在第五章中，我们将研究这些局限性如何受年龄，健康状况，甚至是内部状态的日常变化的影响。

第一章　充满干扰的世界

我们无时无刻不被身边波涛汹涌的信息流所包围，我们渐渐意识到大脑是个出色的航海家，带领我们稳步向前。然而，即便我们试图实现相当简单的目标，也往往会感到困难，这就是受到干扰的结果。干扰包括两大类：由无关信息引起的分心（distraction）和尝试同时处理多个目标时引起的中断（interruption）。

说到干扰，我相信很多人都会把谴责的目光投向手机。但在我们对手机这个潜在的元凶问责之前，我们应当了解的是：我们对干扰的敏感性，或者在本书中称为"分心"的东西，并不是现代科技的产物。相反，它是我们大脑固有的弱点。下面请大家考虑以下三种情况（这些情况对于现代人来说很常见，对于100年前的人亦是如此）。

你走进厨房，打开冰箱。当你意识到你完全想不起来你是来找什么的，你的心情想必很沮丧。这到底是怎么回事儿？你当然可以记得你想要找的东西，起码走到厨房的这段时间不至于忘记。稍事思考你就会意识到，这不是一个纯粹的记忆"故障"，而是受到干扰的结果：你因为突然想到了即将开会的事情而分心。

你们在拥挤的饭店里聚餐。你盯着坐在桌子对面的同事，想要跟上她说话的思路。你可以听到她说话的声音，但似乎你的大脑已经被周围的聊天声所“劫持”，即使你拼命地试图摆脱这些分散注意力的事物。

开完会后，你回家时选择了一条不熟悉的路。你非但没有专注于你的路线，还一直回想着刚才会上的谈话。接下来，你会发现你迷路了。内心产生的中断（interruption）使你无法成功地完成目标。

尽管我们的大脑对干扰有着固有的敏感性，不可否认的是，最近的技术进步使得我们更容易受到干扰。请看下面的一系列场景：

你正在参加一个会议。虽然大家正在讨论一个重要的新项目，并且在会议期间禁止使用电子设备，可你还是偷瞄放在大腿上的手机，看有没有收到那封你期待的电子邮件，顺便刷一刷社交媒体网站，看看朋友们的新动态。

你和家人一起用餐。电视开着，每个人都把手机放在桌子上，时不时就拿起来看下屏幕，轻触一番，然后把手机正面朝上，防止错过任何新信息。接下来你会手忙脚乱地弄清楚你在谈话中错过了什么，并尽可能重新参与到家人的讨论中。

你在高速公路上以 60 英里 / 小时的速度行驶。这时你听到了口袋里熟悉的嗡嗡声。没错，有人给你发了信息！你当然知道开车时不该看手机，但你还是掏出了手机，之后内疚地看了看旁边车里坐着的司机。

学校将新技术引入到相关的课程中，因此你的孩子会用到 iPad。这似乎是一个好主意。不过好景不长，老师打来电话说你家孩子并没有用 iPad 做正事，他总是在上课时玩游戏或者下载应用程序。

你坐在办公桌前，下班前有一份重要的工作要做完，因此你压力山大。你当然明白做好这份工作对你的工作评估有多重要，但你发现自己在不停地看邮箱，刷脸书（Facebook）。时间嘀嗒嘀嗒地溜走，每次中断工作都会引发沟通的连锁反应，导致你愈发不能按时完成工作。你知道你需要专注于你的工作，但你却在沉迷于社交网络的不归之路上越走越远。

技术创新在很多方面极大地改善了我们的生活，但它们也会干扰我们大脑的目标导向功能（goal-directed functioning）。这种干扰对我们在日常活动中的认知和行为有不利的影响，它会影响我们思维的每一个层级：感知、决策、沟通、情绪管控和记忆。这意味着它会对我们的安全、学习以及我们与家人、朋友和同事愉快相处的能力产生消极后果。对于那些大脑尚未发育成熟或受损的人群，例如儿童、老年人、患有神经疾病和精神病症的个体，干扰的负面影响会更为显著。要管控干扰，我们首先必须了解其本质。

你决定完成目标时受到的干扰

“干扰”是用于描述影响、阻碍，甚至是破坏某一过程的通用术语。听广播时静电（static）干扰其实就是收音机在接收与频道相关的无线电波时收到的干扰信号，这也被称为“噪声”。上述场景中的目标干扰在许多方面与无线电噪声十分相似。这种类型的干扰一直是心理学、神经科学、教育学、广告学、市场营销和人类行为等多个领域不同专家广泛研究的焦点。但这些研究通常没有将各类型的干扰视为一个统一的构建，这是本书的主要目标之一。

当你决定要完成某一特定目标的时候，例如：从冰箱里拿东西，完成工作任务，交谈，与人交谈或者开车时，目标干扰就会出现并阻碍你成功地完成这些目标。干扰可以由内部我们头脑中的思想产生，也可以由外部的感官刺激产生（如餐厅的喧闹声，嘟嘟声，振动或闪烁的视觉信号，如图 1.1 所示）。基于我们对干扰的管理方式，来自内部或外部环境（通常是两者都有）的目标干扰分别可以归为两个不同的类别——分心（distractions）和中断

(interruptions)。

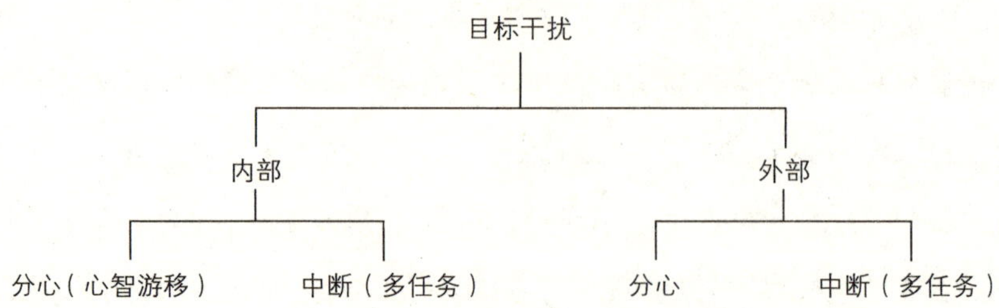

图 1.1

内部和外部产生的目标干扰的概念框架图。目标干扰可以由与目标无关的信息（分心）和多任务行为（中断）引起。

为了理解这些不同类型的目标干扰，我们不妨暂时搁置一下新技术对于大脑影响的讨论，考虑一个已经发生了几千年的情景：与朋友坐下来聊天闲谈。这似乎是一个相对直截了当的目标。但是，即使没有现代技术，四种类型的干扰也会阻碍你实现这一目标：内部分心、外部分心、内部中断和外部中断。现在，让我们对它们进行逐个讨论。

分心是一些与目标无关的信息，我们可能在外部环境中遇到，也可能在我们自己的头脑中产生。当出现分心时，我们的意图是非常明确的——我们希望忽略它们、赶走或是抑制它们，并继续努力实现我们的单一目标。下面这种情景十分常见：

你正在与你的朋友聊一个很有意思的话题，但是你的注意力却游走到一个完全不相关的事情上："我不相信我的老板没有注意到我这周干了多少活儿！"

这是一个内部分心的例子，有时也被称为心智游移（mind wandering）。心智游移在内容上通常是负面的，正如以上的情景。然而，分心也常常由周围与你目标无关的景象、声音和气味等外部条件产生，正如以下的情景：

你在听朋友说话，突然听到旁边桌子上提到你的名字。即使你刚才已经听过并且确定他们说的不是你，听到自己的名字时注意力仍会不自觉地被吸引，并将关注的焦点从你的目标上转移开来。

所以，与发生心智游移类似，与你目标无关的信息可能会导致干扰，我们称之为外部干扰。即使你很清楚外部分心会破坏你的谈话，你也决心忽略它们，它们仍经常“走进”你的头脑，转移你的注意力，从而降低你的任务表现。

中断是目标干扰的另一个主要来源。与分心的区别在于，当我们决定同时参与多个任务时，中断就会发生，即使我们尝试在它们之间快速切换。与分心类似的是，中断也可以在内部或外部产生。为了了解内部产生的中断，让我们重新看待刚才与朋友的谈话这件事。

对话已经变得不那么有趣了。所以，你决定分散一些注意力用来思考老板如何看待你的努力工作，同时试图保持与朋友的谈话。

这种主动参与同时发生的第二个内部任务的行为就是内部中断。它通过破坏你进行有意义的谈话这一目标来产生干扰。中断也经常由外部产生。

现在，与你的朋友谈话时，你不小心听到附近一段很有意思的对话，遂决定一边偷听，一边继续你与朋友的对话。

诸如此类的中断通常被称为“多任务”。它被定义为：试图同时参与具有独立目标的两个或多个任务的行为。在这里我们用了“尝试”这个词，因为在本书后面会讲到，多任务可能只是我们主观的决定，考虑到我们大脑中实际发生的情况，“任务切换”是更好的表述。

有趣的是，干扰和中断所造成的目标干扰从内容来说可以是一样的。在我们的例子中，老板对工作质量的看法既是内部分心的根源，也是内部中断的根源；偷听的对话既可以形成外部分心，亦可以形成外部中断。区分分心与中断的关键在于我们选择如何管理它们：如果试图忽略它们并继续原来的目标，那这就是分心。如果把它们作为同时处理的第二目标，那这就是中断。

尽管这两种都是目标干扰的类型，但它们造成的性能损害是由不同的脑机制造成的，这一点我们将在后文中讨论。

为什么我们会如此容易被干扰

所有复杂的系统都容易受到干扰，例如：汽车、笔记本电脑、波音 747 飞机和哈勃望远镜。干扰降低系统性能的概率似乎与系统的复杂性成比例。人脑是宇宙中已知的最复杂的系统，因此毫无疑问，它对许多级别的干扰非常敏感。事实上，目标干扰在我们的生活中如此突出的原因在于我们的目标固有的复杂性和我们实现它们的局限性。

我们建立高层次目标的能力可以说是人类大脑进化的巅峰。这些纷繁复杂、纵横交错，伴有时间延迟的共同的目标，对人类与周围世界的互动产生了前所未有的影响，是我们基于我们的决定而不是对周围环境的反射性反应来与各式各样的环境互动。我们强大的目标设定能力使我们的文化、社区和社会得到了显著的发展，并使我们能够创造复杂的人类构造，如：艺术、语言、音乐和技术。我们强大的目标设定能力从一开始就为目标干扰的发生创造了条件。

我们熟练设定目标的能力是通过一系列的被广泛地称为“执行功能”（executive functions）的认知能力来协调完成的，这些能力包括评估、决策、组织和规划。但设定目标只是完成了一半的任务。我们还需要专门的程序来完成这些伟大的目标。我们有效地实现目标的能力取决于一系列相关的认知能力，在本书中称为“认知控制”（cognitive control），包括注意力、工作记忆和目标管理。

需要注意的是，我们设定高级目标的能力并不意味着我们一定会不可避免地受到目标干扰。我们可能会想到，大脑的目标完成能力与目标设定能力会一同发展以抵消目标干扰的各种负面影响。但事实似乎并不是这样：我们实现目标所必需的认知控制能力没有发展到与目标设定所需的执行功能相同的程度。事实上，人类的认知控制能力的基本局限性和数百万年前与人类有着共同祖先的其他灵长类动物相比，并没有很大的不同。

我们的认知控制的确非常有限：我们分配和维持注意力的能力，积极记忆详细信息的能力，同时管理多个目标甚至是在彼此竞争的目标之间快速切换的能力都十分有限。我们只能推测，如果我们的目标完成的神经过程发展到与目标设定能力相当的程度，我们便不会受到目标干扰的阻碍。如果我们能够更为准确地记忆更多的信息，如果我们可以在周围撒下一张更持久的注意力之网，如果我们可以同时处理多个高难度的任务并在它们之间更高效地过渡，那么我们就不容易出现分心和中断。在许多方面，我们是高科技世界中的古老大脑。

我们可以把它看作是我们的目标所代表的强大力量和我们的认知控制的局限性所代表的强大障碍之间的冲突。这种冲突也是目标设定能力和目标完成能力之间的冲突。我们的目标设定能力高度进化，使我们可以在高干扰环境中进行互动以实现目标。而从我们的祖先开始，我们的目标完成能力基本没有进化，保留了我们处理信息能力的基本局限性。正是这种冲突导致了目标干扰，并在思维中造成了我们想要做的事和我们能做的事之间的矛盾。即使还处于潜意识的层面，你对这场冲突的认识很可能就是你一开始拿起这本书的原因。我们开始意识到，随着现代技术的进步使得目标干扰更为严重，这种冲突正在升级为一场全面战争，进一步困扰我们弗乱的心。

情况会越来越糟糕吗

人类一直生活在一个复杂的世界中。这个世界充满诱惑人分心的事物，各种各样的活动也会造成无数的中断，对我们实现目标构成了威胁。目标干扰很可能自现代人类诞生起就存在，但是在过去几十年间却发生了深刻的变化：随着计算机、媒体和通信等现代技术取得突破，信息时代应运而生。

人类历史的这一最新阶段也许是数字革命引发的，但个人电脑、互联网、智能手机和平板电脑的兴起只是表面现象。改变我们心理状态的真正核心是：我们正在经历信息本身上升到最终商品的变革，正是这个原因激发了新技术不断改良的多样性和易用性。我们的注意力不断被诱人的声音、引人注目的视觉效果和持续的振动所吸引，与此同时我们的大脑试图同时处理多个相互竞争的信息流。

现如今，我们大多数人都会携带一个功能强大的小型设备——智能手机，它比 10 年前我们桌子上的电脑还要强大。智能手机正在迅速普及，根据皮尤研究中心[①]（Pew Research Center）2015 年的报告，96%的美国成年人拥有手机，68%的人拥有智能手机。在美国智能手机用户中，97%的人经常使用手机发信息，89%的人使用手机接入互联网，88%的人用它发送和接收电子邮件。全球范围内，手机用户估计有 32 亿人，占世界人口的 45%。除了全球的高普及率和这些设备“常驻”我们的口袋和钱包的事实，新媒体也在不断促进任务切换。

智能手机、台式机和笔记本电脑支持同时运行多个应用程序，而网络浏览器允许同时打开无数个标签页和窗口，使得我们的注意力越来越难以停留在单个网页或应用上。这种新的参与模式改变了我们使用不同类型的媒体设备的方式。有证据表明我们越来越多的人在进行“媒体多任务”操作。例如，罗森博士（Dr. Rosen）的实验室的一项研究发现，青少年和年轻人普遍认为他们可以同时操作 6 到 7 种不同的媒体设备。其他研究表明，高达 95%的人

---

① 皮尤研究中心是美国的一间独立性民调机构。该中心对那些影响美国乃至世界的问题、态度与潮流提供信息资料。

每天都会进行多任务操作，他们的多任务活动占一天大约三分之一的时间。

此外，这些技术创新伴随着社会期望的转变：我们现在需要即时的响应和持续的生产力。一些研究表明，美国的成年人和青少年每天查看他们的手机高达 150 次，或者在醒的时候每 6 到 7 分钟就看一次手机。英国也有类似研究发现，超过一半的成年人和三分之二的年轻人和青少年每小时都要查看他们的手机。更夸张的是，当不能立即找到手机时，四分之三的美国智能手机用户会感到恐慌；一半人早上第一件事就是躺在床上看手机；三分之一的人使用卫生间时会看手机；30% 的人与他人一起用餐时会看手机。根据哈里斯民意调查（Harris Poll），80% 的度假者在旅行时会携带或计划携带至少一个高科技设备，相当比例的度假者经常使用移动设备完成住宿登记。

不间断的可访问性、侵入式的消息通知、便于任务切换的设备和社会预期的广泛变化延续并加剧了我们的干扰困境。事实上，这些现代技术世界的奇迹似乎产生了相对于以往更为高级的目标干扰。虽然这种社会趋势使我们脆弱的认知控制能力不堪重负，甚至接近崩溃，但它仍然存在，并且所有的迹象都表明它在迅速升级。虽然从某些角度来看，这可能是一个更加充满智慧的时代，但我们在高科技领域的行为似乎与我们所追求的目标的本质完全不相符，而对于目标的追求对人类来说至关重要。

为什么我们明知会受干扰却忍不住

尽管我们开始意识到自己对目标干扰的敏感性以及它可能对生活造成的负面影响，我们中的大多数人即使在分心和多任务可以完全避免的情况下，仍会做出受干扰诱导的行为（interference-inducing behaviors）。受干扰诱导的行为包括：有意将自己置身于一个分散注意力的环境中（例如，去拥挤、嘈杂的咖啡店写东西）或者从事多任务行为（例如，在听音乐的同时写书，每隔一段时间就看看短信和电子邮件）。几乎没有人能避免这些行为。所以问题来了：即使我们明白这会降低效率，为什么我们还要这样做？

对于这个问题的一个常见的解释是：与单个任务相比，多任务更有趣而且回报更大。这种说法肯定有道理。有人说趣味性是基于互联网的多任务的一个原因，并且在观看电视广告的同时参与其他任务会增加总体的任务乐趣。同样支持这种观点的是，在单一设备上进行多种任务切换时，有生理迹象表明我们会变得越来越亢奋。关于回报，研究人员已经证实，新鲜事物与我们大脑中的奖赏效应相关。这不足为奇，因为寻求新颖是探索新环境的强大动力，它赋予了我们明显的生存优势。

当频繁地在新任务间切换时，新颖程度无疑比不切换时要高得多。因此，多任务处理时总体的回报和乐趣会增加，这也是合乎逻辑的。此外，即使延迟的回报总体上具有更大的关联价值，较早地收获回报通常被认为更有价值。这种现象称为“回报时间折扣”（temporal discounting of rewards），它对冲动行为具有强烈的影响，也可能作用于我们寻求即时满足的固有驱动力，使我们愿意更快地而不是更慢地切换到新任务。

但一直以来，我们都有很多机会快速转换到更新颖、回报更大的任务上，但多任务直到现代社会才变得如此流行。这其中似乎存在比追求一般的回报和乐趣更重要的因素。现代技术世界中究竟是什么导致了这种疯狂的多任务行为？在这本书中，我们将提出一个新的假设：我们从事受干扰诱导的行为，从进化的角度来看，只是以最优的方式来满足我们本能的探求信息（information）的渴望。更为关键的是，现代化的高科技世界使得这种行为成为常态。一方面，现代的科技条件给予了我们更多的便利，使我们更容易满足探求信息的本能；另一方面体现在高科技的世界对内部因素如无聊和焦虑的影响。

既然这些自我延续的干扰诱导行为在许多方面对我们有害，那么不论从任何角度看，它们怎么会被认为是最优的方式？答案是，归根到底，我们有探求信息的本能，所以至少从理论上来讲，能够最大化积累信息的行为就是最优的。这一观点可以用灵长类动物的觅食机制来解释。研究发现，灵长类动物最初用来觅食的分子学和生理学机制已经得到进化，包含了信息寻觅的过程。支持这一论断的数据在很大程度上来自对于多巴胺能系统（dopaminergic system）的研究。

多巴胺能系统是所有回报机制的关键所在，在低等脊椎动物的基本觅食行为以及猴子和人类的高级认知行为中发挥关键的作用。这些高级认知行为常常被认为不具有明显的生存效益。多巴胺能系统已经被证实与灵长类动物的信息寻觅行为直接相关。例如，短尾猴响应信息的方式与它们响应原始回报（例如食物或水）的方式十分相似。此外，"单一多巴胺神经元既处理原始回报也处理认知回报，这提示我们当前的回报寻觅理论必须做出修改，应将信息寻觅包括在内"。

正如这一理论的先驱托马斯·希尔斯（Thomas Hills）所描述的："有证据强烈表明目标导向的认知从最初控制空间觅食的机制不断进化，通过增加皮层连接，最终用于搜寻信息。"人类学研究则进一步证实了我们寻觅信息的天性。研究表明：人们自由地组织其周围环境以最大限度地获取信息。这一结论诞生了正式的信息寻觅理论。从这个角度来看，旨在最大限度地接触并利用新信息，但最终导致干扰的行为可以被认为是最优的。所以，尽管对我们生活的其他方面有负面影响，这样的行为还是会被采用。我们已经了解到人类会表现出天生的寻觅信息的本能，其方式与其他动物觅食的本能大致相同，现在需要思考的问题是：现代技术的进步使我们能够更方便地获取信息，但这些能够满足我们的技术是如何让我们走向极端的？另外，为什么说我们是生活在高科技世界的古老大脑？

行为生态学的发现进一步解释了我们的干扰诱导行为。行为生态学通过研究动物及其环境之间的相互作用探讨行为的进化基础。这一领域的重要贡献之一是发展了最佳觅食理论（optimal foraging theories）。这一理论基于动物的觅食行为：动物不随机觅食，而是基于强大的生存驱动力来优化其觅食活动。通过自然选择形成的能够最大化摄取能量的觅食行为会被长期采用。根据觅食理论可以做出用于预测动物因其环境条件而产生相应行为的数学模型。这些数学模型可以预测一个"最佳觅食者"在任何给定情况下的行为。虽然现实世界中的行为肯定与这些模型预测的有所不同，但是这些模型通常具有一定的准确性，已经成为了解动物行为和环境之间复杂的相互作用的重要工具。因此，从信息寻觅的角度来看，如果我们的干扰诱导行为可以被认为是最优的，那么最佳觅食理论可能有助于解释我们分散的注意力。

1976 年，进化生物学家埃里克・查诺夫（Eric Charnov）提出了一种被称为边际价值定理（MVT）的最佳觅食理论，用来预测动物在"斑块"环境中的觅食行为。"斑块"环境是指环境中食物的数量有限，食物呈离散的块状或片状分布，其间是无资源的区域。这种类型的环境在自然界中很常见，当一片区域内的食物资源随着时间消耗殆尽，动物需要转移区域以获取食物。想象一只松鼠在树上找橡子吃。随着松鼠吃得越来越多，树上剩下的橡子会越来越少。于是到了某一刻，松鼠最好花费时间和精力去找一棵新的橡树以获得更多的食物，而不是继续在这棵越来越贫瘠的树上找吃的。边际价值定理模型（MVTmodels）可以预测在给定的环境条件下，转移之前动物在一个斑块区域内停留的时间。

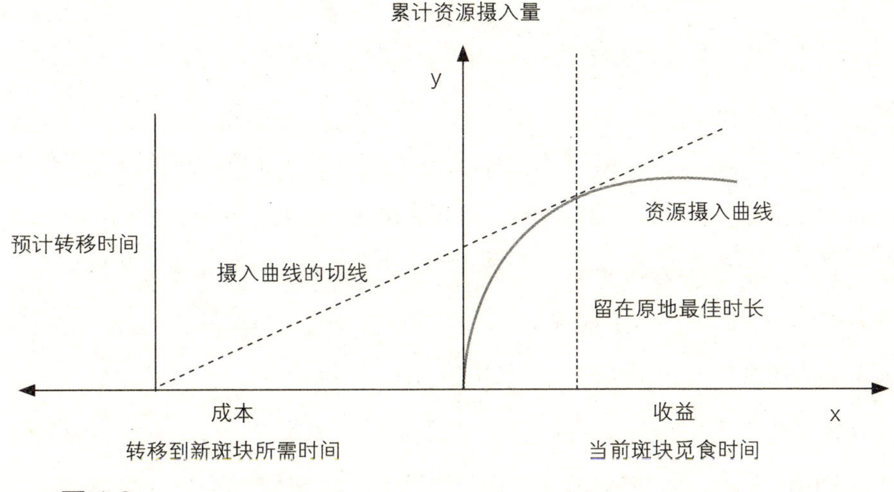

图 1.2

基于边际价值定理的最佳觅食模型，描述动物在斑块环境中觅食的成本－效益关系。

即使没有深入了解边际价值定理的数学细节，我们仍然可以通过上面的图表来理解甚至运用该理论。图中 x 轴上的是成本－收益关系，随着在当前斑块觅食时间的增长，收益会不断累积（向右增加）；随着向新斑块转移所需时间的增长，成本也会不断累积（向左增加）。动物受本能的驱使，在觅食中试图最大化其“累计资源摄入量”（沿 y 轴增加）。该模型的关键因素在图中表示为“资源摄入曲线”。它反映了随时间推移，在相同斑块中逐渐递减的觅食回报（由曲线表示）。

累计资源摄入量不会随着当前斑块觅食时间的增长而出现线性增长或永久性增长（即，坚果迟早会被吃光）。如果动物知道“资源摄入曲线”的影响因素（即，留在一个斑块中觅食收益会越来越小），并且知道到达新斑块的“预期转移时间”，那么如图所示，“留在原地最佳时长”可以用连接“预计转移时间”的切线与“资源摄入曲线”的交点来表示。所以，如果我们的松鼠能够意识到这棵树上的橡子在不断减少，而草坪那边有另一棵树，那里通常有很多橡子，去那边也不会花太多时间，那么它会从当前这棵树转移到新的那棵。该模型已经在若干动物中得到验证，例如：大山雀和长毛狨猕的觅食行为。

现在，还是利用边际价值定理，让我们把寻觅食品资源替换为寻觅信息资源，假设我们是寻觅信息的动物。这里，斑块是信息的来源，例如：网站、电子邮件或是我们的 iPhone。请注意，随着我们逐渐消耗斑块中的信息资源，每个斑块的资源回报将逐渐减少，而且总是获取同一类型的信息会让我们感到无聊或焦虑。因此，我们已经了解到当前斑块中的资源会越来越少，同时也有转移到新斑块所需时间的意识，我们最终会决定在一段时间后转移到新的信息斑块上。因此，边际价值定理模型揭示了影响我们做决定的因素，即：在转移阵地之前，我们要在一个信息“池塘”中花多长时间。

边际价值定理可以成功地应用于人类寻觅信息的过程。在信息块中的最佳停留时间甚至可以通过数学计算得出，并且在实验室和现场研究中得到证实。了解科学家们是如何通过实证性的方法验证这一假设将会是十分有趣的，虽然这已经超出了本书的范围。

最佳觅食理论已经应用于人类信息寻觅，它可以帮助我们了解我们是如何搜索互联网和自己的记忆的，以及学者和医生是如何搜索信息的。不过据我们了解，该理论尚未被用于解释一个关键的问题：为什么我们会参与干扰诱导行为，即使它们具有自我毁灭性。

在第九章中，我们将应用边际价值定理模型来探索高科技世界中影响我们信息寻觅行为的因素。我们将指出，由于受到现代技术的特殊影响，即使从信息觅食的角度来看我们许多人的行为方式可能已经不再是最优的。

在第十一章中，我们将进一步讨论这一问题，并使用该模型来制定行为计划，以最大限度地减少高科技对我们注意力的负面影响，提高我们的生活质量。我们将提出策略，使我们更为专注的同时不会错过现在技术带来的收益。但首先，要更好地讨论现在信息技术对我们产生的影响，我们需要深入了解我们的思维过程。

第二章　我们的目标和认知控制

对于我们两个耳朵之间的神奇器官有两种同样正确的认识：其一是大脑，是已知的最出色的信息处理系统和最复杂的结构；其二是思维，作为生物机体中新出现的高级功能，思维是我们的身份和意识的核心。大脑结合了闪电般的平行处理速度与巨大的存储能力，这确实令人惊讶。它能识别不到十分之一秒的复杂刺激，关联起相隔几十年的事情，还能存储十亿字节的信息，超过美国国会图书馆[①]所藏信息的50000倍。

在结构上，大脑自成一体，超过1000亿个加工单位（神经元），如同银河系的核心区域中星球的排列顺序，与数百万亿个连接（突触）构成错综复杂的交织，形成了一个复杂而令人震撼的分布式网络。但也许人类大脑最令人印象深刻之处在于它的功能性产物：人类的思维。尽管几个世纪以来围绕这一话题存在大量的学术理论和研究，我们仍认为最有效地认识人类思维这一奇迹的方法就是要充分理解：思维是我们的每一种情感、每一个想法、每一种感觉、每一个决定、每一个动作、每一句话和每一段记忆的本质。从最真实的意义来说，思维就是我们本身。

尽管如此，当说到运用认知控制来完成目标的能力时，人类的思维仍有

① 美国国会图书馆建于1800年，是美国的四个官方国家图书馆之一，约有2.1亿件藏品。

基本的局限性，这使我们容易受到目标干扰，反过来对我们生活的许多方面会产生消极的影响。现在，让我们探索思维的内在运行机制，了解我们为什么如此容易受到目标干扰，从而引起分心。

原始大脑的感知——行动循环

首先，让我们回溯过去，观察我们进化的历程，并思考最初目标本身是如何作为人脑的功能而出现的。如果我们可以观察到我们最原始的祖先，我们会发现，最早期的大脑的作用并不神秘，就是在最基本的方面为个体和物种的生存提供支持。它的主要功能是帮助这些生物觅食和交配，并指导它们远离威胁。

即使回顾更早的历史，观察在大脑存在之前的，没有神经系统的单细胞生物体，我们会发现它们的前体构造基本上也在执行与上述相同的功能。这些原始生命被一串简单的事件序列所主导：它们表面的探测器会评估周围环境中营养物质和毒素的化学梯度，从而指导运动的方向。这本质上是一个简单的反馈循环（feedback loop），将感觉转化为运动。随着分布式神经系统的发展，多细胞生物与其周围环境发展出更为复杂多变的相互作用，但最核心的基本功能仍保持不变，即：感知环境中的正面和负面因素，并使用这些信息来指导行动。

随机的突变增强了这种反馈循环的有效性，使得大脑因此改变的个体走在了进化的前列。从适者生存的角度来看，微调这个原本用于增加进食、繁衍和避免被杀死的概率的系统是很有必要的。因此，原始大脑和这一反馈循环在自然选择的影响下得到优化。大脑和环境之间的这种相互作用继续发展，逐渐形成了“感知－行动循环（perception–action cycle）”，该循环是所有现代动物行为的核心。

感知－行动循环的感觉输入（sensory inputs）来自环境的景象、声音、气味和触觉，这些信号通过特殊的神经网络进入大脑。之后感觉信息由大脑后半部分的浅层表皮上的神经活动模式呈现，这层表皮叫作脑皮层（cortex）。这些活动模式通过辐射（divergence）、聚合（convergence）、增强（amplification）和抑制（suppression）的过程来表现，形成了对外部世界复杂的表示，也就是感知（perceptions）。

动作（actions）产生于大脑的前半部分，由脑皮层上的活动模式表示。专门用于感知和行动的脑区域通过双向桥实现彼此的动态通信。双向桥是神经网络的构筑单元。这些连接由它们沟通的大脑区域以及它们彼此交互的方式（称为功能连接）来定义。这类似于高速公路由它们连接的城市和连接它们的交通方式来定义的。横跨大脑前半部分和后半部分的通路上不断发生快速的信息交换，从而使得感知－行动循环得以不间断地进行：环境刺激产生感知，感知驱动行为，行为又会导致环境的变化，变化的环境会产生新的感知，随后是感知引起的响应行动，如此循环往复。

原始大脑中的感知－行动循环基本上是自动的反射性的循环。原始大脑在功能上与单细胞生物中的神经系统前体没有很大的差异。科学家观察到，简单的生物体，如蠕虫，能够探测到环境中的相关化学物质，并根据化学物质的构成做出靠近或远离其来源的直线运动：这种感知—行动循环的雏形可被视作是一个由感觉到运动的周期。

研究实验动物的大脑使我们得以剖析构成这一循环的细节，相应地了解人类大脑和思维的内部运作基础。但一个主要的区别是原始大脑没有真正的决策过程。也就是说，原始大脑没有高级的评估过程，没有目标设定或目标执行能力来指导动物的行为。它们的行为完全由反射驱动：环境刺激会激活感觉神经元，并通过专门的感受器（receptors）将信号传送到相应的运动神经元，产生预定的反应。

有趣的是，在所有的现代动物身上包括人类自身，这种感知行动反射仍然存在。膝关节反射（patella reflex），也称为膝跳反射（knee jerk），就是这种原始反射的典型例子：叩击膝腱（patella tendon）引发的感觉信息直接传送到脊髓（spinal cord）然后通过神经传导，触发运动反应，表现为突然的小腿前踢运动。这种基本的反射路径有着重要的作用，让我们在行走时不需要保持持续的注意力控制。我们的身体中还有其他类似的反射，例如：瞳孔反射（pupillary reflex），瞳孔根据光线强度自动调整其大小。还有疼痛反射，我们被针扎到会做出快速撤回的响应。

人类思维的真正巅峰

虽然这些反射对我们的身体的正常运作和生存仍然至关重要，但是感知－行动循环已经经历了重大的演进。首先，感知和行动均变得更加复杂。人类的感知已不再是简单的感觉，而是包含了对感官刺激的多方面解读。它们还会与过去事件的记忆相结合，使我们能回想起以前经历的场景。另一方面，行动不再局限于简单的运动反应，而且包含更高层次的输出和微妙的表达。这些表达甚至不被认为是“行动”，如：语言、音乐和艺术。

但是，感知－行动循环的另一个影响更为深远的演进是出现了一种“打断”循环的机制，使得输入和输出之间的关系不再总是自动的，反射性的。虽然感知－行动循环仍会保留在我们神经系统的多个层级，为我们提供重要的生存优势，但是它们现在对我们最复杂的行为的影响在不断减少。事实上，正是这种“打断”循环的机制为目标的进化创造了绝佳的机会，而目标也许是人类思维独有的定义性特征。

感知－行动循环中出现的断点是人类大脑进化中最显著的里程碑，更准确地说，它是感知和动作之间的时间延迟，也就是暂停。在这个停顿期间，高度发达的神经过程开始发挥作用，它们被称为执行功能（executive functions），包括：评估、决策、组织和规划的能力。执行功能会破坏循环的自动性，并通过关联、反射、预期和情感权重来影响感知和行动。这一过程创造了高层次的目标，是人类思维的真正巅峰。

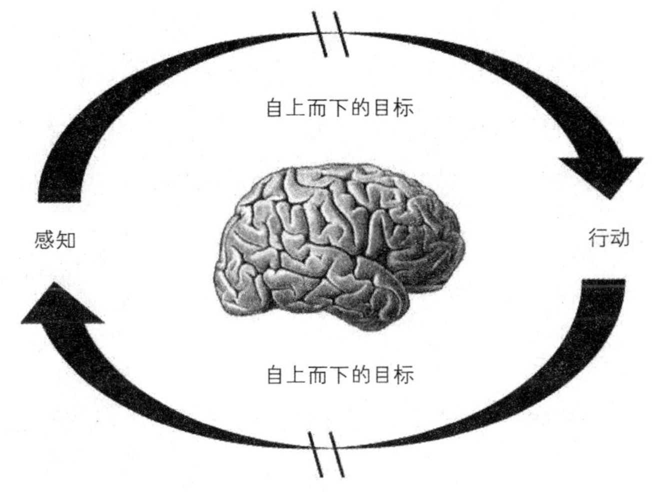

图 2.1

感知 - 行动循环示意图，人类自上而下的目标打断了对环境的反射性反应。斜线代表感知 - 行动循环中的暂停。

目标是内部生成的指导我们行动的计划，通过评估和决策让我们选择如何对传入的感觉信息做出反应。这导致我们的许多行动不再是自动的，或者说不再是完全的反射性的。当然，反射性的行为仍然有很多。如果一个孩子捏我们的胳膊，因为存在疼痛收缩反射（pain-withdrawal reflex），我们肯定会急忙躲开，但我们可能不会选择反击。

我们能够暂停并参与到目标设定的过程，通过评估认定这种行为是非恶意的，排除小孩子可能造成的威胁，之后做出决定：做出暴力反应是不恰当而且不合理的。这种暂停可以抑制我们的报复行为，而尚未进化到这一水平的生物可能会出于自我防卫而做出反击。正如我们将在后文讨论的，从人类发展的角度看，暂停是人类大脑最近的进化成果；从个人的角度看，暂停是一定年龄之后才发展出的生理机制。目标设定能力尚不发达的儿童经常在这种情况下做出反击，这让所有的父母都感到十分惊愕。

我们中的大多数人能够意识到我们的目标会影响我们的行动。但其实我们的目标也会影响我们感知世界的方式，虽然这看起来并不是很明显。在神经科学研究的帮助下，我们认识到感知不是一个被动的过程。环境的景象、声音和气味并不是简单地涌入我们的大脑。相反，进入大脑的信息流会受到目标的影响和调整，这与目标对我们行为的影响大致相同，导致我们的感知是对现实的解读，而不是完全真实的呈现。相比你选择忽略的那些花儿，你注意看的这些会更加红艳，它们闻起来也更为芬芳。因此，目标既会影响感知也会影响行动。

然而，我们已经进化出的目标设定能力并不意味着它们是对感知 – 行动循环的唯一影响。这些内在的目标导向的自上而下的影响（top–down influences）与外部的刺激驱动的自下而上的影响（bottom–up influences）同时发生，影响我们的感知和行动。自下而上的力量一直以来都具有新颖性和显著性。它们常常表现为意料之外的，戏剧性的或是突如其来的刺激，例如：一道闪光、突然的巨响或者是你的名字之类的重要记忆。

这些刺激独立于我们自上而下的目标，想要以自下而上的方式主导我们的思维。这些自下而上的影响有着与感知 – 行动循环基本上相同的驱动力，将感知转化为行动，确保我们祖先的生存，因此是我们古老的大脑的另一个保留机制。它们会对我们的感知 – 行动循环产生较大的影响，在注意力的分散的过程中发挥重要的作用。

还要注意的是，人类不是唯一具有自上而下的目标设定能力的物种。其他动物已经进化出了制定和执行目标的能力，有些甚至能完成复杂的目标：

猩猩科和鸦科（如乌鸦和松鸦）的动物能够创建简单工具以供未来使用。但是，即使是这种令人印象深刻的行为也不能与人类日常展现出的复杂交错、具有延时性和共享性的目标设定活动同日而语。

人类的目标设定能力使我们能够熟练地对我们与世界的互动施加巨大的控制力。这反过来会产生令人惊叹的人类创作，如复杂的语言、社会和技术。由于不受制于从自下而上的影响，我们得以有机会创造和实现充满创意的想法，这些想法是创新的源头。这与许多其他的动物形成鲜明对比，这些动物的行为是受自下而上的影响所引起的反射性反应。

尽管如此，动物的行为常常被赋予类似人类目标的属性。这是一种拟人化（anthropomorphization）的行为，将人类具有的品质赋予其他实体。从这一重要的角度来看，大多数动物和环境之间的相互作用与人类和环境的相互作用存在根本性不同。从天而降的老鹰伸出利爪抓住一只田鼠，它的行为不能被视作是“恶毒的”；在厨房地板上以复杂路线行军的蚂蚁也并不是“狡猾的”。虽然在许多方面它们的能力确实惊人，但它们仍然主要受自下而上的影响所控制。正是凭借它们对新颖而明显的刺激的灵敏度和相应的对环境的快速反射性的反应，这些动物得以在这个竞争激烈的世界中生存，这是它们的优势。在许多方面，缺乏自下而上的敏感性可以被视为人类缺陷。

就比如 2004 年发生在苏门答腊西海岸的印度洋地震，之后发生的事情可谓是戏剧性的。这次海底地震引发的海啸夺走了来自 14 个国家约 23 万人的生命。有趣的是，报告指出，当时在场的人类有的怔住不动，有的甚至出于好奇心（自上而下的目标）走近海啸之前的退潮，而其他动物在破坏出现之前就开始向更高的地方逃命。泰国的寇立骑象中心（Khao Lak Elephant Trekking Centre）的老板说，（当时）大象挣脱了束缚，无视教练员的指令，在它们所在地区被毁的 5 分钟前跑到了山上。

野生动物保护协会的比尔·卡雷什 (Bill Karesh) 评论道：“我们知道它们

有更好的听觉，对声音更为敏感。它们有更好的视觉，它们对这些信号的反应比我们更为强烈。”它们还会对其他动物行为中检测到的显著信号做出反应：“如果它们看到鸟类成群飞走，或者看到其他动物跑动，它们也会变得紧张。”NBC 新闻报道称：“海啸袭击寇立导致 3000 多人丧生，但没有一例动物饲养员死亡的报道。”寇立国家公园的经理表示他们没有在附近海岸发现任何死亡的动物。令人惊讶的是，4 名日本游客被他们正在乘坐的大象带着逃到了附近的山丘上，躲过一劫。

如上所述，我们确实保留了对环境的自下而上的敏感性，因为这种敏感性会赋予我们生存优势，即使是在现代世界。如果无法检测到任何自下而上的信号，我们走在街上可能不会注意到突然冒出的烟雾的气味或汽车喇叭的声音。那么，这个保留至今的古老机制是如何与我们自上而下的目标相互作用的？这个问题非常复杂，许多实验室围绕这一问题展开了大量的研究，其中包括格萨里实验室的研究工作。

研究认为，我们平衡这两种影响力的局限性是导致注意力分散的一个主要因素。我们将在本书的后文探讨这种相互作用。现在，我们需要思考的是：这种自下而上的影响和自上而下的目标的不精准的结合是如何导致日常生活中出现目标干扰现象的。目标干扰充满着来自内部和外部的分心和中断，如同以下的生活场景所表现的：

你正沿着高速公路行驶，专注于前方复杂的路况，突然你注意到自己收到一条短信（自下而上的影响）。裤兜里传来的振动打断了你自上而下的寻找高速出口的目标，当然，也影响了驾驶安全。

这种类型的外部分心是目标干扰的典例。如果你不能立即抑制这种自下而上的影响进入你的意识，它将不可避免地导致评估和决策的过程。即使这种看似微不足道的行为也会将外部分心转化为内部打断。如果你决定查看这条短信，你的安全驾驶而不受干扰的目标就会被破坏，这将进一步导致更具破坏性和危险性的外部中断：一边发短信一边驾驶，我们的目光无法集中在观察路况上，从而加剧了危险性。

因此你决定忽略这条短信并继续专注于你自上而下的安全驾驶目标。但手机振动的声音在你的脑海中挥之不去，伴随着不断增加的焦虑感，就好像口袋中有一团燃烧的火焰一样。谁会在这个时候发短信？他想说什么？你试图把它从你的意识中赶走，但无济于事。

此时内部分心已经产生。它很可能使你不自觉地偏离你的驾驶目标。

你终于放弃了，决定将一些注意力从驾驶转移到思考是谁发的这条信息上来。

现在，另一个目标干扰源，内部中断产生了。

于是，你错过了高速出口。因为虽然你的眼睛一直在看着路况，但是你的大脑却没有。这下子你只能求助你的智能手机，查一下怎么能回到原路。这就产生了另一个目标干扰源：外部中断。

结果，干扰可谓是发挥得“淋漓尽致”：外部分心→内部中断→内部分心→内部中断→外部中断。当我们努力实现我们的目标时，随着时间的推移，自下而上的影响和自上而下的目标的相互作用会导致源源不断的分心和中断。说到这里，80%的交通事故和16%的高速公路死亡事故是因为开车分心导致的也不足为奇吧？可以说，我们都行驶在一条“超高速干扰之路”上。

然而，我们确实有能力做出决定。对于已经启动的行动（驾驶）和来自外部世界的新的信号输入（文本消息），我们的行动不是直截了当地取得二者间的平衡，尽管许多其他动物都是这么做的。以下是动物世界中的例子：

狐狸去小溪边喝水，突然发觉空气中有捕食者的气味。狐狸会立即转身并迅速冲向森林以寻求庇护。

狐狸的行动在很大程度上是在直接衡量新的刺激反应计划与现有计划的权重，在这个例子里狐狸做出反射性的撤退反应。虽然狐狸不是真正地以目标为导向做决定，但是这一反应对其生存至关重要。由自下而上的影响造成的目标干扰对我们来说不同于其他动物。我们的反应很少是直接为两种刺激的显著性加权的结果。

通常情况下，我们的大脑中会出现一个暂停，在此期间由于评估和决策过程的综合作用，我们会创建让我们有意识地压制显著信息的目标。自上而下的目标非常强大，甚至可能导致我们完全地忽视自下而上的刺激，即使这些刺激比正在进行的活动更为显著，如以下的例子所示：

你正在开车，因为一直想着那个被忽略的短信，导致你错过了出口；或是你走在街上，一直在用手机打电话，结果你径直走过你的好友而没有发觉。

很明显，目标导向行为是种复杂的行为，它在许多方面定义了人类与其他动物的不同。我们人类有这种独特的能力制定高级的延时的目标，使我们能够以强大而具有个性化的方式与环境相互作用。那么，下面的问题是：一旦我们建立了自上而下的目标，我们要如何实现它们？

人的认知控制过程

“每个人都知道什么是注意力。注意是心理以清晰而又生动的形式对若干种似乎同时可能的对象或连续不断的思想中的一种的占有。它的本质是意识的聚焦、集中，意指离开某些事物以便有效地处理其他事物。注意是与困惑、迷茫、浮躁（法语叫 distraction，德语叫 Zerstreutheit）恰恰相反的心理状态。”

——威廉·詹姆斯[①]

如同前文所描述的，人脑在进化的过程中出现了关键的时间延迟，它打断了反射性的感知动作循环，从而产生了包括评价和决策在内的目标设定的神经过程。这个周期中非常重要的暂停打乱了我们对环境刺激的反射性反应，使我们能够产生自上而下的目标。这些目标对我们的感知和行动均会产生影响，并与那些强大的自下而上的力量展开竞争。但是设定目标不足以影响我们的生活和周围的世界，我们还需要完成我们的目标。

我们自上而下的目标机制还包括另外一系列强大的能力，它们也属于认知控制能力。这包括三种主要能力：（1）注意力（attention）；（2）工作记忆（working memory）；（3）目标管理（goal management）。每种能力又包括相应的子过程。凭借这些认知控制能力，我们能够以动态的、目标导向的方式与复杂的世界形成互动。也正是凭借这些认知控制能力，我们可以不同程度地摆脱目标干扰的负面影响。要理解分心的本质，我们需要仔细研究这些核心能力，并了解它们的优势和局限。

---

① 美国心理学家和哲学家，美国机能主义心理学和实用主义哲学的先驱，美国心理学会的创始人之一。以上文段出自他的专著《心理学原理》。

注意力：聚光灯

“注意力”可能是认知科学中最为广泛使用的术语。广大群众和来自教育、哲学、心理健康、营销、设计、政治等领域的从业者都常常使用这个词。然而，大多数人对注意的结构没有深入的了解。这可能是因为注意是我们日常生活不可或缺的一部分，以至于我们认为它似乎是很直观的。美国心理学之父威廉·詹姆斯（William James）也在他 1890 年的著作中指出：每个人都知道什么是注意。但千万不要受到我们日常话语的影响，认为注意是一个直截了当的概念。相反，它是一个包含多个子过程的复杂集合。直到 20 世纪末，注意力仍然是心理学和神经科学的重点研究对象。

要全面了解注意的深度和广度，第一步是了解其最基本的特征：选择性（selectivity）。选择性让我们更为集中地运用我们的脑力，或者说是神经资源。就好像弓箭手向其目标发射的认知之箭，选择性能够最大化我们神经处理的效果，从而优化了我们的表现。

它好比是一个精密的制动器，让我们有选择地偏向未来的某些感知和行动，以符合我们的目标。为了了解形成时期的选择性注意，让我们再次回拨时钟，回到过去，思考一个来自人类历史的场景：

我们的一位祖先正穿过一个茂密的森林，他感到十分口渴，这时他来到了一个不熟悉的林中空地，在那里有一条清澈的溪流。他成功啦！但是，尽管有强烈的想去喝水的冲动，他没有选择继续向前。相反，他暂停了下来，抑制住冲动，在评估后做出决定，并制定目标。以往的经验告诉他，有水的地方，通常也会有一种猛兽出没——美洲豹。正是因为“看见水→去喝水”的感知—行动循环中出现了关键的停顿，他开始对环境进行快速的初步评估，从而确定是否需要更仔细的评估。他认为周围确实可能存在看不见的威胁。于是，他建立了自上而下的目标，仔细评估接近溪流的安全性。

为了完成他的目标，他现在开始采用选择性的注意：集中听力检测美洲豹的声音。他知道美洲豹在守候猎物时会发出一种微弱而低沉的咕噜声；选择性地集中视线寻找美洲豹的特征颜色，即橙色和黑色的条纹；他知道美洲豹有特殊的气味，于是选择性地集中嗅觉来识别其特有的麝香味。此外，他还知道这种掠食者常常在溪水左岸的灌木丛中捕猎，所以他有选择地给自己的多重感官系统指出了需要重点关注的方位。他生起了火，等待相应的信号。

这个场景说明了注意的选择性是如何应用到构成环境的各个方面的。注意力会集中在感官特征，如声音和气味（基于感官的注意），空间中的特定位置（空间注意），也会集中在美洲豹的整体样貌（基于对象的注意力）。此外，我们的祖先可以选择将他的注意力集中在某一个特定的时间点（时间注意）：

我们的祖先知道：突然发生的事件，比如水里溅起的水花可能使捕食者受到惊吓并现身。因此，当他把一块石头扔到小溪时，他选择把注意力集中在石头刚好碰到水面的时刻。果不其然，灌木丛中有东西微微动了动，是时候离开这里了。

这种跨越多个方面的选择性注意分配都将集中在某个单个目标上，增加他发现隐藏的美洲豹的可能性。

让我们回顾一下事件的顺序：发生了一个动作（我们的祖先进入一片空地）→产生了感知（他看到小溪）→暂停以打断感知—行作循环（他没有走向小溪饮水解渴）→目标设定过程（他评估周围的环境来做决定）→目标形成（他会更仔细地探查隐藏的危险）→运用认知控制能力执行目标（通过选择性注意检测隐藏的美洲豹）→产生了新的感知（向水中扔石头后他发觉有东西发

出轻微的沙沙的声音）→新的动作产生了（他撤退到森林）。

通过以上情景，我们可以清楚地看到选择性注意是一种强大的工具，我们的目标通过这种工具对感知行动循环施加影响。在这个案例中，它影响了我们的祖先的感知，促使他仓促地撤退。但在另一种情况下，它也可能导致抑制行动，如：面对突然从灌木丛中出现的鸟，它会抑制我们撤退到森林。这种对行为的抑制被称为“反应抑制”，是注意的选择性对感知行动循环的另一种关键影响。事实上，一开始发现小溪之后却没有靠近，这也是受到了反应抑制的影响。

选择性可以被认为是我们的认知控制工具包中的“聚光灯”。它能够对所有感觉（听觉，视觉，嗅觉）的处理进行微调，从而集中对于相关特征（低声咕噜，橙色条纹，麝香味），相关位置（左侧的灌木）和相关时间（当石头落水的那一刻）的注意力。如果闻到了美洲豹发出的麝香味，我们的嗅觉会马上增强，变得比没有选择性注意时更灵敏。如上所述，选择性注意不仅会影响感知，还会影响行动。它会基于我们的目标调整我们的反应，将原本反射性的反应加以抑制。与此类似，选择性注意还会抑制“聚光灯”以外的感知，这也被称为忽略：

在寻找美洲豹的踪迹时，我们的祖先忽略了周围路过的啮齿动物的声音和鸟儿在树林里发出的声音。

感知抑制对于减少我们祖先在试图发现美洲虎低沉的咆哮声时受到的目标干扰十分重要。注意和忽略就好比是镜头，选择性通过对它们进行聚焦或者放大实现其精确性，让我们口渴的祖先有效地解读周围的环境并根据环境中微妙的线索开展行动。在这个例子中，当发现美洲豹时，迅速撤退到森林显然比反射性地去溪边喝水要好得多。选择性通过聚焦和忽略的双重过程发挥效应，是我们执行自上而下的目标的关键性因素。

注意帮助我们的祖先顺利地发现美洲虎并做出最佳响应。它大大提高了我们祖先生存的概率，也说明自然压力是促进这种能力演变的第一要素。然而，注意的有效性远不止这盏聚光灯聚焦与否，时间、地点，以及聚光灯维持的时间都十分重要。注意选择性的三个方面被称为预期（expectation）、方向性（directionality）和可持续性（sustainability）。

什么时候使用聚光灯？当我们感知到刺激以及我们采取行动时都会采取选择性注意，但尤为关键的是，我们甚至可以在刺激发生之前或是行动发生之前采取选择性注意。换句话说，如果预料到相关事件的话，我们可以在感知或行动开始之前开启选择机制。这通常被称为预期。预期是影响我们怎样和何时使用选择性聚光灯的关键因素，它使我们从我们目标的内部世界转化到感知和行动的外部世界。当我们的祖先第一次停顿时，并没有美洲豹的景象、声音或气味提示他这样做。他是根据以前的景象、声音和气味的经验来产生对未来事件的预期。预期通过调动以往的事件来预测未来，对于优化我们的表现有着重要的作用。在许多方面，我们的大脑是超前的，使用预测信息来有倾向性地处理接收的刺激和做出的反应。

在什么地方使用聚光灯？方向性是选择性注意的另一个重要特征。我们可以引导有限的认知资源对环境中的刺激做出反应，如上述场景中所述的声音、地点、颜色和气味。但同时我们也可以将它们向内瞄准我们的想法和情绪。就像外部的选择性注意一样，我们控制内部注意的能力可以让我们根据目标来关注我们思维中的相关信息，忽略无关信息。内部的注意范围与外部世界一样宽广。我们可以将我们的注意力集中于搜索记忆或者专注于来自身体的反馈，比如身体上的疼痛或肚子饿得咕咕叫的声音。同样，有选择性地忽略内部信息也十分重要。例如：在你需要保持乐观的时候会抑制悲伤，或是抑制反复出现的干扰你当前活动的思想，或在我们的祖先的例子里，抑制强烈的喝水欲望。没能成功抑制与当前目标无关的内部信号是导致内部分心的主要原因。

聚光灯能使用多长时间？选择性注意的另一个关键因素是我们维持它的能力，尤其是在缺乏吸引力甚至是无聊的环境中的维持能力。可以想象，如果一直没有美洲豹的踪迹，我们的祖先想要长时间地保持选择性注意是非常困难的。基于过往的经验，美洲豹可以耐心地等待很长的时间，现在放松警惕可能为时过早，他应该继续保持集中的注意力。在这种情况下，继续保持注意甚至是让他感到不舒服可以救他的命。空中交通管制员每天都会遇到现代版本的这种情况。一旦因为没能保持注意而出现事故，代价是同样巨大的。为了检测异常情况，他们通常需要维持注意力长达数小时。他们的工作模式无聊而且一成不变，但是他们必须保持警惕。一个更常见的例子是少年在代数课上试图保持他的注意力，认真听讲。与认知控制的其他方面一样，建立这些能力是大脑发育的关键。

注意，以及它所包含的预期、选择性、可持续性和方向性，为实现我们的目标发挥了重大作用。但是注意只是我们的认知控制工具包中的工具之一。

工作记忆：桥

另一种重要的认知控制能力存在于内部和外部世界的接口，它叫作工作记忆（working memory）。这种能力使我们能够在短时间内积极地在头脑中保留信息，以指导我们的后续行动。当周围环境中的刺激消失时，我们的工作记忆就会开始运行。在许多方面，工作记忆是暂停的典型工具：它是感知和后续行动之间的桥梁。

如果我们在感知和响应之间插入一段时间延迟，那么我们需要一个连接机制在整个延迟中及时保存信息，这就是工作记忆的由来。与预期连接我们的内部目标到外部世界的方式类似，工作记忆可以像桥一样连接从感知到行动的跨越。因为工作记忆，我们能够在有短暂时间间隔的多个事件间完成顺畅的过渡，同时保持连续性的感觉。有人认为这是一种内部而不是外部的注意，这是有道理的。暂且不论记忆的内容，工作记忆是完成目标所必需的关键的认知控制工具。让我们在以下的场景中了解它的作用：

我们的祖先走在森林中，突然他发现了一片林间空地，那里有条小溪。他立即躲到了一棵大树后面，这个安全的位置便于他搜寻潜在的捕食者。从他看到小溪直到从树后探出脑袋的这段时间，他不会忘记小溪或是位于左岸的灌木丛的位置。事实上，当他躲在树后面的时候这些场景仍然历历在目，就像它们还在他的视线中一样。所以，当他探出头来时，他能立刻把注意力集中在正确的位置。

工作记忆把我们祖先对眼前场景的感知和随后的寻找美洲豹的行动连接了起来，他周围所有的景象、气味和声音得以在脑海中呈现。如果在他的视线离开的时候，或者他把一块岩石扔进了溪流之后周围的环境发生了变化，他可以将新的场景与已经不存在的旧场景进行比较，因为他已经通过工作记忆将旧场景牢记心间。这说明了工作记忆在实现我们的目标中所起的作用以及它与选择性注意的密切关系。

工作记忆无时无刻不在发挥作用。因为它转瞬即逝，通常不会被我们意识到，所以很难想象没有这种能力的生活是什么样的。但事实是：工作记忆是认知控制的一个关键方面，对日常生活至关重要。如果它不存在，我们的感知和行为之间将失去联系，每个事件都会变得支离破碎，毫无联系。想象一下我们和朋友之间的谈话，如果没有工作记忆，肯定会驴唇不对马嘴。

工作记忆通常与短期记忆交替使用。它们与长期记忆不同，长期记忆涉及另一种称为巩固（consolidation）的过程，从而产生持续数分钟至多年不等的持久记忆。工作记忆经常被描述为信息在我们思维之眼中的短暂保留，但这并不准确，因为它也可能是我们的思维之耳或思维的鼻子。我们有能力在脑海中保存所有类型的信息，包括：口头信息、抽象概念、思想、想法和情感。以上这些甚至都不属于感官信息。

此外，信息的短暂保留只是工作记忆的一个方面。通过多年来对于工作记忆的研究，我们一致认为，工作记忆既包括保留信息的过程也包括控制该信息的过程。工作记忆不是被动的，而是一个非常活跃的过程。例如，我们的祖先躲在树后面时可能不仅仅会记住刚才的景象，他还会判断自己与小溪的距离，灌木丛的茂密程度，并且将它与之前遇到的小溪相比较。所有这一切都有助于他成功地达成目标。

目标管理：交通管理员

我们可能会认为：人脑经过不断演变，倾向于一次只产生一个目标，绝大多数动物都是如此，甚至是其他灵长类动物。但事实并非如此。人类经常决定一次参与一个以上的目标导向活动，或者在多个目标之间来回切换。描述这些行为的常用术语分别是“多任务”和“任务切换”，两者都属于目标管理。作为我们自上而下目标的冥想者，目标管理是认知控制的另一个核心方面。目标管理包括一系列能力，使我们能够在有限的时间内解决多个的目标。

由于我们的行动不仅仅是对自下而上刺激的反射性反应，我们始终需在重叠时间框架内管理多个目标。如果评估和决策过程的结果产生了相互竞争目标，那么会发生什么？如果在完成目标的过程中产生了新目标，又会发生什么？目标管理所具有的关键功能就好像是交通管理员。当然，只有将目标管理与注意的聚光灯、工作记忆的桥有机地结合，才可能成功完成多个目标。让我们再次回到我们祖先的故事，看看目标管理是如何与我们的其他认知控制能力相结合的：

当我们的祖先在森林跋涉时，他来到了一片林间空地，发现那里有条溪流。此时他的感知－行动循环中快速接近水源的反射性反应被暂停打断，他迅速以树为掩护躲了起来。经过评估和决策过程，他制定了一个目标，那就是寻找在岸边灌木丛中隐藏的美洲豹。他继续运用各种认知控制能力来实现这个目标。他的注意力像聚光灯一样聚焦在他前方的场景并搜索相关的感觉特征，而他的工作记忆像一座桥那样连接起他对这个场景的初始感知、最新感知以及他的后续动作。

他一开始并没有发现危险的迹象，但我们聪明的祖先仍然保持警惕。这是他的长期记忆给予的生存优势。他知道，每年的这个时候，在这种地形，遇到美洲豹的机会很高，所以他建立了一个新的目标：往灌木丛附近的水里扔一块石头，诱使美洲豹现身。这个新的目标固然是为了实现发现美洲豹的总体目标，但涉及一套全新的感知－行动循环，如找到一个适当大小的石头和做出准确的投掷，这些都需要与他保持敏感，寻找美洲豹的目标同时发生。所以，当他躲到树的后面，他就开始执行寻找石头的新目标。

与此同时，他的工作记忆中保留着他要发现美洲豹特有的气味、外貌和声音的原始目标，以及他第一次到达现场的场景细节。所有这些进程必须同时管理。目标管理使他能够驾驭这种复杂多变的情况，他最后得出结论：有一只美洲虎隐藏在灌木丛中，他现在还不能去饮水。

当我们需要运用有限的资源同时从事多个活动时，目标管理变得尤为关键。这一点对于许多感知和行动的过程来说十分明显，但是对于认知控制过程也是如此。例如，我们的祖先寻找石头时，他的选择性注意会引导他寻找一块大小适中的石头，既不会太小溅不起水花，也不会太大，扔不到水里。

找石头会与搜寻美洲豹的毛色和花纹的目标展开竞争。因为这两个目标都需要用到视觉，显然寻找石头会削弱寻找隐藏的美洲豹的效果，即使美洲豹此时稍微动了动我们的祖先也未必会察觉。在这种情况下，目标管理就是在选择性注意目标之间进行切换，尽管我们没有意识到我们在做切换。这与之前的一边发短信一边驾驶的情景并不相同，本情景涉及对视觉的直接竞争。

但我们需要意识到，两个选择性注意目标之间的竞争不仅围绕同一种感官资源发生。当我们的祖先选择性地集中注意寻找石头时，他从听觉和嗅觉识别美洲豹的能力也会下降。这是因为需要认知控制的两个任务，即使它们不围绕相同的感官资源展开竞争，它们也需要思维的任务切换。在下一章中，我们将探索构成认知控制各个方面的脑机制，之后在第四章中，我们将讨论我们的认知控制能力的局限性，以及这些局限性是如何导致注意力分散的。

第三章　大脑和控制力

考虑到认知控制在我们日常生活中所扮演的重要角色，不难理解神经科学研究最活跃的领域之一就是研究大脑是如何激发这些核心能力的。过去的几十年，随着大量新技术的发明，我们在人脑方面的研究越来越成功，这些技术能够让神经科学家们在受控的实验室环境下非侵入性地检查大脑的结构、化学组成和功能。在这些技术出现之前，我们对人脑的了解主要是通过研究其他动物的大脑和心理学实验的调查结果推断而来的。尽管这些方法使我们在了解人脑方面取得了重大进步而且它们仍在发挥作用，但是这些方法永远无法做到了解人脑在结构上的特性。

这些科技的首字母缩写读起来很陌生：PET（正电子层析成像），MRI（磁共振成像），EEG（脑电图），TMS（经颅磁刺激），TES（经颅电刺激），MEG（脑磁描记法）和NIRS（近红外光谱），但是它们给我们提供了多样而强大的研究方法，使得人类神经科学能够在动物实验和人类心理研究的基础上得以发展。这些科技使我们能够解决最关键的问题，即我们大脑的解剖结构、化学组成和生理机能怎样导致思维产生的。这种探索成功地促进了我们对认知控制的神经基础的理解，也让我们对认知控制的基本局限性有了越来越多的了解。

经过多年的研究，我们掌握了以下两个关键信息。首先，我们大脑有一片区域相比我们的祖先发生了显著的进化，已经成了认知控制的重要媒介，这片大脑区域叫作前额皮层（prefrontal cortex）。第二，尽管前额皮层在认知控制方面起关键作用，但它并不单独发挥作用。前额皮层相当于一张由许多大脑区域纵横交错而成的神经网络(neural network)中的一个节点。因此，尽管前额皮层有可能会激发认知控制力，但获得认知控制的深层基础是联结前额皮层和许多其他大脑区域的复杂网络之间的互动。我们首先来讨论一下前额皮层的角色和认知控制的神经网络，然后再谈谈构成认知控制的心理机制。

大脑设置和完成目标的中枢

我们已经可以确认前额皮层是我们目标设置和完成的中心枢纽，它因此被称为最具有人类特点的大脑结构。但是，在很长的一段时间内，人们并不清楚这个位于前额叶最前端，也就是前额正后方的前额皮层的作用；通过近些年来的研究，前额皮层区的许多秘密才浮现出来。有趣的是，不是所有前额叶区域的功能都难以揭示。例如，前额叶最后面的区域，即离我们大脑中心最近的区域，现在被称为运动皮层，是负责运动的，这在19世纪晚期就已经有了清楚的记载。该区域的功能已经被许多实验证明。运动皮层的一边受损会导致身体相反一边的肌肉瘫痪。

从进一步的实验中研究者很快发现，出现这些症状都是因为影响了运动皮层的神经元，这些神经元会投射到脊髓另一边的神经元上，转而刺激那半边身体的肌肉。随着前额叶实验的进步，科学家们的研究也推进到了和运动有关的大脑区域，不过这些区域会负责更高级别的运动规划。这些区域被称为前运动皮层（premotor cortex）。

随着前额叶研究继续向前发展，情况就变得不那么明朗了。有些研究尝试运用能够成功帮助理解运动区域的损伤与刺激方式去揭示前额皮层的功能，得到的结果都不明确。尽管研究者们发现了一些前额亚区域的功能，比如前额皮层左下区域对语言表达很关键，但是大片区域并没有发现任何明显的功能，这使得许多科学家认为这一部分是大脑的“沉默之叶”。上述结论显然和我们今天对前额皮层的理解有出入，即：前额皮层是人脑面积较大的重要区域，报纸杂志上宣扬的我们只会用到10%的大脑也很可能与它有关。

当然，现在我们已经明白我们会运用大脑的全部能力，尽管大脑的有些功能非常复杂，当下并不是一目了然。如果这个宇宙中已知的最复杂的结构有着闲置的办公室，这将会非常令人惊讶。然而，前额皮层功能之谜确实存在了几十年。有趣的是，发生在19世纪中叶的一次偶然事件打开了我们的视野，使我们认识了前额皮层功能的真正本质。这并不是实验室的实验结果，而是由外伤导致的，这个人成了神经学历史上最重要的医学案例。

1848年9月13日下午四点半，菲尼亚斯·盖奇（Phineas Gage），一个25岁的铁路建筑工头，正在佛蒙特州卡文迪什附近的拉特兰至伯灵顿段的铁路线上干活。他的小组负责为新建的铁路爆破出一条新路。他们的工作是在大石头上钻孔，添加火药、引信和沙子，最后还要把这些材料打包填充进一个叫铁夯的巨型铁管中。报告显示，盖奇在钻孔（哦，真讽刺）的时候分了一下神，忘记添加沙子。火花燃了起来并引燃了火药，这时他撞倒了铁夯，这一切使得3英尺长，直径1.25英寸，14磅重的铁管被推起，穿过了他的脑袋，经过他的左眼下方，从他头盖骨上方穿出并落到他身后100英尺的地方。神奇的是，盖奇并没有因为这次重大事故而死亡，并且他似乎并没有失去意识。有报道甚至说，在被放在车里运往住处的路上，行程有45分钟，他脑袋上有个大洞却一直保持着清醒。他在他的住处接受了治疗，并且在这次事故中存活了下来。

尽管盖奇足够幸运，没有当场死亡，但是他也因铁夯穿过脑袋，经历了巨大的脑损伤。他经过这次事故后又活了 11 年，有生之年脑部都没有接受过任何医疗检查。但在他死后 7 年，尸体被挖掘出来，人们对他的头骨进行了细致的检查，这一过程运用了精细的成像手段来判定具体哪些大脑部位受到了损伤。尽管人们对他大脑损伤的精确细节仍有争议，但可以达成一致的是，参与管理运动控制、眼动、语言的前额叶区没有在这次事故中受到损伤，但他的左前额皮层上方和下方区域都受到了大范围的损伤，也可能右前额皮层也有些许损伤。损伤部位包括位于皮层下方的叫作“白色物质”的纤维，该纤维把大脑的这一区域和其他区域联结起来并为神经网络运转建立了结构架。

比起盖奇的意外存活，这个故事更引人入胜的一面是，这次损伤并没有导致他基本功能的丧失。他仍然能够轻松走路、说话、吃饭。据报道，他甚至“神志完全清醒”。这一点似乎能够证明当时许多研究者的猜想，即前额皮层的大部分额区并不是重要的大脑结构。但是很快事情发生了转变，随着菲尼亚斯·盖奇案子的进展，这种对于前额皮层的看法受到了严重挑战。要知道，其实盖奇因为这次受伤发生了根本性的变化，只是这种变化是以一种意料之外的方式进行的。在受伤以前，他“心智平衡，在那些和他共事的人眼里，他是个精干聪明的商人，精力非常充沛，能够坚持不懈地执行所有的行动计划”，他的外科医生约翰·哈洛（John Harlow）说道。相比之下，盖奇的人格在创伤后发生了重大转变，事故发生 20 年后的一份官方报道中提到：

他非常不稳定，无礼，有时沉迷于最粗俗的渎神行为（以前他并不这样），对同伴不会表示丝毫的尊重，当有些约束他的事物和建议与他的愿望相背时，他会非常缺乏耐心，有时会极其顽固，情绪变化无常摇摆不定，会设计许多将来的行动计划，这些计划一旦安排好，又会即刻被取消，因为另外一些计划看起来可行性更高。他在智力表现方面像是个孩子，却有着一个强壮男人的动物激情。从这方面来看，他的心智发生了根本性的变化，所以他的朋友和熟人都坚定地说他“不再是盖奇了”。

盖奇的余生都为这种新的不稳定的人格所困扰，先是因为不能负责任地执行任务丢了铁路上的工作，接下来的10多年他成了闲荡的流浪汉，看起来没有什么存在的价值。他的人格转变让人非常吃惊，这也让学者们相信前额皮层在情绪、举止、人际交往技能方面有关键作用。当时对前额皮层感兴趣的研究者们从这个案例中找到了新的灵感，还为新的科学调查打下了坚实的基础，阐明了这片大脑区域的角色：人类一些最复杂行为的核心中介。

有趣的是（也很不幸的是），这并不是最后一例给我们研究前额皮层功能打开一扇窗的医学案例。对于盖奇来说，这次悲剧事故的结果是根本性的人格转变，但是前脑叶白质切除术这样的医疗手段带来的惨痛后果使得全世界有成千上万的人遭遇了与盖奇相似的命运。手术过程中外科医生故意破坏病人的前额皮层，作为治疗一系列精神疾病的治疗手段。你可能会问自己这个情理之中的问题：这样一个极端的不人道的手术为什么会被执行？这样想你就明白了，在20世纪初这样一个社会，经济面临挑战的时期，我们对前额皮层的理解还非常不成熟，在这样的环境下这一切发生了。

在19世纪后半叶，越来越多的证据表明了前额皮层在人类性格方面的重要性。这个结论是在精神病学历史上一个非常艰难的时期产生的。那时候，人们面对大量的严重精神病患者而无能为力，日益普遍的制度化措施应运而生，包括建立和大范围采用“疯人院”。这些机构其实就是人类仓库，过于拥挤而且其残忍的手术行径应受谴责。这就导致社会急需减轻这些患有衰弱型疾病的人的痛苦，也急需减轻为了维持这些机构社会承担的经济负担。因此，医学界兴起了一个新观点：如果前额皮层控制人格，那么也许通过外科手术破坏这个大脑区域还有它与大脑其他部分的联结，我们就可以改变人格，减轻和精神疾病有关的问题行为。这正是20世纪30年代的精神病医生所寻找的解决方案——一个大胆的通向畸形人类行为之路。

人们对前额皮层的兴趣在 1935 年到达了巅峰，当时伦敦举行了一次神经学科会议，其中包括一次探讨前额皮层功能的特殊会议。葡萄牙神经科学家安东尼奥·莫尼斯（António Moniz）参加了这次研讨会，并陈述了观点：在前额皮层上进行切除手术可能会解决一系列的和神经疾病有关的行为。不久以后，1935 年 11 月 12 日，这个日子是影响深远的一天，在里斯本医院，莫尼斯对患有抑郁、精神分裂、惊恐紊乱、狂躁等精神疾病的患者进行了一系列的手术治疗。这次事件导致在之后 20 年的时间内，额叶白质切断手术虽然难免总会有争议，但被认为是可行的医疗手段。

莫尼斯的外科手术系列刚开始是对前额皮层进行破坏性的酒精注射，然后运用特别设计的刀片毁掉前额皮层和大脑其他部分的联系网络。尽管这种手术没有清楚的证明文件证明其有积极的结果，但是还是传遍了欧洲和美国，神经学家沃尔特·弗里曼（Walter Freeman）使得这一手术在美国普及，他还在 1946 年运用“冰锤”前脑叶白质切除术加快了这一手术的运用。弗里曼改良了手术程序，使得这种手术可以在外科医生办公室而不用去手术室进行。他的跨轨方法（trans-orbital approach）的程序是提起上眼睑，把薄而锋利的设备尖端置于眼窝顶端，然后用一把大锤敲击工具，使其穿过骨头进入大脑。

一系列规定好的切除动作通过进出一边大脑的前额皮层有效破坏了前额皮层与大脑其他部分的连结，然后就是对另一只眼睛重复同样的步骤，导致典型的双黑眼（double black eyes）。回想盖奇的铁夯事故，这些“冰锤”前脑叶白质切除手术只是速度更慢，过程更有条理，但手术途经人脑最发达的区域，所带来的毁灭性伤害和盖奇事件相差无几。到 20 世纪 70 年代，仅仅在美国就有大约四万人被“切除了前额脑叶”，后来这项手术变得臭名昭著，最终被弃用。

前脑叶白质切除手术是否能为病人或社会带来任何实际性的好处，这方面的证据非常少，一些仅仅被认为拥有“怪”人格的个体，就被实施这种手术，其伦理道德问题也没有任何证据支撑。但是现在清楚的是，接受前脑叶白质切除的病人经历了和盖奇相似的人格变化。前脑叶白质切除术带来的后果，如果不能说比手术想治疗的症状更差，那也同样糟糕。即使是关心莫尼斯第一例前脑叶白质切除病人的外科医生也公开批评这项手术，并说他的病人正在“人格堕落”中挣扎。沃尔特·弗里曼提供了一个更具体的病人情况描述，尽管这个描述很让人不安烦乱，但对前额皮层在行为方面的复杂角色提供了重要见解：

> 病人一回到家，大约接受前脑叶白质切除术两周后，新出现的人格就会发展起来，并且在接下来的数月甚至数年中继续进化。起初这并不是一个健康的人格；或许用不成熟这个词描述这种人格最恰当。虽然通过手术病人之前的症状得到缓解，病人术后呈现出两个鲜明的特征，即懒惰和笨拙。在有些人身上，懒惰较为突出，另外一些人身上有草率、暴躁、性急、话多、爱大笑和其他缺乏自我控制的表现。这些病人知道他们应该忙于打理房子，但是他们却严重拖延；他们知道应该体贴亲属，有陌生人在的时候应该表现得体，但这都太难了……他们的兴趣周期太短，很容易分心。

我们在此分享了盖奇和接受前脑叶白质切除的病人的故事，并不是因为这些事例能够说明前额皮层在人格方面所起的作用（虽然很多人会这么认为），而是因为这些描述给我们提供了第一项证据，证明前额皮层在认知控制方面起作用。仔细看哈洛的描述可以发现，盖奇不仅在他朋友们面前表现的像个蠢人，他前额皮层的大面积受损导致他与周围世界还有自己内心世界的互动方式发生了根本变化。从他的行为中就可以看出来，他总是“设定将来的行动计划，刚安排好然后又废弃这些计划，因为另外一些计划看起来更可行”。

盖奇对他人的态度和他生活方式的变化具有潜在的共同性，那就是他失去了某种关键的东西——控制力。

我们从弗里曼的描述中也可以看到相似的丧失认知控制力的证据：“这些病人知道他们应该忙于打理房子，但是他们却严重拖延；他们知道应该体贴亲属，有陌生人的时候应该表现得体，但这都太难了……他们的兴趣周期太短，很容易分心。”弗里曼还指出，他的接受过前脑叶白质切除的病人表现出认知控制的整体恶化，而这些认知控制对于实施目标来说非常必要：注意，工作记忆和目标管理。

家庭主妇抱怨说变得很健忘，她指的是在家务事上容易分心，时间也掌控不好。男人下定决心要去找工作，但是他就是打不起精神，克服不了惰性，找到工作以后将会遇到很多方面的问题，他的连续性、建设性思考的能力非常有限，不能应对这些问题。如果他有工作，他也很可能因为错误的判断和低下的预见能力而丢掉这份工作。一位律师说道，在接受手术之前，他能够在短暂中断后，重新用合适的词语进行口述，而接受手术之后必须让秘书给他读笔记，才能接上之前的思路。

前额皮层损伤使得盖奇和这些不幸的前脑叶白质切除术的接受者们成了无法集中注意力的典型。从这些描述中我们就可以看出，前额皮层在指导我们的行为方面至关重要，这种指导是基于自上而下的目标，而不是以自下而上的方式对我们周围的世界做出反射性的反应。不论是发表不恰当的言论，还是因为另外一份工作更能吸引注意而放弃目前的工作机会，这都是因为失去了控制力。正是我们的前额皮层及其网络把我们和其他的动物区分开来，使我们受到刺激（stimulus）后能够形成暂停，通过非反射的形式实施复杂目标。哈洛仅仅通过观察他的病人菲尼亚斯·盖奇就由直觉判断：“他的智力和动物本能之间的平衡似乎被破坏了。”

但是直到20世纪中期，随着精密的神经心理学测试的到来，我们对前额皮层功能的理解才从其在人格方面的角色扩展到执行功能和认知控制的层面。这包括一系列的操作能力：目标设定（goal setting）能力，例如评估、推理、决策、组织和计划；目标完成（goal enactment），例如注意、工作记忆和目标管理。前额皮层参与这些认知行动的证据包括，对实验室动物进行的生理与损伤研究、神经心理学、电生理学以及在人身上进行的功能性脑成像研究的结果。

前额皮层刚开始是笼罩在谜团中的一个大脑区域，后来成为我们人格的源头，再后来被认识到是建立并执行目标的关键，20 世纪后期我们才对前额皮层有了这样全面的理解。在过去的 30 年中，人们做了大量的研究，试图解释前额皮层亚区域的具体角色，以及前额皮层和诸如顶叶皮层、感觉皮层、皮层下结构等大脑其他区域的网状联系。但是，许多谜题仍然存在，例如为什么我们高度进化的目标设定能力没有与我们古老的、有局限性的目标执行能力一同进化？其背后的神经机制我们还不清楚。

人类大脑的神经网络

了解前额皮层在认知控制中的目标实施方面所起的作用，对于我们了解分心的源头非常关键。但是，仅仅有这些看法并不能给我们一幅完整的图画。现在我们认为，要想理解前额皮层怎样指导认知控制力，最可靠的方式是不要把关注点仅仅放在这个大脑区域单独的贡献上来，而是应该把注意力放到前额皮层怎样与其他区域相互作用上来。和我们具有最近亲缘关系的祖先，也与他们的环境进行了复杂的互动，他们的额叶可能比我们的更小，但是差别不会很显著；额叶占我们整个大脑的 36.7%，相对来说，短尾猿（28.1%）、大猩猩（32.4%）和黑猩猩（35.9%）与人类相比所占比例略低。最近的研究表明，真正把人类额叶和其他动物区分开来的是：人类额叶通过神经网络和大脑其余部分具有广阔复杂的联系。

大脑的组织理论包括两个基本的原则：一是模块化，指具有专业化功能的神经元的集合或者岛状模块；二是神经网络（neural network），指跨越远处大脑区域的信息的整合。大脑组织的模块和网络原则都有着悠久丰富的历史。模块化的概念可能是在 18 世纪晚期随着颅相学的研究产生，颅相学是基于越南外科医生弗朗兹·约瑟夫·加尔（Franz Joseph Gall）的理论进行的医学实践。

加尔小时候观察到他同班同学的头颅和面部特征与他们的认知能力相关，他因此受到启发得出大脑对头颅产生压力从而塑造头颅形状。他推断，这种压力导致有特征的面部凸起，能够反映头颅下面的大脑结构的不同功能。加尔继而研发了一套系统的方法论来测量人头骨的表面特征，来解释这些人的认知优势、弱势和人格特征。尽管现在我们知道这种论断是非常荒谬的，但从加尔 1798 年写给一个检察官的信中我们发现了一个重要观点："人的各项机能和行为倾向在大脑中占有一席之地……而且非常有特色非常独立：因此，它们应该对应于大脑独特的独立于其他部位的部分。"

尽管颅相学已经不再被人们相信，现在成了一例有名的伪科学的例子，但加尔在信中提到的在大脑中功能性定位的概念仍然很活跃，并且积累了实证型证据。颅相学消亡了，但这门学科孕育了大脑结构模块化的思想。

1861 年，当时人们开始质疑颅相学，法国的外科医生兼解剖学家保尔·布洛卡（Paul Broca），通过研究那些失去了交流能力的中风病人的大脑，把语言的关键方位定位在左额叶最下面的区域。这个发现给了世界重要的解剖学证据，证明不同大脑区域功能性专业化的存在。尽管有这项证据，但当时不是所有学者都支持大脑功能模块化理论。最早的一个反对者是法国的生理学家皮埃尔·弗劳伦斯（Pierre Flourens），他是与布洛卡同时期的学者，他认为有些知识形式不会分区，而是分散在大脑皮层中。

弗劳伦斯的研究包括，切除实验动物的单独皮层区并观察这对它们行为的影响，他的观点正是基于这种研究。他的实验结果并不支持大脑功能的有些方面属于大脑特定的区域这项结论，但他也没有定位到其他的“更高级”的认知能力，比如记忆力。因此他推测，这些功能是大脑的分散性特征，这个推断为早期的大脑组织网络观点奠定了基础。

后来的神经生理学和神经解剖学的发展为大脑模块化模型提供了实验支撑，神经生理学以单个神经元加工和神经元局部集合为特点，神经解剖学描述了大脑区域结构上的区别。神经心理学通过论证单独区域的大脑损伤案例和具体的行为、认知受损之间的关系，也为模块化理论提供了支撑。同时，基于解剖研究和生理学研究的大脑组织网络模型也势头正盛；解剖研究表明，分布广泛的大脑区域有着大范围的结构性联系；生理学研究可以证明动物的遥远区域和人类功能性成像之间有功能性联系。

回顾起来，加尔在信中陈述了模块化模型的基础（除去凹凸的头皮之类的无稽之谈）。加尔写这封信两个世纪后，美国神经科学家华金·富斯特列出了组合网络与模块化模型的原则，也就是说高阶认知从联系分散模块的复杂神经网络而来。他在《皮层与心智》一书中详细描述了这个模型：（1）认知信息以广阔的、重叠的、交互式的大脑皮层神经元网络表现出来；（2）这种网络是在基本感觉和运动功能的有组织的模块的核心部分上发展的，并且这种网络与这些模块保持联结状态；（3）认知代码是基于皮层离散神经元聚集体（模块、程序集或网络节点）之间的连通性的一种关系代码；（4）代码的多样性和特殊性来源于神经元聚集体自身之间无数结合的可能性；（5）任何表层神经元都可以成为许多网络、许多知觉对象、记忆、经历过的事物或者个人知识的一部分；（6）一个网络可以有许多认知功能；（7）认知功能包括单个皮层网络之内或多个皮层网络之间的功能性相互作用。

今天，大部分的神经科学家都同意富斯特的观点，他不同意大脑的功能性模块化和特殊化，但他能够接受大脑组织的模块和网络模型。

美国神经学家马塞尔·梅舒拉姆（Marsel Mesulam）提供了一个重要的现实世界实例来证明模块和网络是怎样集成的。他证实四个不同的大脑区域作为神经网络的节点一起运作；这四个区域位于选择性空间注意力的复杂现象之下。我们祖先也是用同样的认知能力寻找藏起来的豹子。梅舒拉姆博士解释了为什么局限于这个网络一个区域的大脑损伤只导致部分注意力损害，也叫偏侧空间失调症，而这个网络的所有模块的损伤会导致更广阔的更严重的注意力损害。因此，虽然这些模块本身并不能完全代表注意力的本质，但它们是认知能力的复杂性和多样性的基础，起着砖瓦的作用。

因此，尽管对于我们的认知控制力，前额皮层是一个非常关键的大脑结构，但产生这些能力的机制不仅仅局限在前额皮层中。相反，认知控制力来自大脑前额皮层和大脑其他区域之间的神经网络的相互作用。这些前额皮层对我们的感官输入（sensory input）、内部状态（internal states）和运动输出（motor output）产生认知控制影响。前额皮层对感官输入的影响包括大脑皮层中“表征物”，即信息符代码的调制。所有的感官模式都会发生这种调制：视觉、听觉、触觉、嗅觉。对内部状态的影响包括对情绪、思想、心理意象和内部声音的调制。前额皮层对运动输出的影响包括对我们身体移动和诸如讲话等其他复杂动作的调制。

广泛的连接延伸向前额皮层和其他大脑区域这两个方向。这使得基于认知力各个方面的多种信息加工系统的目标导向控制成为可能。神经网络并不是等效参与所有脑力加工过程的模糊网状连接，承认这一点很重要。正相反，神经网络非常精准而且特别。正是基于前额皮层功能多样，神经网络才具有的这一特点。例如，前额皮层中的一个具体区域，眶额区（前额皮层下区），与那些参与控制自主反应和情绪的区域——分别是下丘脑和杏仁核，具有非常广泛的连接。眼窝前额皮层在影响基于目标的情绪方面起了作用，这些连接正是以此为基础。当给实验动物的前额皮层区进行电刺激时，它们的呼吸速率、心率、血压和胃分泌物都会受到影响。其他影响恐惧加工的控制力路径都是通过来自前额皮层这个区域的网络产生的。

但是这些网络并不是单独作用。它们同时和许多其他前额皮层网互联，例如那些和感官区域互联的皮层网，这些网络负责调节怎样根据目标处理感知信息。而且，情况远远比这复杂，因为相互关联的大脑区域的局部神经化学环境影响神经网络的功能。例如，许多神经递质系统，诸如多巴胺、去甲肾上腺素、5-羟色胺和乙酰胆碱负责管理前额皮层的功能及前额皮层联结区域的功能。更复杂的是，现在我们明白了大脑区域之间的交流受不同区域神经活动的节奏同步的影响。本书无法展开说明所有这些并发的、集成的过程之间的相互作用，无须惊讶的是，多个学科的研究人员用了几十年的精力研究构成认知控制的前额皮层网，到目前为止也只是认识到了它的皮毛。

认知控制的自上而下调制

众所周知，前额皮层（prefrontal cortex）通过远程连接或神经网络来调节远距离脑区的神经活动，从而实现认知控制。这种非常重要的机制被称为“自上而下的调制”。格萨里（Gazzaley）实验室的研究以及许多其他研究表明，涉及的调制包括神经活动的大小以及前额皮层连接脑区的神经处理速度，而这又基于个人的目标。这是目标如何对信息处理产生倾斜性影响的神经基础。

正如神经科学家厄尔·米勒（Earl Miller）和乔纳森·柯恩（Jonathan Cohen）在其著名文章《前额皮层功能的整合理论》中所描述的：“根据影响的目标，前额皮层中的表征可以作为注意的模板、规则或目标产生相应的运作，自上而下的偏差信号传递到大脑的其他部分，指导活动沿着任务所需的渠道行进。”

米勒和柯恩进一步假定：“认知控制源于前额皮层活动模式的主动维持，

这些前额皮层代表实现它们的目标和手段。它们向其他脑结构提供偏差信号，其净效应是沿着神经通路引导活动流，从而在执行给定任务所需的输入、内部状态和输出之间建立适当的映射。”因此，需要执行目标所进行的认知控制表现为前额皮层中的高阶表征，导致广泛分布的神经网络在其他脑区域中神经活动自上而下的调制。

自上而下的调制是前额皮层介导认知控制的基本机制，这与我们已经讨论的整体脑组织一致。如第二章所述，大脑的前半部分负责行动，而后半部分专门用于感知。但是由大脑前部驱动的行为是不均匀的；相反，它们由分层梯度组织而成，从位于运动皮层(motor cortex)额叶的最原始的脑区域开始，向前推进至前额皮层中最发达的结构。运动皮层介导的行动非常简单；它涉及肌肉的运动，这是大多数人听到“运动”时所想到的。此处，自上而下的调制由运动皮层中的投射神经元（projection neuron）介导到脊髓，基于我们的目标，其中的信号调节活动将导致肌肉运动。

当你沿额叶前进，行为变得更加复杂。例如：语言的表达和人眼运动错综复杂的控制。前额皮层进一步向前，“运动”的概念变得更高级、更抽象。这些运动和介导它们的自上而下的调制甚至不会使大脑产生可观察的事件。例如，前额皮层发送投影到大脑后部的视觉皮层（visual cortex），此处导致视觉皮层活动自上而下的调制。这是选择性注意的神经基础，本章后面将有更详细的描述。你可以想象认知控制的所有方面，前额皮层的高阶行为调节我们对目标导向的控制，即我们在周围世界的感知和行动。

视觉注意和身体运动的自上而下调制机制非常相似。运动皮层中的神经元投射到脊髓中的神经元以调节它们的活动并影响我们在世界中的行动，而前额皮层中的神经元向视觉皮层中的神经元发送信号以调节它们的活动并影响我们对世界的感知。这些不同的网络起源于前额皮层的不同区域，并投射到不同的脑区域以影响基于我们目标的运动和感知，但是它们都通过神经活动自上向下的调制来实现。

从进化的角度来看，通过感觉皮层中前额皮层活动的自上而下调制以控制对感觉输入的注意，这是额叶原始区域控制简单动作所用机制的一种自然延伸。以这种方式，前额皮层通过自上而下调制实现的动作包括认知控制的一切：注意力、工作记忆和目标管理。我们现在来探索每个领域，并显示前额皮层网络和自上而下调制是如何运作它们的。

注意力

我们的祖先漫步在森林里，他来到一条小溪，为了仔细查明是否有美洲豹隐藏在附近，他采取选择性注意，集中视力寻找带有橙色斑点和黑色斑点的图案，并运用嗅觉探测麝香的气味。他朝着灌木丛和小溪左边这两个方向释放注意力箭头。

我们的祖先如何以这种方式发挥注意力？如所描述的那样，基本的认知控制，特别是选择性注意，其主要机制是前额皮层介导神经活动自上而下的调制。这通过远程神经网络的接合而发生，所述的远程神经网络将前额皮层与其他脑区与感觉脑区连接。这种调制偏向神经活动模式，使得与祖先目标最相关的所选刺激在编码它们的脑区域中得到更明显的展现——在右视觉皮层中突出点状橙色和黑色图案以及在嗅觉皮层中突出麝香味。

基于预期的这种偏置导致这些刺激的神经表示具有比背景活动更大的对比度，因此，如果这些信号在场将更容易被检测到。所以，当麝香气味确实进入他的鼻孔时，这些刺激在他嗅觉皮层中特有的神经表征会变得明显，如果他没有将其设置为目标，这些变化就不会发生。他的目标强化了感知。因此，选择性注意使他能够更有效地处理微妙的信息。

虽然对自上向下调制如何突出注意的这种描述是准确的，但它并不能完全说明如何在大脑中实例化选择性。调制确实能产生相对于背景活动相关表征的一种对比，但这不仅是通过增强相关信号的表征来完成的。它还涉及对无关信息表征的抑制。这个过程有助于在大脑中产生更大的对比度，使得相关信号变得更突出。想象一下，如果你往上跳的同时地面也下降了，这时你会跳得多“高”。通过丢弃不相关的信息，不相关信息得以抑制，这就提高了我们对相关信息的关注。

从经验的角度看，抑制的神经过程可以被认为是忽略的行为，这是一个许多人意料之外的更重要的行为。几十年的研究表明，虽然关注相关信息对于实现目标至关重要，但忽略不相关的信息也同样重要。这不一定是有意识的过程。我们的祖先可能不是想忽略啮齿动物沿着森林觅食发出的声音，或者鸟儿飞过树林留下的声音，因为他知道这会帮助他听到美洲豹的咆哮。但是，如果你坐在一家咖啡店，试图专注于与朋友的谈话，你确实可能意识到周围的目标干扰物，因此有意识地忽略旁人的喋喋不休和咖啡厅的公放音乐。在任何一种情况下，抑制大脑中不相关信息不是一个被动过程，而是一个活跃过程，且产生神经模式之间的对比，从而精细地形成我们体验世界的方式。

在格萨里实验室进行的一项研究中，我们向年轻人展示了两个面孔和两个自然场景，一次一个地以随机顺序呈现给他们（本书将这称为面部 / 场景实验）。我们告诉他们哪些刺激是相关的，并得在一段时间（7 秒）内将其记住，哪些刺激是应该忽略的不相关刺激。例如，在实验中，我们告诉他们记住场景和忽略面孔，然后在 7 秒内测试记忆。在另一部分，我们告诉他们忽略场景而记住面孔。执行这些任务时，我们在 MRI 扫描仪上扫描他们的大脑活动，并使用功能性磁共振成像（fMRI）序列来评估大脑在视觉皮层活动的大小。

我们感兴趣的是：比较刺激被激活时的大脑活动与同样刺激被忽略时的大脑活动。我们还将活动水平与那些相同刺激物被动观察时的活动进行比较，即没有刻意记住或忽略它们的情况。我们发现，参与者注意场景时比他们被动观看场景时有更多的活动，我们将其称为增强（enhancement），即神经的聚焦方式；他们忽略的场景比他们被动观察场景的活动更少，我们称之为抑制（suppression），即神经的忽略方式。我们从这个实验中得出：忽略的行为不是一个被动的过程；相反，忽略某事物的目标是一种主动的过程，通过自上而下抑制低于被动观察基线水平的活动而实现。忽略是一个活跃的过程，这一事实对于理解分心至关重要，因为它强调需要资源来过滤掉不相关的内容。

在另一项研究中，我们在同一个任务中使用脑电活动的脑电图（EEG）记录，发现参与者在视觉皮层中处理相关刺激比处理被动观察刺激更快，而处理不相关信息的速度更慢。从这个实验中，我们了解到，自上而下的调制涉及神经处理幅度和速度的影响：注意时有更大和更快的神经处理，忽略时则有更少和更慢的处理。

通过降低噪声并使信号发光，抑制可产生更高质量的相关信息表征。它是选择性注意的重要组成部分。虽然它可能看起来反直觉，但我们现在明白，聚焦和忽略不是一枚硬币的正反两面。换句话说，当你更注重某些事情时，你会自动忽略其他一切，这不一定是真实情况。实验中表明，当我们关注某些事物和忽略同样事物的时候，不同的前额皮层网络参与其中。换句话说，它们是两枚独立的硬币。这意味着你在餐厅谈话的目标可能成功，但你可能难以忽视周围的噪音。如果是这样，你会发现自己容易受到两类目标干扰中的一类：分心。

直到最近，前额皮层网络通过自上而下调制来介导选择性注意的证据主要是基于大脑活动的记录，展现了高要求任务中前额皮层的激活和感觉皮层中的活动调节。科学家们用不同的技术观察到了这一现象。格萨里（Gazzaley）博士的研究更进一步，他使用了 fMRI 数据和研究神经网络的分析方法（称为功能连接）。这种方法涉及计算任务多个试验中不同脑区活动模式的相关性。

它基于这样的理论：如果两个脑区表现出相同的活动模式，即它们在同一任务许多重复的神经活动中显示相似的上下波动，那么它们很可能在同一个神经网络。

我们的研究中显示，前额皮层的一个区域与视觉皮层中的一个区域在功能上可以连接，那么可以将它们定义为网络中的节点。重要的是，这些脑区域之间功能连通性的大小取决于该信息与参与者目标的相关性。此外，我们发现前额皮层和视觉皮层之间连接的强度与增强的大小和视觉活动的抑制相关。这些结果表明，根据任务目标，前额皮层修改连接这些区域神经网络的强度，从而驱动视觉皮层活动水平自上而下的调制。

然而，我们使用的功能连通性技术仍然是一种相关性方法。也就是说，它仍然没有提供因果证据来证明前额皮层介导神经网络的自上而下调制。这些数据表明活动涉及前额皮层，但不能证明需要自上而下的调制。评估因果关系的最佳实验设计是干扰前额皮层的功能，同时有人参与选择性注意的任务，并记录视觉皮层功能连接区域中的神经活动。这样我们就可以确定：当前额皮层功能受到干扰时，视觉皮层中自上而下的调节是否会遭到破坏，由此判断两者是否有因果关系。

最近，格萨里实验室进行了这项实验，由西奥多·冉托（Theodore Zanto）博士带头。首先，我们的参与者来到实验室接受 MRI 扫描，同时完成一项视觉注意任务。我们使用功能连通性的方法来分析他们的数据，以定位其前额皮层区域中连接视觉皮层注意网络的潜在节点。然后，另一天，每个参与者返回实验室，使用经颅磁刺激（TMS），对他们前额皮层中的这个区域进行重复的磁脉冲（magnetic pulse）。这种对头皮进行反复磁脉冲的方法已证明是安全的，在应用之后将暂时中断下面皮层的功能。然后，在 TMS 运用后，我们的研究参与者执行同样的视觉注意任务，他们接受 MRI 扫描，但这一次添加 EEG 记录。

我们发现 TMS 前额皮层中的破坏功能减少了视觉皮层脑内活动的自上而下调制，并且在短时间后削弱了参与者记忆相关信息的能力。因此，这个实验取得了重要的证据：前额皮层诱导视觉皮层活动的自上而下调制，并且该活动调制（增强和抑制）突出工作记忆性能所必需的选择性注意。因此，这项研究也帮助我们认识到一个事实：认知控制的方方面面是密切相关的。但正如我们将看到的，这些方面也有几个不同的机制。

工作记忆

看到溪流后，我们的祖先奔向遮蔽物，并保持刚刚在脑海中所见场景的视觉细节。例如，灌木丛位于溪流旁边。他主动记住这些信息，直到他觉得足够安全，可以探出头寻找美洲豹。

了解工作记忆的神经基础是认知神经科学（cognitive neuroscience）领域最大的挑战之一。信息不再存在于环境后，头脑中仍然保持信息，这在所有高阶行为中至关重要。然而，这种现象的机制非常难以捉摸。在 20 世纪 30 年代，卡莱尔·雅各布森（Carlyle Jacobsen）博士和他的同事首次确定了前额皮层在工作记忆中发挥了关键作用。他们表明，工作记忆表现的缺陷可以通过实验性损伤诱导到猴子的前额皮层，执行任务时呈现信息，在整个延迟期间记住信息，然后探测召回信息。

直到 1971 年，我们在了解工作记忆神经基础这个问题上有了另一个重大飞跃。在那一年，华金·菲斯特尔（Joaquin Fuster）博士和他的同事报告了他们在猴子前额皮层中发现的神经元，刺激不存在后表现出持续的神经活动。猴子的神经活动伴随相关刺激持续着，并在掌握相关信息的时间段内保持高涨。这些显著的神经元被称为“记忆细胞”。没有视觉刺激的情况下持续的大脑活动被认为是工作记忆中保持信息的神经标志，帕特里夏·戈德曼·拉西克（Patricia Goldman Racik）博士开创性的工作进一步丰富了这个理论。

多年来，其他研究表明，刺激不存在后，大脑神经元都表现出这种相同的持续活动。值得注意的是，这存在于整个感觉皮层，大脑呈现出刺激特征。事实上，感觉皮层中的持续活动是自上而下调制的另一个例子，类似于选择性注意期间发生的情况，但在这种情况下，刺激不存在时发生。

我们目前的理解是：通过环境存在刺激时选择性注意运用的相同网络，前额皮层在工作记忆期间介导感觉皮层中的活动调节。当信息不在场时，这就是我们如何在头脑中保持信息。菲斯特尔还提供了因果证据：通过可逆地冷却大脑区域来影响视觉皮层的活动调制并损害工作记忆性能，他破坏了猴子前额皮层的功能。

目标管理

没能发现美洲豹，我们的祖先决定投掷一块石头到水中诱使它发出一些动静。所以，他蹲下掩护自己，搜索合适的石头，继续他搜索美洲豹的最初目标，同时保持溪流和左岸灌木丛的详细视觉图像。

一次完成多个任务是可以追溯到远古祖先的一种行为。这种行为通常被称为“多任务处理”（multitasking），这一术语是从计算机科学中借用，它意味着信息的并行处理。但是当我们执行多重任务时，我们的大脑究竟发生了什么？我们真的“并行处理”吗？这里的问题在于细节。我们的大脑肯定会并行处理大量的信息。我们不断接受来自感觉系统的广泛数据，这些数据无意识中得到处理，更不用说维持呼吸、心率等的所有处理过程。即使涉及行动，并行处理的情况也很多。

如果一个或多个任务能够自动化为反射动作，那么就可以容易地与另一个任务同时接合且没有严重后果。这是典型的“边走边嚼口香糖”。虽然行走需要选择性注意，但大多数情况下咀嚼不需要认知控制，因为它是反射动作。鉴于此，这样的活动甚至可能不符合多任务处理的范例，因为反射动作实际上不是一项任务。但是，如果两个目标都需要认知控制来执行，例如在搜索岩石（选择性注意）的同时掌握复杂场景的细节（工作记忆），那么它们肯定会竞争有限的前额皮层资源。

在格萨里实验室进行的另一项研究中，我们调查了参与者同时执行两项认知控制需求任务时大脑发生了什么，类似于祖先在上述情景中所做的那样。为了做到这一点，我们指导研究参与者注意计算机屏幕上呈现给他们的自然场景，并且在7秒的延迟时间内记住细节，之后将对他们记忆的程度进行测试。这里的问题是：在一些试验任务中，他们不得不同时执行另一项任务。当他们记住场景细节时，他们必须对延迟期间在屏幕上闪烁的脸进行年龄和性别判断。次要任务需要选择性注意，导致与已在线的资源竞争工作记忆。这类似于我们祖先记住脑中场景细节的同时需要决定拿起哪个石头。

我们在这个实验中发现：如预期的那样，观察自然场景时，参与者的前额皮层网络开始激活，并且网络激活持续到延迟期。工作记忆的维护网络负责保留场景的图像。如前文所述，它涉及前额皮层和视觉皮层之间的功能连通性，它驱动了代表场景的视觉区域中自上而下的调制。但我们还发现，当面部在延迟期间内在屏幕上闪烁，参与者做出决定，此时工作记忆网络减少，参与维持场景的视觉活动也减少。与此同时，前额皮层和视觉区域之间的新网络用来代表脸，这不令人惊讶，因为这是选择性注意的机制。真正说明问题的是：两个网络并不同时在相同程度上被激活运作。面部从屏幕上消失后，我们可以看到面部注意力网络减少，并且场景的原始工作记忆网络被重新激活，这与参与者对场景记忆进行即时测试的期望相对应。

即使我们没有指示参与者在这两个任务之间切换，我们观察到他们的大脑正是这样运作的。当选择性注意网络被使用时，记忆网络没有保持在相同水平。相反，它们在这两个认知控制网络之间动态地切换。我们的研究结果与许多其他研究一致，这些研究表明，当我们同时执行竞争认知控制资源的多个目标时，我们的大脑在任务之间切换，而不是并行处理这些目标。因此，我们行为的目标可能是多任务处理，但大脑本身是在进行网络切换（network switching）。我们在下一章将会讲到，无论我们决定是否切换，这种切换行为都会降低我们在任务上的表现，这也是另一种目标干扰产生的基础：中断。

虽然前额皮层在认知控制中的特殊作用很明显，但认为它是认知控制中唯一起作用的机制则过度简化了整个过程。认知控制的机制涉及一个广泛的网络，包括许多其他脑区域，如前运动皮层（premotor cortex）、顶叶皮层（parietal cortex）、视觉皮层和皮层下区域。皮层下区域包括尾状核（caudate）、丘脑（thalamus）和海马（hippocampus）等。例如，顶叶皮层中一个区域的体积预测了对日常分心自我测量的个体差异。本书不对这些脑区域在认知控制中的贡献做出详细讨论，但是可以得出的结论是：认知控制的实现需要自上而下的调制和大脑中广泛分布的网络节点之间的功能交互协调。在这个背景下，我们现在来讨论认知控制能力存在的明显缺陷以及这些缺陷如何导致注意力分散。

第四章　我们认知控制能力的局限

神经学家们已清楚地认识到人类的认知控制能力远非完美。注意力、工作记忆、目标管理——所有的要素均存在功能局限，以致我们在完成目标时总难以实现最佳。为实现目标而处于在受干扰的环境下同时进行多重任务这种当今高科技时代常见的情况中时，这一现象尤为明显。本书的一大前提是，高层次目标与我们固有的认知控制局限的正面冲突导致了我们的思维分散；这类冲突会产生目标干扰（goal interference），从而对我们的生活质量造成负面影响。若想克服目标干扰的不利影响，我们需要增加对认知控制局限的了解，提高相关方面的意识，从而设法将这些因素的影响降至最低。

人类神经学手段能够极大地帮助我们理解认知控制对目标实现的影响及其局限的神经学基础。这使我们能对现代干扰两难局面的基础有更好的了解。让我们来看看认知控制所存在的局限，了解造成思维分散的大脑信息处理系统的弱点核心。

选择性：隔绝非相关信息

让注意力具有高度选择性对于在复杂的环境中高效运作至关重要。我们的大脑正是缺乏无限的平行处理资源，来接收并理解某一时间的所有信息。

并且，我们需要将自己的认知资源迅速地用于与目标最为相关的对象。同时，我们必须隔绝周边那些大量且快速变化的非相关信息。

当然，生活在充斥着技术的现代社会中的人们对这种既需要集中又需要忽略的状态并不陌生。即便是在大脑进化的早期，在目标导向性注意力的神经机制发展之前，信息处理便需要具有选择性。大脑平行处理能力的内在局限可能是促使我们选择机制早期演变发生的原因。这类局限仅允许环境中最新奇且突出的事物——尤其是具有生存及繁殖优势的事物——在我们的大脑中形成强烈的存在，继而对我们的认知及行动产生最大的影响。如前文所述，选择性最早是一种自下而上的处理形式，有时也被认为是注意的一种形式——虽然并非以自上而下目标为基础的类型，而是由刺激因素本身导致的一种形式。这种注意力的古老形式是认知行为周期最初的动力，并深深根植于我们现代的大脑之中。

自下而上的灵敏度仍是包括人类在内的所有动物生存的必要条件。无论在城市还是荒野，若我们无法迅速并自动感知环境中的警示，我们的生命便很难维系：例如我们不小心闯入街道时的汽车喇叭声、不经意地走在林间小道上时坠落的石块等。自下而上的灵敏度至关重要，尤其是当自上而下的目标将我们的注意力引向一个固定方向时则更是如此。因此，受自然选择进化力量的影响，这一原始力量成了我们与周边世界互动的一个核心要素。

我们与环境的互动均含有自上而下的注意力与自下而上的处理这两大调节要素之间持续且动态的结合。我们的大脑中时常发生两者力量之间的角逐，得胜一方将对我们的认知及行动造成最大化的影响，最终直接影响我们的行为举止。

不论其必须性，若把注意力的选择性看作是使我们实现目标的关键认知控制能力，那么对自下而上影响的敏感性则代表严重的局限性。这是大脑自古以来的遗留物，也是所有选择机制的一大挑战，因为选择机制的核心功能就是删除一切与目标不相关的事物。这类最有力的刺激含有新奇且显著的自下而上因素，最能非主动地侵占我们用于实现目标的注意力；它们是外部干扰的来源，也是目标干扰的主要方面。

大量心理与神经学方面的著作描述了注意力选择性的局限的来源。塑造我们当下想法主要的一系列发现表明，选择性取决于促进关注目标相关信息的这一过程，也依赖于忽略非目标相关信息的神经学过程。关注与忽略之间的关系被称为“偏向竞争（biased competition）”，或自下而上的过程与自上而下的过程之间的推拉之战。神经学数据显示，当两样事物同时呈现在眼前，对其中一物的注意力会从另一物上攫取视觉处理资源。但若目标范围之外的刺激具有引起强烈的自下而上注意力的内在特点，那么这种情况下，我们所设的目标便不易赢得这场注意力之争。

就像在嘈杂的餐厅中想要将注意力有选择性地放到对话上一样。即便你意识不到，对抗目标干扰的内部竞争也一直在持续。这时旁边桌子的人吵了起来，毋庸置疑，这种自下而上的影响将在这场注意力之争中取胜，虽然我们的目标是忽略除对话以外的一切。我们注意的选择性是有限的；我们并不总能将自己的注意力毫不受干扰地用于心之所向。

格萨里实验室通过让健康且年轻的成年人集中注意来试着在短时间内记忆大量固定点的颜色，从而来研究注意力选择性局限的神经学基础与影响。真正的挑战在于，大约每一秒钟左右，这些点的颜色便会消失并同时开始朝着一个移动。实验参与者清楚地知道他们的目标就是只关注并记忆静止的点的颜色，忽略点的移动。虽然整体上大家在这一简单的工作记忆测试中表现良好，但我们发现他们每次试验中的表现略有参差；有时，他们需要花费较长时间来纠正点的颜色，从而确认答案。

在进行这一试验时，我们用脑电图（EEG）扫描器记录了大家的大脑活动。通过分析他们的活动模式，我们发现，在速度较快的试验中，大家的记忆更好。

这并非因为参与者将记忆以最佳的方式集中到了有颜色的点上，而是因为在这些试验中，他们能最好地忽略移动的点。这一实验表明，注意力并非高水平工作记忆表现的主要决定因素；相对的，记忆力更多的是依赖于有效地忽略干扰信息。当我们把实验倒过来，让参与者们记住点的移动方向而非颜色时，我们也发现了同样的结果。鉴于此，我们从这个实验中得出了这一结论。

要注意，运动与颜色均为强大的自下而上影响因素。我们在此也发现了人类忽略目标非相关信息的能力较为薄弱，即便是二十几岁的健康人士也是如此。同时，我们发现不能忽略信息的情况会导致干扰性信息的过度呈现，这便会继而妨碍对相关信息记忆的保持，最终对成功的目标导向行为造成影响。

正如这一研究团队所得出的结果，无法有效忽略非相关信息的话，会直接影响我们短期记忆相关信息的有效性。那么对于长期记忆又会如何呢？选择性注意的局限是否也会对其造成影响？格萨里实验室的皮特·维斯（Peter Wais）博士领导的另一实验对这一问题进行了研究。当大家被要求回忆过去某件事的细节时，我们发现在某种程度上，大家在回答前都会经常移开视线，甚至是闭上眼睛。

大家尽可一试：让朋友仔细回忆昨晚的晚餐吃的是什么。你自己要确保仔细观察他的眼睛。你极有可能会发现他在做出回答之前会移开视线。这一移开视线的倾向事实上被认为能有助于更好地回忆。我们假设这是因为在搜索记忆的时候，看着他人的脸这一单纯的行为具有干扰性，会妨碍回忆过去细节所需的内在选择性注意的走向。

在实验中，我们首先让研究参与者回答与电脑显示屏上展示的 168 张新奇的图片相关的问题。这些图片包括同种物体一到四个不同的数量，例如一本书或四本书的图片。设置的问题包括“你是否能搬动这些（个）物品”，以及“你是否能将其装进一个女士鞋盒里”，参与者不知道这是记忆测试的研究阶段。在看过这些图片的一小时后，他们进入磁共振扫描仪（MRI），依次被询问这些图片中的物品数量。随着实验的进行，我们记录了他们的记忆表现以及大脑活动。所不同的是，参与者在进行记忆测试时或是闭着双眼，或睁眼盯着灰色的屏幕，抑或睁眼看着图片，从而来模拟我们回忆事物时通常会面对的复杂视觉环境。在记忆测试中他们所见的图片为完全不相关的干扰信息，并且他们也收到明确的指示要求忽略这些图片。

通过图片物品数量准确性报告，我们发现这一实验结果表明，比起闭着双眼或是睁眼面对灰色屏幕时的状态，参与者睁开双眼且眼前有图片的情况会大大削弱他们记忆细节的能力。这些结果表明，复杂的图片这一自下而上干扰因素的存在会减弱参与者搜寻记忆所需的注意力。由于盯着灰色屏幕与闭着双眼这两种情况的记忆质量相同，由此可见睁眼并非主导因素，视线中存在的繁复的场景才是导致干扰效果的原因所在。

这一发现与“点实验（dots experiment）”的结果相似。在“点实验”中，即便已很明确地让参与者们忽略眼前不相关的视觉信息，但他们常常无法做到这点，因而导致后续记忆的欠缺。该实验的功能性磁共振成像（fMRI）结果进一步表明干扰信息存在导致回忆削弱的这一情况与包含前额皮层、海马体（记忆形成相关的大脑区域）、视觉皮层在内的神经系统受阻相关。根据实验结果可知，看到不相关图片这一自下而上的影响因素会对参与者们回忆图片中物品数量这一自上而下的目标造成干扰。同时，我们也了解到，对选择性注意至关重要的前额皮层网极易被自下而上的干扰因素阻碍。

功能磁共享成像研究的结论表明，前额皮层网受阻造成了选择性局限，从而导致记忆欠缺。然而，我们必须认识到，这些结果并不意味着我们可以轻易断定前额皮层对排除干扰的作用。我们无法确言这些网络受阻会加剧思维分散的表现；因为此时，我们仅仅了解到这两者是相互联系的。为进一步了解，维斯博士进行了后续研究，首先采用反复的经颅磁刺激（TMS），暂时中断该区域的大脑功能，从而干扰前额皮层功能，然后记录这种条件对参与者在同样的长期记忆实验中的表现所造成的影响。结果显示，若阻断前额皮层功能，被动观看图片的这一情况将对回忆造成更大的负面影响，这一结果支持了前额皮层网通过减少干扰来促进回忆的这一假说。

在相关的另一实验中，我们很好奇干扰图片以及参与者们尝试回忆（图片中物品数量）时的视觉记忆所具有的共同视觉性质是否是导致长期记忆受到干扰影响的原因。为了检测这点，新的一群参与者进行了完全相同的长期记忆测试，只不过在这次实验中，他们的眼睛保持睁开并盯着灰色屏幕。不同的设置为参与者在回答记忆问题时或在白噪音环境中保持沉默，或是在听到嘈杂的餐厅聊天声时被要求忽略该声音。我们发现，听觉干扰（餐厅聊天声）与视觉干扰（繁杂的图片）均会削弱回忆视觉记忆细节的能力。

需要明确的是，这些结果并不意味着建议戴着眼罩或耳塞四处走动。分享这些结果旨在说明我们的注意力选择性过滤对干扰所具有的惊人的高度灵敏度及其对我们长期记忆回忆的负面作用。这些结果促进了我们对注意力局限的神经学基础的基本理解。注意力局限引发了看似无害的行为——例如眼和耳接触日常的刺激因素——继而削弱了我们回忆记忆细节的能力。

眼罩与耳塞的功能实际上仅止于此。导致我们的认知与目标擦肩而过的另一原因在于内生干扰或心智游移。一项巧妙的研究采用 iPhone 的应用软件来对大学生进行随机提问，询问他们在那一时刻的注意力是否集中于所做之事，抑或是处于游移状态。结果惊讶地发现，全天内随机选择的时间点中，47% 为游移状态。此外，他们发现人们处于心智游移状态时，通常更不开心，似乎独立于他们彼时所参与的活动之外。心智游移已被证实会对认知表现产生消极影响，同时也与工作记忆、液态智力以及 SAT 的成绩等的缺失相关。

虽然心智游移通常是良性的，但若面临要求高水平表现的任务时，心智游移的这一状态也可能会极具破坏性，例如召开十分重要的会议或开车等情况便是如此。在极端的情况中，例如重度抑郁、创伤后应激障碍（PTSD）、强迫症（OCD）等与心理状况相关的情况，心智游移也可能会使人失去能力。对于这些不幸的人而言，内部干扰基本关闭了目标导向行为，导致他们的功能衰弱性受损。

视觉与听觉这些自下而上的外生影响以及内生的心智游移状态均会减弱注意力选择性的灵敏度。虽然注意力选择性局限很明显是导致思维分散的一大主因，但却并非全部原因。我们在注意力的所有其他方面也具有局限：广泛分配注意力的能力、长时间保持注意力的能力以及迅速集中注意力的能力。接下来我们一一进行探索。

分配：有限的信息下优化应对

说到注意力，我们并不是总想让它像一支箭那样，指向一个目标。相反，有时候我们想尽可能地分散注意力，就像渔民把一张大网撒进海里。到底采用哪一种方式来分配我们的注意力呢？主要的决定因素是我们在事件发生前所掌握的预测信息（predictive information）的水平。还是拿钓鱼来说，准确判断鱼群在什么地方出没的预测知识（predictive knowledge）能够帮助你确定使用鱼叉还是网。再想象一下，我们的祖先不知道美洲豹潜伏在哪里，只知道它可能隐藏在他左边的某处。在这种情况下，他就会把注意力广泛地分布在左边，而不是精确地指向河岸上奔跑的动物。

在预测信息较少的情况下，把注意力集中于某个错误的位置并不是一种好的策略。事实上，这将限制祖先在其他所有位置搜寻美洲豹。当我们拥有的精确信息比较少时，我们会把注意力分配在许多地方。开车的时候，注意力也会分散，这是生活中的一种常见现象。在这种情境下，人们的注意力既需要有选择性，又需要分布在各处——注意力要集中在路上，同时也要对路边的不确定事件保持警觉，比如可能会有行人一边打电话，一边无意中走到马路上。

不久的将来，何处何时将会发生何事件，这类的预测信息能够激发人们的期待。对于未来事件，较少的细节预测会使得我们分散注意力而不是集中。但是，从许多方面看，分散的注意力依然是有选择性的。我们的祖先在美洲豹可能出没的左边任何区域，不断地用耳朵听、用眼睛看、用鼻子嗅美洲豹的特征；他只是在较大的空间范围内做这件事。可以通过任何感官分配注意力；例如，祖先可能不太确定美洲豹的气味是什么样的，但他知道美洲豹有某一种麝香的气味，所以他会集中注意力去嗅各种麝香气味。

当我们把注意力分配得较广的时候，我们从选择性注意中获得的收益就会减少，这是主要的局限。最近，这一观点在格萨里实验室得到了证明。我们让参加者凝视屏幕中央，一些暗示信息在他们面前闪过，给予不同程度的预测内容，告诉他们即将出现的目标会出现在周边的什么位置：100% 的暗示，会告诉他们目标的精确位置；50% 的暗示，会告诉他们目标会出现在左边还是右边；0% 的暗示，不会给出他们预测的空间信息。几秒钟后，当目标出现时，与接收到 50% 的信息的人们相比，接收到 100% 的信息的人们能够更快、更精确地把目标与干扰项区分开来。当人们完全没有收到任何预测信息时，则会表现得更慢、更不精确。这个结果表明，与我们拥有的、需要从中进行选择的预测信息相比，当我们把现有资源分散开，在注意力方面，我们并不会得到相同的收益。

如果把这一实验的发现放在我们祖先的处境中，我们就会意识到，如果祖先掌握美洲豹位置的更多信息，他就会有最好的机会发现美洲豹。如果只有一棵灌木可供美洲豹藏身，那么祖先就会选择性地把他的注意力集中在那里；如果有五棵灌木，那么他只能把注意力资源分散在五棵灌木上，这样的行为，会减少他找到埋伏的猛兽的可能性。总体来说，我们分配注意力的能力是极为有限的。

可持续性：越枯燥越难以集中

除了选择性与注意力分配方面的局限，我们持续集中注意力的能力也是有限的，在枯燥无聊的环境中更是如此。持续性注意有时被称为警觉（vigilance）或注意广度（attention span），最频繁地被人们用来评估人们怎样能在很长一段时间内，面对重复性的任务持续保持高水平的表现。想象一下，我们的祖先满怀期待地蹲在树后，观察……聆听……嗅着……搜寻着美洲豹的踪迹。如果只得到最少的反馈，甚至得不到反馈，他这种具有较强选择性的注意力还能保持多久呢？一旦错过微妙的线索，可能会危及生命。如果他走神片刻，或是几秒之后就变得不耐烦、靠近溪流，他可能会成为美洲豹的午餐。

关于持久注意力（sustained attention）的局限性的绝大多数研究方案，都会设计一些非常枯燥无聊的任务，这些任务旨在评估人在低水平兴奋背景下的警觉，这是飞机交通管制员非常需要的一种工作能力。但是很显然，持久注意力的内容不止于此；比如，为什么人与人之间，这种注意力会有显著的不同？这些知识，对于我们扩展对分心（the Distracted Mind）的理解是至关重要的，对于能够很好地持续集中注意力的人而言是如此，对于被诊断为注意力缺陷（attention deficit）的人而言也是如此。

在注意广度（attention span）中，需要扩展我们对局限的本质的理解，局限的本质就是依赖于环境；毫无疑问，面对所有认知调控（cognitive control）的局限，我们也需要拓宽理解，最近的一项研究使得这些需求变得明晰，这项研究表明，被诊断为 ADHD 注意缺陷多动障碍（attention deficit hyperactivity disorder）的儿童在参与无聊的标准化实验室测验评估时，很难集中注意力；但当他们玩电子游戏时，他们会聚精会神。ADHD 患儿的父母常常感到惊讶：

孩子做作业时，注意力只能集中几分钟；但他们却可以持续不断地玩好几个小时的电子游戏。

处理速度：注意力的终极局限

我们将要讨论的注意力的终极局限，就是处理速度（processing speed）。尽管大脑中的每一个神经元都以极快的速度进行运算，所耗时间以千分之一秒（毫秒）计算，但是，正如认知调控的所有方面一样，注意力是神经网络中的一种突显特性（emergent property），依赖于大脑中分散分布的多个区域之间的信号整合。这种信息的传递，大部分在本质上是连续的，不可避免地在网络的每个中断处造成显著的时间延迟，因此注意力的处理需要耗费十分之一秒。这听起来或许还是很快，但如果想到我们与环境之间的互动有多么迅速，那么十分之一秒实在比较慢。

研究者在实验中研究了注意力处理速度的局限性，他们用了一种叫作“注意瞬脱”（attentional blink）的范式。在这些实验中，参与者注视着电脑屏幕上迅速掠过的图像。他们要在信息流中出现的两个目标里做决定。刺激物以极快的速度掠过，参与者们很难有意识地认出它们，但是他们大脑的处理速度足够快，依然能够认出它们，除非两个目标在很短时间内（半秒之内）相互靠近。在这样的环境下，参与者们对第二个目标处于部分盲目的状态。值得注意的是，这并不是因为他们眨眼，而是因为注意力刚刚得到分配，重置注意力需要花费时间。正如他们的大脑死机了，需要花时间重启。在我们设想的场景中，如果灌木里突然飞出一只鸟，有可能会给我们的祖先造成“注意瞬脱”，让他们无法在关键时刻及时发现美洲豹。而谈到在快节奏世界的高速公路上开车，我们很容易想象这样的局限性会如何影响我们对车速的处理。

在注意力处理速度方面，另一方面的局限性是，注意力的分配不仅要花费时间，而且如果注意力处理速度受到自下而上的影响，那么撤回注意力同样也需要花时间。想象这样一个场景：你的注意力被一则不相关的信息占据，比如你在一家饭店，听到邻桌的人提到你的名字。即使你早已意识到他们提到的不是你，但这件事仍然不由自主地占据了你的注意力，因为你的名字有一种强烈的自下而上的凸出经验（salience）（你的选择性的局限）但是在此之后，你也要花时间让自己不再关注这一干扰，重新关注你与餐桌边其他人的交谈。即使对于这样一种能够分散注意力的简单刺激，重新集中注意力的"恢复时间"（recovery time）也要占据十分之一秒。所以，注意力的速度（分配和撤回的速度）也代表了这种认知调控能力的另一种局限。

工作记忆的局限性

就像选择性记忆具有内在局限一样，工作记忆也是如此。工作记忆的局限性可以分为两个范畴：容量（capacity）与保真度（fidelity）。容量指的是存储信息的总量，经常是指在任何特定时间里，记忆可以容纳的事项数目。保真度指的是记忆的质量或清晰度，也就是说它们究竟能够多么真实地反映所代表的事物。保真度的特性之一是存储的记忆随着时间流逝的衰减速率。包括计算机系统在内的一切记忆系统都可以用这两个特征来描述。

在认知科学领域，工作记忆的容量是一个主要的研究方向，特别是旨在理解我们认知局限的研究方面，工作记忆的容量更加重要。这一领域有一篇非常著名的学术论文，由心理学家乔治·米勒（George Miller）发表于1956年，论文标题是《魔法数字七，加或减二：信息处理能力的局限》。在这篇文章中，米勒用一个经常被简单描述为具有最长事项数字的跨度来描述我们有限的储存信息能力，人们可以立刻用正确的顺序来重复这些事项。你可以自己尝试。

让一个朋友写下单一数字的一个列表，每次给你读一个项目，并要求你按顺序重复。你能够回忆起来的项目数很可能在五（七减二）到九（七加二）个之间。

心理学家纳尔逊·考恩（Nelson Cowan）得出结论，当进行研究以防止预演和信息“分块”（chunking）时（例如将三个连续的数字拼凑在一起，恰好是你的区号），我们实际上更有可能记住四个项目（可能增加或减少一个项目）。其他研究表明，信息的类型也会影响我们工作记忆的跨度。因此，对于数字信息，容量可能是七，但是对于字母信息，容量可能是六，对于单词信息，容量可以是五，对于物体信息，容量只能是三或者四，对于像一张脸那样复杂的刺激信息，工作记忆跨度可能只有两个甚至一个。关键在于，我们的工作记忆容量相当有限。研究表明，个体能力的不同与真实世界的活动中所需的高阶认知能力存在关联，这些活动包括阅读理解、学习、推理，以及智力测验。工作记忆容量较高的人在这些技能的评估和一般流体智力（general fluid intelligence）的测量方面的表现往往更好。

除了容量之外，工作记忆的另外一个明显局限，是储存在记忆中的信息保真度下降的问题，以及随着时间的推移，信息质量迅速衰减的问题。仅仅通过自己的经验，我们就可以理解：相比刺激在我们眼前时，即感知形成的记忆，我们的记忆还原细节的水平会不断下降。通过实验已经可以确定，从感知到工作记忆的过渡会使得细节的精确性降低。来看看一个拥挤的房间，环视站在周围说话的人。当你闭上眼睛，你会想起房间准确的模样吗？你的眼睛闭上 10 秒之后又怎么样？工作记忆中的信息迅速衰减。

关于这种衰减在工作记忆中的确切来源仍然存在争论：它仅仅是由于时间的推移引发的，还是由干扰引起的？似乎这两个来源都有可能。把信息纳入记忆，是一个动态的过程，与怎样运用资源去维持对于外部刺激的注意十分相似。而且，即便没有干扰，随着时间推移，我们的记忆也会衰减，这是由于我们为了维持工作记忆所需的能力产生波动导致的。此外，现在很清楚的是，我们储存信息的能力是脆弱的，容易受到干扰，不仅由于外部的打扰，也由于自身的分心。

在一次与前一章描述的格萨里实验室的面部 / 场景相似的实验中，我们让参与实验的人用 7 秒的时间记忆一张脸，7 秒之后，我们测验他们对那张脸的记忆。在一些试验中，人们的记忆出现了扭曲，比如，在延迟期过半的时候，我们让一张不同的面孔快速闪现在屏幕上。这个时候，参与者的脑海里还想着原来的那张脸。我们提前告诉他们，一张新的面孔会出现，原来的脸与现在毫无关系，应该被忽略。尽管我们这样告诉他们，但他们对于第一张脸的记忆在不知不觉中依然发挥作用，不过，当另一张脸出现、令他们分神，他们的记忆就持续衰减了。这一点表明，即使是健康的年轻人在执行一个非常简单的工作记忆任务时也很容易分心。

我们进一步研究揭示出，那些在面对令人分神的脸时，视觉大脑活动（visual brain activity）增多的参与者，在工作记忆测试中表现更差。这些结果表明，过度的不相关信息会降低工作记忆轨迹的保真度。认知科学家爱德华·沃格尔（Edward Vogel）博士和他的同事表明，分心也会影响工作记忆能力，因为面对不相关信息更易分神的人能力较弱。

我们记忆信息的能力，面对分神和干扰的影响显得很脆弱。试着回想一下，在面对充满干扰的交通状况时，把握具体的前行方向多么不易。汽车广播发出声音，或者一条短信到来，都会立刻影响司机对前行方向的判断。

目标管理的局限

当我们决定在有限时间内完成不止一个目标的时候，我们就要在两个选项之间做出选择：是同一时间完成多个任务（multitask），还是轮流做多个任务（task switch）。有时候，我们决定尝试同一时间做两件事，比如一边读电子邮件，一边打电话（同一时间完成多个任务），有时候我们写一篇论文，然后把它搁置一边，去读一封刚收到的邮件（轮流做多个任务）。同时完成多个任务与轮流做多个任务，是截然不同的两种行为，但在大脑中，这两个行为的实现机制在很大程度上是相同的：网络交换（network switching）。

更明显的是，当我们写论文时回复电子邮件，或在开汽车时发短信的时候，我们在信息处理流之间来回切换，因为这些活动应用的是相同的感觉系统；事实上，我们需要把视线从一种信息源中挪开，转向另一种信息源，但这就是我们试着一边打电话一边回邮件，或者一边开车一边接听免提电话的行为本质。我们在这些任务之间迅速地来回切换，即使我们本来不打算这样做，即使我们没有意识到自己正在这样做。如果你真的想要注意自己是如何同时完成多种任务的，你可能会分辨出切换正在发生。比如，在线阅读时尽量听电视记者在说什么。当你阅读时，你能理解记者在说什么吗？许多人都有过一边打电话，一边试着查收电子邮件的经历。某些时候，你可能不知道该说些什么，并且你必须停下来、重新进入话题，才不会让别人感觉到你没有完全投入谈话。

我们的大脑不会并行处理信息，虽然并行处理是许多日常活动的需求。大脑在神经层面上并不能真正做到同时完成多种任务，这是我们在完成目标的能力方面的重大局限。神经网络切换的过程伴随着准确性的下降，通常来说，完成两个任务的准确性都会下降，并且，比起每次执行一个任务，需要的时间也会延长。人们把完成任务水平的下降称作同时做多个任务或转换任务的成本，不论同时完成多种任务，还是转换任务，都会产生这样的成本。你可以把这些成本视为试图一次做不止一件事情的代价。

有趣的是，多重任务处理（multitasking）这个词并非起源于心理学或神经科学领域，而是源于计算机世界，在计算机领域，这个词指的是同时处理一些任务。尽管一些强有力的电脑无疑能够同时完成许多操作、进行真正的多重任务操作，但并非所有电脑都能做到这一点。单处理计算机（包括平板电脑和智能手机）在同时完成多种操作时，表现出更像人脑的特点。当苹果手机 4.0 操作系统首次发布之时，苹果公司通过商业广告对这一现象进行了有趣的描述。他们很自豪地宣布一种具有新特征、因而具有很大需求量的产品的发行，这种新特征就是“多重任务处理”。苹果公司宣称，他们新的移动设备操作系统（iOS）使用了一种手段处理多重任务，这样能够延长电池的寿命。他们是如何解决这个问题的？

这一理由很简单：没有 100% 的多任务处理。所有的系统资源能够应用于全部操作，系统倾向于扮演交通控制员的角色：系统更喜欢完成某些任务，对另一些任务则不是那么关注。

我们的大脑基本上就是这样管理需要认知调控的多个任务的：前额皮质扮演交通控制员的角色，通过在与每个任务相关联的神经网络之间迅速切换来完成目标。关于为什么苹果选择这条路线而不是在手机中实现真正的多任务处理，该公司给出的理由很有意思：

开放的（free-for-all）多任务处理将会消耗太多的资源，特别是内存。这将阻塞系统，使得设备中的可用内存变得有限。中央处理器（CPU）也会不堪重负，这会更加缩短电池的寿命，与此同时，前台应用程序的运行速度也会变慢。

这样的描述其实更适合用来形容我们的大脑而不是苹果手机。也许我们的大脑没有进化为具有真正的多任务能力的大脑，其中原因之一是，认知调控中的资源竞争也会让系统阻塞，造成能量消耗。

格萨里实验室评估了不同类型的多重任务处理所需的成本，并且提出当我们试图同时完成多个任务时大脑的状况，这样我们就能够更好地理解认知调控方面的基本局限。我们已经表明，在大脑中想着需要记忆的信息，同时执行需要选择性地集中注意力的次要任务，这样做会影响工作记忆表现。不论需要记住的信息比较复杂，比如是一张脸；还是非常简单，比如是一群移动的点的方向，工作记忆都会受到影响。在这两种情况下，关于大脑活动的记录表明，在视皮质（visual cortex）中，越是存在干扰性的任务，正在进行的工作记忆越是会受到影响。此外，那些在受到干扰之后，努力在前额皮质网络重建与工作记忆任务相关内容的参与者，在工作记忆任务的执行方面表现更差。这些研究表明，导致多重任务成本的神经机制，既负责完成次要任务，也无法在受到干扰之后有效地转换回原来的网络。

我们也研究了另外一种多任务处理，它不需要工作记忆，而是要像电子游戏中那样，在两种选择性注意任务之间进行竞争。在这一研究中，我们让参与者只对目标标志（例如，一个绿色标志）进行迅速、精确的回应，忽略干扰性标志（例如，一个红色标志），这样，就需要选择性注意。在一些实验中，他们必须一边做这一任务，同时一边在 3D 环境里驾驶虚拟汽车，这需要大量的选择性注意，才能使汽车在路上平稳行驶。我们发现，那些二十岁的年轻人尽管对自己执行多重任务的能力充满信心，但在执行多重任务的过程中，依然要付出很多代价；当他们驾驶汽车时，寻找目标的精确性下降了 27 个百分点。因此，需要认知调控的目标实施，无论在工作记忆还是选择性注意的范畴里，都受到同样需要认知调控的次要目标的不利影响。

不过，不必执行多重任务，或是同时完成两种任务，人们也能体会到执行成本。即使当我们明确决定要在任务之间进行转换，我们都会损失一些成本。即使对于简单的任务而言，只要它们需要某种程度的认知调控，也会损失一些成本。你自己就可以观察到这一点。来试一试下面的这个实验吧：

首先，大声地数数，从 1 数到 10。然后，从 A 到 J 大声背诵字母表。这两项任务应该是非常简单的。但是，现在试着把这两个任务组合在一起，迅速地在两个任务之间进行切换：大声背诵 A1、B2、C3 等等。你很有可能会感受到执行这一操作需要的网络切换的局限，你也会注意到自己的速度会变慢。如果你强迫自己快速完成这项任务，你甚至可能会犯一两个错误。

在实验室中，任务切换成本（task-switching costs）通常被认为是连续做两件相同任务所需时间，与连续做两件不同任务所需时间的差。以这种方式计算的任务切换成本表明，即使你能够预测出什么时候切换任务，也会付出一定的成本。即使是简单的任务也会产生成本，随着任务复杂性的增强，成本自然也会增加。而且，当我们尝试同时完成多项任务，或者在任务之间进行切换时，在目标管理方面会存在局限和不足。

总结：了解我们认知的局限

我们已经描述了认知调控能在注意、工作记忆和目标管理等方面的诸多局限。下面是本章节描述的所有局限的总结。

注意力

1. 选择性受到由自下而上影响产生的易感性（susceptibility）的限制。
2. 与注意力集中相比，注意力分散在不同地方会导致执行水平下降。
3. 注意力的持久性是有限的，尤其是在耗时较长的无聊场合。
4. 处理速度方面的局限会影响注意力分配和撤回的效率。

工作记忆

1. 容量，或者说能够活跃地保留在思维里的事物总量是极其有限的。
2. 保真度，也就是工作记忆中信息的质量，会由于时间推移或因受到干扰而衰减。

目标管理

1. 我们无法有效地并行处理两个需要高度集中注意力的任务，这一点限制了多任务的处理。

2. 任务切换的成本是精确性降低，执行速度变慢。

这本书的核心主题是，了解我们认知调控的局限对于理解目标和局限性之间的矛盾冲突至关重要。下一章，我们将会讨论为什么注意力分散不是一个不变的实体；反之，它处于不断变化的状态，不同个体的注意力分散程度也是不同的。

第五章　我们的专注力总在不断地变化

如果我们想要制定能有效缓解容易分心的措施，我们必须首先要明白它不是一个固定不变、静止的实体。认知控制能力以及认知控制的局限性并不是我们完全固定不变的特征。相反，它们处于不断变化的状态中，日复一日地，在我们的生活中随着时间的推移发生改变。因此，它们会受到各种因素的影响。变化和波动是常态，而非特例。

人们对变化的注意力分散研究最多的是：认知控制能力如何在人的一生中变化。幼儿的认知控制能力最差，因为控制的局限性会扰乱他们处于发育期大脑所发出的大多数目标导向活动（goal-directed activity）。人的认知控制在大脑发育过程中逐渐成熟和发育，在 20 出头的年龄达到峰值。当然，虽然青年期的认知控制处于最高值，但它会被内在局限性所遮蔽。最后一章会详细论述内在局限性。认知控制能力的顶峰过后，随着我们步入中年，便会开始急剧下降；步入老年后，下滑情况普遍存在。

除了时间的流逝，在不同的年龄段，与削弱大脑功能的临床疾病（clinical conditions）相关的很多病症也会影响认知控制的局限性。在这里，我们会讨论注意缺陷多动障碍（ADHD）、创伤后应激障碍（PTSD）、创伤性脑损伤（TBI）、抑郁症和痴呆这五种常见疾病。它们均与减弱的认知控制能力相关，而减弱的认知控制能力会加剧注意分散。

无论处于哪个年龄段，即便是健康大脑的认知控制能力也会每天，甚至在一天内发生波动。睡眠剥夺(sleep deprivation）、心理压力和酒精中毒等均对认知控制能力具有重要影响。在最后两章我们将会论述，了解这些因素是如何影响我们的认知控制能力对“控制控制（take control of control）”十分关键。现在，让我们一起来回顾从童年到晚年，认知控制的年龄相关性变化(age-related changes）。

随着年龄相关性变化

年轻人

在儿童早期阶段，我们的认知控制能力逐渐提高，并在青年期（20来岁）达到顶峰。尽管不同次类过程的发展模式各异，这个发现却适用于所有控制能力——注意、工作记忆（working memory）和目标管理（goal management），这也恰好支持了认知控制并非是单一构造（singular construct）的观点。正如预期的，在童年时期，提高认知控制能力的时间进程（time course）会直接映射到认知控制的神经机制的功能发育，也就是，自上而下的控制（top-down modulation）的发育——并与前额皮层及其与大脑其余部位关联的网络的结构性脑发育平行发展。成熟过程较长只是前额皮层的特征，而非所有大脑区域都具有此特质——尤其是运动皮层和感觉皮层，它们成熟得更早。

对于注意，我们拥有大量且持久的发展轨迹（developmental trajectory）的证据。通过一个孩子忽视不相关信息以及在一个场景中搜寻相关信息的能力，我们可以评估其选择性（selectivity）；此外，从童年时期到青年期过程中，选择性能力逐渐提高。在自上而下的控制发育成熟之前，争夺注意力的、自下而上的影响对年轻头脑的作用更大。多数人都曾经看到过这样的场景，即便是一个小孩与她十分着迷的玩具玩耍，她也容易被更闪亮的玩具分散注意力。这个现象会一直持续到青少年时期，这时前额皮层持续缓慢地发育。这会导致孩子不仅对玩具，对其他事物也会做出糟糕的决定，令很多父母感到失望。这并不局限于注意力的选择性方面，也包括儿童分配注意力能力的持久发育，例如挑战开车等行为的表现。

研究人员已经对一段时间内保持注意力的能力做出了相似的发育模式的描述。在课堂上，尤其是对年幼的孩子，很多老师都会与长时间内保持注意力这个因素做斗争。在白天，光是保持坐着这个动作，对大多数儿童来讲已经很困难了，而枯燥乏味的授课内容则使情况变得更加复杂。不得已，很多老师会想出一些对抗学生不能长久保持注意力的巧妙方法，例如应用解决问题的练习来增加互动。然而，学生工作记忆容量（working memory capacity）的局限性又使课堂上的这个挑战变得更加严峻。此外，工作记忆容量同样发育缓慢。小孩子的头脑只能记住一些条目；在青春期，容量会逐渐增加，但对复杂信息甚至会更加迟缓。

接着我们来谈下目标管理能力。大多数人都期望（或需求）儿童和年轻人具有像成人一样的执行目标的能力。然而，当他们表现得毫无逻辑时，例如当他们无法成功地进行多任务工作或在任务之间转换的时候，便会在一项任务刚刚开始就迅速放弃，这常常会导致极度的失望和紧张的关系。

研究显示，即便是儿童具备更高级别的目标管理技能，尤其在要求高的任务中，他们的表现消耗（performance costs）会比成人的更加显著。需要明白的是，应用这些未成熟的认知控制能力的目的是操纵为了鼓励多任务或任务切换而设计的高科技生态系统（navigate a high-tech ecosystem）。罗斯博士（Dr. Rosen）的研究正是围绕这个问题，我们会在第二部分详细论述。在现代科技的背景下，第二部分将会重点关注分心在现代科技世界中的行为表现。

老年

现在，让我们来接着讨论下生命周期中另一端的认知控制。许多研究会对比 60 到 70 岁老人与 20 到 30 岁年轻人在认知控制参与的任务中的表现，以此来探索年龄增长的影响。尽管在这种横断研究（cross-sectional research）中寻求结论时，存在着各种警告和复杂因素，但仍有充分的证据支持这个结论——随着变老，我们的认知控制能力会减弱，进而导致在一系列与目标相关的任务和活动中表现更差。

人们认为，正如大脑数据所显示，前额皮层是最早表现出健康老龄化过程中年龄相关性退化信号的区域之一，这与导致例如阿尔茨海默病（Alzheimer's disease）等痴呆的年龄老化的病理无关。在此部分，我们会分享格萨里实验室（Gazzaley Lab）和其他实验室的证据；这些证据显示，老年人所有方面的认知控制能力都会减弱，也展示出与年龄相关的认知改变的潜在神经机制。

说到注意力，大量证据表明年龄较大的成年人比年龄较小的成年人在所有领域都具有更大的局限性，这些领域包括选择性，持久性，分配和速度。至于选择性，我们根据注意力选择性地针对特征、物体、位置或时刻，记录与年龄相关的注意力缺陷。格萨里实验室对注意选择性缺失（attentional selectivity deficit）的神经基础非常感兴趣。在第三章论述的、一个进行面部 / 场景图像试验的研究当中，我们让年龄较大的研究参与者依次观看 4 张图片（2 张面孔图和 2 张场景图），并让他们在短时间内记住来自一类的刺激而忽略来自另一类的刺激（例如，记住面孔并忽略场景），以此来考察他们的选择性注意（selective attention）。

如前所述，年轻人对相关和不相关图像的反应，都表现出视觉皮层（visual cortex）的神经活动的增强和抑制。神经活动的自上而下的控制具有双向性，这也是注意选择性的核心所在。有趣的是，在本研究中，我们发现年龄较大的成年人和 20 岁的年轻人一样，对相关信息都表现为活动增强。然而，在抑制不相关信息的时候，年龄较大的成年人则表现出缺陷。因此，我们发现年长者的主要注意力问题是，他们比年轻人更容易分心。

格萨里实验室公布了此研究的结果，证明是负责目标导向、自上而下抑制的机制的神经缺损造成了老年人的选择性障碍（selectivity impairments）。尽管这些年龄较大的研究参与者知晓要忽视不相关信息的指示，但在其大脑中，我们并未发现他们正在有效抑制这些刺激的证据。这些年长者不仅无法良好地抑制干扰物，在工作记忆测验中的表现也不如人意，由此可见此缺陷具有的功能意义（functional significance）。

需要注意，这个不如人意的表现发生于特定环境下，即在关注相关信息的保持能力的环境中。这也进一步证明关注和忽视的过程并非是一枚硬币的两面。老年人有抑制方面的障碍，但增强却没有。此缺陷与削弱的工作记忆表现相关。虽然其他实验室在考察人对空间位置的注意力中出现了混杂的结果，但格萨里实验室的进一步研究表明，视觉特征和瞬间（moments in time）的选择性注意中存在相同的发现，进而得出了这个结论。当给年龄较大的成年人更多时间为即将来临的干扰物做准备时，抑制缺陷会更加明显。越来越多的研究开始支持这个结论——选择性的注意力缺陷不是因为年老者无法集中于他们的目标，而是由忽视干扰的选择性缺陷造成的。

近期，我们指出选择性缺陷与前额皮层网络的年龄相关性变化有关。此改变不仅是功能上的，也包含前额皮层中部区域的容量的结构改变以及负责连接此区域与其他脑结构的脑白质（white matter）的完整性降低。此外，我们发现，这些大脑发生变化的老年人在工作记忆测验中更容易分心。

格萨里实验室进行的另一个实验表明，老年人的注意选择性缺陷与最后一章讨论的注意力局限性有关：也就是注意过程（attention processes）的速度。根据脑电图记录，我们发现年龄较大的成年人并非缺乏抑制注意力分散的能力，只是无法快速完成这个过程。令人印象深刻的是，面对视觉干扰，年轻人能在十分之一秒内抑制不相关信息。然而对于老年人，直到至少半秒后，我们才能检测到其抑制与干扰面孔相关的大脑活动的神经信号。这些结果显示，如果无法立即抑制干扰物，它们便有机会在相关信息的处理过程中制造干扰，进而削弱工作记忆和长时记忆表现。

换句话说，我们的干扰过滤器（distraction filter）需要从入口处就阻止噪音进入大脑。如果你是一位年纪较大的成年人，正坐在一个嘈杂的餐厅里面和别人聊天，若是你无法快速过滤掉这些喋喋不休的声音的话，它们将会影响你后面的谈话。这很可能就是我们从老年人那里听来的轶事报道，他们不喜欢这样的餐厅经历。不幸的是，除了选择性缺陷和处理过程速度迟缓外，注意力的持续性和分配同样对老年人的注意力产生影响。

随着年龄的增长，工作记忆同样表现为下降的趋势。格萨里实验室的研究表明，即便只是用几秒钟来记忆一张面孔或简单的视觉特征，健康老年人的工作记忆保真度（fidelity）也会出现降低。其他实验室提出，人们对这是纯粹的工作记忆问题，还是总体上老年人更容易分心和变慢的结果还存在争议；但随着年龄的增长，不仅保真度会降低，工作记忆的容量同样会减少。与工作记忆能力相关，年龄较大的个体也会表现出减弱的心理意象（mental imagery）能力，即在头脑中根据长时记忆重构场景的能力。我们曾指出，这与减弱的前额皮层网络的选择性激活（selective activation）有关，也再次表明认知控制中与年龄相关的缺陷源自前额皮层的功能紊乱。

至于目标管理，年龄较大的成年人比年轻人同样具有更多困难；这涉及他们同时从事一个以上的任务，即多任务或任务切换的能力。老年人在尝试同时从事两个需要认知能力的任务时，往往表现不佳，而格萨里实验室为了弄清楚此时大脑的状况，进行了一系列脑成像研究。在试验中，我们让老年人在短时间内记住一些面孔或场景，随后在他们脑中仍留有相关信息时，用另外的任务干扰他们。我们发现，他们的工作记忆表现与年轻人的相比，更容易受到这些干扰的损害；这与负责记忆信息的前额皮层网络和负责实行干扰任务的前额皮层网络之间转换的效果不好有关。其他实验室报告称，老年人进行任务转换和多任务挑战时，会出现相似的网络缺陷（network deficits）。

有趣的是，对老年人而言，构成目标干扰缺陷（goal interference deficits）基础的大脑变化——分心和中断——的机制不同：分心是由于过滤器效率低，进而导致视觉皮层过度处理不相关信息；而多任务处理障碍（multitasking impairments）则是由无法有效地在执行任务的网络间转换造成的。它们的共同点是，前额皮层网络都会发生功能和结构上的改变，这也是目标干扰问题的核心。

总之，大量的科学研究揭示了所有认知控制能力中的增龄性损害，这些损害与痴呆无关。随着我们年龄增长，它们与恶化的目标干扰有关联。有趣的是，这些缺陷并没有损害目标设定能力。所有的迹象都表明，老年人正在彻底改造"老年"的含义。对年龄较大的成年人来说，晚年仍然留在工作岗位，并在退休后追求旅行、学外语和学乐器等高级别的挑战已经变得越来越普遍。他们并没有躲避高科技世界带来的高干扰行为。更加雄心勃勃的目标和越来越多的局限性之间的冲突，是老年人注意力分散的核心原因。

一生

我们已经描述了不同年龄下认知控制能力的不同，也讨论了认知控制能力如何在发育中达到峰值，在我们过了60岁后如何开始下降。这与认知控制中前额皮层的作用以及脑结构是如何随着时间发生变化相一致；它是我们大脑中发育最晚、却在晚年最早退化的部分。但是，我们这一生发生了什么呢？在成年期，我们的控制能力是否一直维持在最高水平，只是在过了数十载的好生活后才开始戏剧性的下降呢？事实的情况并非如此。大体来讲，认知控制能力在成年人生命中呈现出一种持续的下降状态。

现在，让我们来看看不同试验中，20 岁到 90 岁参与者的工作记忆容量的变化模式（图 5.1）。通过观察一系列认知控制能力，我们发现线性的下行轨迹是常见的趋势。虽然这些能力的不同次类的轨迹各异，但这反映了前额皮层的次区域的不同变化模式。顺便说一句，尽管这个下降的模式发现于认知控制，但这并不能反映所有的认知能力是如何随着年龄增加而变化的。认知的一些方面，例如词汇，它们在成年人生活中会保持相对稳定（甚至可能会增长）。

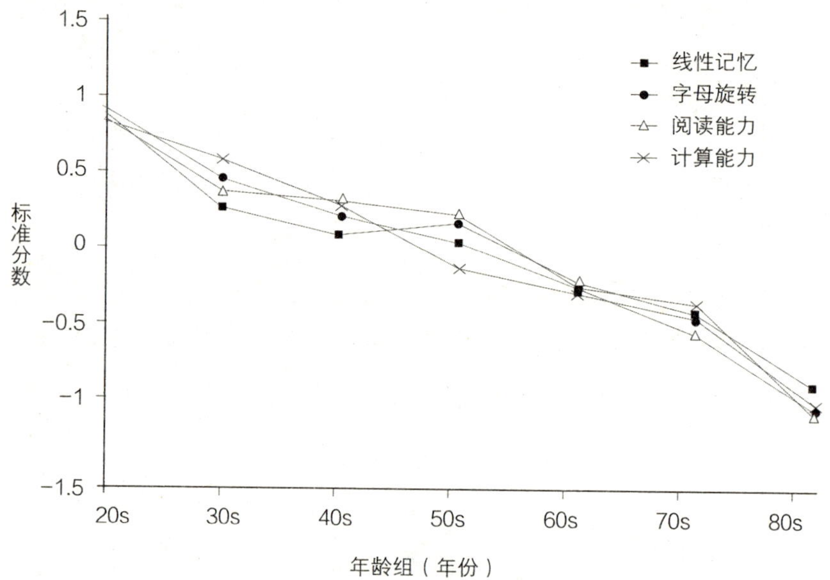

图 5.1

不同年龄段成人工作记忆容量的下降趋势。

一些研究团队致力于检验童年到老年期的认知控制，目的就是为了获得其在一生中变化的全貌。这些研究揭示了引人入胜的 U 形模式。图 5.2 展示了两个曲线的例子（注意：因为这个是响应时间测量，所以值越低，表现越好）：

一个曲线是注意力任务，另一个为任务切换。虽然，很多研究都显示认知控制能力在青少年晚期或二十出头之前呈现增长的模式，之后便会随着时间呈现线性下降趋势，但需要注意，我们不能过度简化这个过程并简单地假定老化是发育的反面。事实上，这些能力的发育及其退化的机制各异。

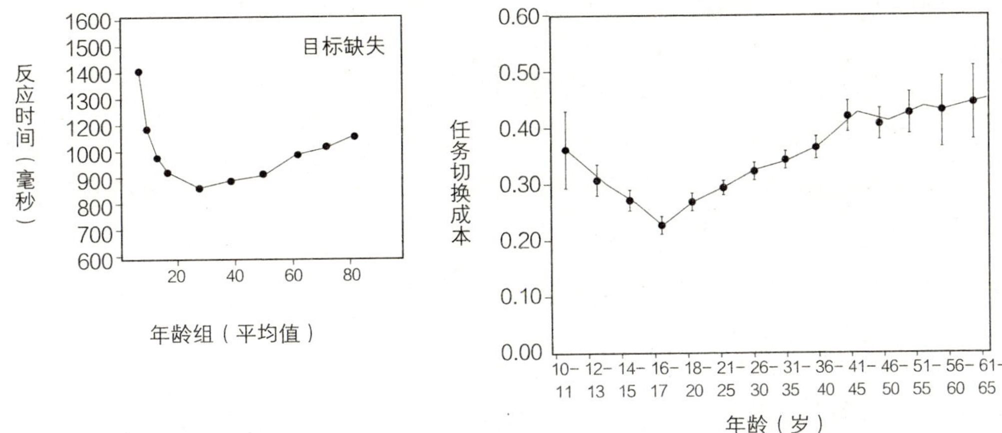

图 5.2

从童年到老年，注意和任务切换的能力呈 U 形变化。这些能力在青少年阶段不断发展，之后随着年龄增长而下降（表现为较低的值）。

从一生的角度探讨认知控制对理解分心最为突出的方面十分关键：它在一生中会发生巨大的变化。在应用实验室开发的 NeuroRacer（第十章会详细论述）电子游戏的一系列试验中，格萨里实验室进一步探索了此生命现象。这个游戏的玩法很简单。你坐在笔记本电脑前，手里握着操纵杆，每隔几秒屏幕上就会出现不同颜色和形状的符号。你会事先接到指令，告诉你哪个符号是你的目标（例如，一个绿色圆圈），并在目标出现时尽快按动操纵杆上的按钮，同时要避免按动干扰符号（例如，一个红色圆圈或绿色五角形）的按钮。最后，根据你完成任务的准确性和速度进行评分，人们称之为“单一任务版本（single-task version）”。

另外两个版本的游戏更加有趣。“干扰版本”的目标与其一样，只是这里有一辆汽车行驶在一条延伸向远方的、色彩斑斓的 3D 道路。然而，你并不需要真正驾驶这辆汽车，因为它处于自动驾驶状态。你的目标和单一任务版本中的一样：将注意力集中于目标符号，并忽视路上和正在行驶的汽车的干扰物。最后一个游戏版本为“多任务版本”，它需要你同时进行两个任务。在此版本中，你需要像在单一任务和干扰版本中一样完成符号的任务。此外，你还需要在路上驾驶这辆汽车。这意味着，当道路有转弯的时候，你需要左右移动操纵杆；当上下山坡时候，你需要前后推动操纵杆以保持匀速前进。你需要大量注意力来驾驶汽车，以避免偏离道路或撞上车前或车后的速度标记牌。自始至终，符号会一直冒出来。

在格萨里实验室，研究参与者在一天内完成了 NeuroRacer（一款赛车游戏）三个版本的游戏。基于这些数据，通过对比参与者在单一任务和干扰版本中的表现，我们可以判断每个人对干扰物的易受影响程度；通过对比参与者在单一任务和多任务版本中的表现，我们可以看出他们多任务处理的能力。有趣的是，在一生中，我们从两种目标干扰中都发现了相似的模式。

首先是干扰，即便只有一个目标，移动的道路也会分散参与者的注意力，最终导致其在符号任务中表现下降。干扰物对 8~12 岁的儿童具有效果，但对 20 多岁的参与者则几乎没有，并随着时间推移不断恶化。其次是多任务处理，与干扰相比，驾驶造成的符号任务中参与者的不良表现更加显著。相同的模式（如图 5.3 所示）再次出现，这也印证了我们得出的结论：在人一生中注意力的分散并非一成不变，而是随着其在任务中，对包含分心和中断在内的目标干扰的负面影响的敏感性而变化。

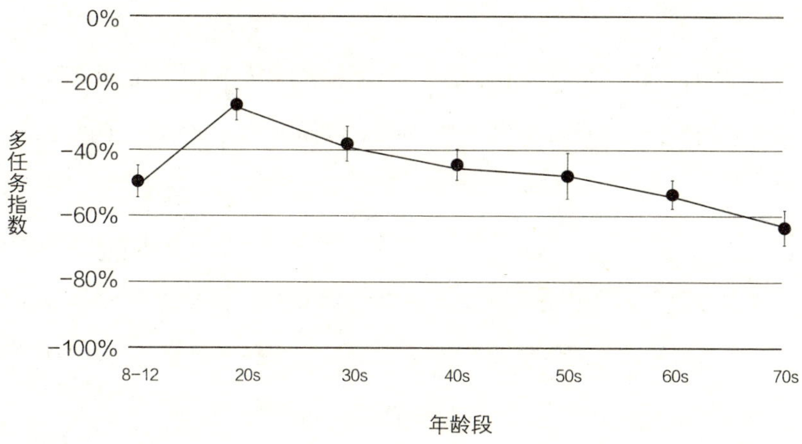

图 5.3

多任务能力在二十岁出头之前不断提高，之后呈现线性的下降趋势。

我们当下状态对注意力的影响

人对干扰的敏感性，不仅会在一生中发生变化，也会基于我们当下的状态发生波动。现在，让我们来看看特质（traits）和状态（states）之间的区别。特质是对一个人相对静止的反映，它们不会随着时间推移发生很大改变——当然不会每天发生很大变化。根据特质，我们可以识别某个人，例如眼睛的颜色。一个人的人格特征则（personality features）虽不那么稳定，但每天也能保持相对不变。

因此，人格特征也被视为特质，例如如果某个人一直表现出善良的特点，那么善良就是其人格特质。另一方面，状态则处于不断变化之中，无法定义一个个体。例如，某个人在某一天早晨可能会觉得疲惫。通常，个体的表现为状态和特质的混杂产物；即使个体身上存在特质的一致性和对状态影响的敏感性。下面这段古人对状态和特质的描述十分精辟：

性情暴躁是一回事，生气又是另一回事，正如性情焦虑不同于感到焦虑一样。不是所有偶尔感到焦虑的人都具有焦虑的脾气；也不是所有脾气焦虑的人总会感到焦虑。同理，醉酒和经常性醉酒也不是一回事。（西塞罗，公元前 45 年）

认知控制能力的情况，就是状态和特质的混合。一个对双胞胎的研究指出，测量注意力分散的自我报告体现了显著的遗传影响，这说明至少分心的某些方面是遗传而来的特质。因此，如果分心是某特定个体的稳定的人格特征的话，那么分心就是其特质；但是，受到不同状态的影响，其集中注意力的水平也会每天产生波动。睡眠剥夺、心理压力和酒精中毒是对认知控制具有重要影响的三个常见因素，进而它们会影响我们的思维。总体来讲，这三个因素会削弱人的认知控制；若是长期处于这些因素之中，人的认知控制就会受到极大且长久的影响。实验室的评估及驾驶等现实生活中的活动已经对这一情况进行了评定。

从你经历的晚上睡眠不好，导致第二天精神萎靡的情况，你大概也能推测出急性睡眠剥夺（acute sleep deprivation）往往对认知控制具有很大的负面影响。值得注意的是，已有研究表明它会损害持续性注意（sustained attention）。此外，它诱发的一次次的微睡眠——在短暂的时间内，大脑迅速陷入睡眠模式——又加剧了这一情况。然而，可能正如你所观察到的一样，不同的个体对睡眠剥夺影响的敏感性各不相同。

研究人员将他们的视野扩展到睡眠障碍（sleep disturbances），尤其关注睡眠不足或睡眠质量不佳是如何影响大脑在白天的运转。举例说明，一个研究为那些离开了三年半的成人进行脑扫描，结果发现睡眠问题越严重的人，脑容量的萎缩速度越快。与认知控制关系更密切的是，研究显示，仅仅一个晚上睡眠的质量不佳就会造成个体从大量信息中过滤重要信息的效率及视觉跟踪（visual tracking）的效率降低，这两者也是构成认知能力下降的基础。此外，其他研究人员指出，越是睡眠质量差的青少年，其在认知任务中前额皮层的补充越少（less recruitment）；同时前额皮层和负责处理奖励经验（rewarding experiences）的大脑区域之间网络交流减少，而这又与更危险的行为相关联。

不仅如此，睡眠障碍也与其他损害我们集中注意力能力的认知问题相关。例如，一个研究将来自加拿大魁北克的 7~11 岁儿童分成两组，指示一组的父母让他们的孩子比往常早睡（平均约提前半个多小时），另一组的孩子比往常晚睡一个小时。任课老师会在事先不知道这些孩子属于哪一组的情况下，根据孩子们的表现对其评定等级；结果显示，被睡眠剥夺的儿童的认知控制能力降低，尤其表现为注意力下降，更易冲动和失望。朱迪斯·欧文斯（Judith Owens）博士任职于华盛顿哥伦比亚特区的国家儿童医疗中心（Children's National Medical Center），是其睡眠医学研究的主任。欧文斯解释道："我们知道，睡眠剥夺会影响记忆力、创造力、语言创造力，甚至是判断力和积极性，及在课堂上的（参与）。当你昏昏欲睡的时候，（参与）就不会发生了。"

压力对认知控制的影响会更复杂些。由于难以归类来源、持续时间、强度、时间选择和挑战因素对压力的影响，这使得人们对心理应激源（psychological stressors）的研究变得更加复杂。这些因素会产生重大影响。例如，研究人员证实，压力强度甚至会对影响方向（direction of influence）发生作用：适量的压力对人有益，但过量则会损害表现。任务难度又进一步修改了这一关系。

耶克斯 – 多德森定律（Yerkes–Dodson law）是心理学家罗伯特·耶克斯（Robert Yerkes）和约翰·多德森（John Dodson）在 20 世纪初提出的一种倒 U 形曲线。此曲线描述了唤醒水平和表现水平之间的关系：表现水平随着唤醒（或压力）水平的上升而增强，直到到达特定点后表现水平开始下降——也就是，如果任务有足够的难度的话（如图 5.4 所示）。有的研究表明，压力会损害工作记忆和注意力；也有研究提出压力能提高这些能力，这再次体现了压力和认知控制之间存在的复杂关系。

人们对酒精中毒损害认知控制能力应该不足为奇。事实上酒精造成的损害并不小。在测试中，大量的研究记录了其对工作记忆、选择性注意、持续性注意和多任务处理的负面影响；事实上，只需要少量的酒精（血液浓度小于0.05%，在美国大多数州，0.08%就可以定义为醉酒驾驶）就会出现上述情况。最令人感兴趣的是，在急性酒精中毒损害的恢复阶段，需要运用认知控制（例如驾驶）的活动中，表现速度比表现错误恢复快；实际上，随着血液中酒精含量减少，表现错误会增加。因此，在这段时间内，虽然我们的表现敏捷，却会犯更多的错误。我们需要谨记这一点，尤其是那些自以为宿醉之后已经恢复得差不多，足以安全驾驶汽车的人。

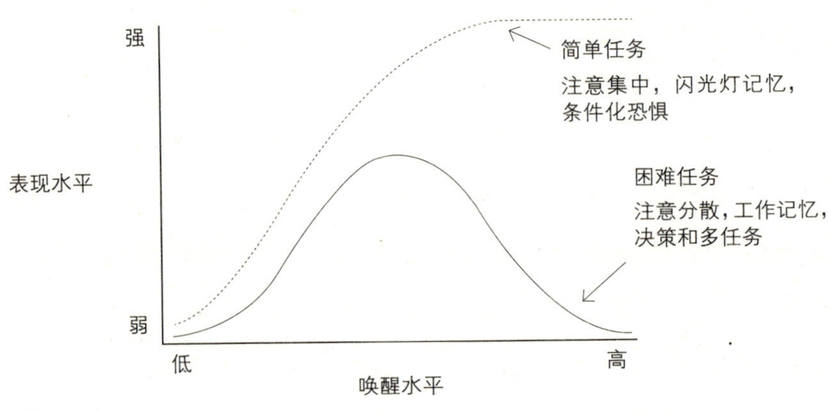

图 5.4

不同任务下耶克斯－多德森曲线的变换趋势。

哪些疾病会对注意力产生干扰

我们的认知控制能力来自复杂的神经网络间的相互作用，这需要不同大脑区域间精密的调整和快速的交流。因此，几乎任何对大脑功能有负面影响的事物都会损害认知控制能力的质量。从而，这会为实现目标制造更多的冲突，产生更多干扰，并最终加剧认知的困难。此现象发生于很多我们所熟悉的精神病学和神经病学疾病：注意缺陷多动障碍、创伤后应激障碍、创伤性脑损伤、重性抑郁症和阿尔茨海默病。对所有这些疾病来说，认知控制能力的缺陷会加剧其他临床症状，也常常会对生活质量造成极大的负面影响。

虽然这些临床疾病在认知控制缺陷方面有所重叠，但它们的发病方式和发病时间各不相同。比如，注意缺陷多动障碍，精神分裂症（schizophrenia）等会发生在幼年和青少年时期；而阿尔茨海默病等退化类病情则会发生在年纪较大的阶段。此外，也有一些疾病在任何年龄阶段都可能发病，并且相对不受生活事件的支配（例如，重性抑郁症）；或者它们是由环境造成的，并高度依赖于生活事件（例如，创伤性脑损伤和创伤后应激障碍）。现在，让我们来了解下认知控制的每个组成部分，并思考个体的这些临床疾病是如何加剧认知困难的。

说到注意力，注意缺陷多动障碍这个名称也就不足为奇，而且它与此领域的重要缺陷相关。以选择性为例，与其同龄人相比，被诊断为注意缺陷多动障碍的儿童和成年人更容易受到干扰物的负面影响。此外，除了那些被诊断为注意缺陷多动障碍的患者外，其他一些疾病的患者也有相同的负担。在注意力分散的测试中，前面段落所提到的所有临床症状都表现出明显的障碍。想想斯特鲁测验（Stroop test），它是评估注意力分散的经典测验。

当你看到用彩色墨水书写的单词，你必须大声说出单词的颜色，而非那个单词本身。例如，当你看到蓝色墨水书写的红色，你应该说“蓝色”而非“红色”。当墨水颜色和单词本身意义一致时（比如，红色墨水书写的红色单词），参与者的反应就会比蓝色墨水书写的红色快得多。斯特鲁测验的结果揭示，患有注意缺陷多动障碍、创伤性脑损伤、抑郁、创伤后应激障碍、精神分裂症和阿尔茨海默病的个体，难以抑制与任务不相关的信息。

对患有这些疾病的人来说，注意力缺陷除了表现为选择性问题外，还表现为维持注意力的问题。关于儿童患有注意缺陷多动障碍，报告最多的方面之一是儿童持续性注意的缺陷；这涉及前额皮层的活力不足。在创伤后应激障碍患者（例如遭遇强奸后的幸存者，战争退伍军人）中，我们同样发现了受损的持续性注意能力，即便创伤事件已经过去很多年，缺陷却依然存在。研究人员在同时患有创伤性脑损伤和重性抑郁症的患者身上有相似的发现。在阿尔茨海默病中，注意力缺陷是出现的第一个与记忆无关的损伤；在疾病早期，注意力的选择性就会受到影响，而在疾病的后期，持续性注意缺陷才会出现。

在对注意缺陷多动障碍患者进行言语和视觉测试时，结果显示其工作记忆表现受损，一些专家认为此缺陷是功能障碍的核心方面。也有报告称，创伤后应激障碍患者同样表现出工作记忆的缺陷，这点与前额皮层网络的参与度较小有关。创伤性脑损伤患者的认知控制十分脆弱，这一点对理解认知障碍十分关键。此外，脑成像数据再次揭示了前额皮层活动的显著变化。最后，同时患有重性抑郁症和阿尔茨海默病的患者同样表现出工作记忆受损。

尽管精神病学或神经病学疾病通常会影响注意力和工作记忆，但与更严重的目标管理能力缺陷相比，就显得相形见绌了。一篇科学文献的研究指出，众多不同实验室对目标管理进行的评估测试表明，我们所讨论的所有临床疾病以及其他的都对目标管理有广泛的损害。与年龄相当的对照组相比，在尝试同时进行两个任务时，患有创伤后应激障碍、创伤性脑损伤、抑郁、注意缺陷多动障碍或阿尔茨海默病的患者会遇到更大的困难。

无论是在计算机实验室测试，还是更接近于现实世界活动的测试，结果均是如此。例如，边说话边走路是我们白天经常从事的两个任务，大多数人都能完美地完成这个低水平的多任务处理工作。毕竟，在很大程度上，说话和走路是自动完成的行为，不需要太多心理资源。但是，阿尔茨海默病患者在边说边走的时候，说话会影响其步态。人们认为，这很有可能会导致阿尔茨海默病患者有摔倒的风险。即便是在年龄相对较小的阿尔茨海默病患者的一组，他们同样难以兼顾说话和走路。在多发性硬化症（multiple sclerosis）和帕金森病（Parkinson's disease）患者中，研究人员也发现了他们难以兼顾走路并完成其他任务的缺陷。多任务处理缺陷普遍存在，这凸显了分心对所有脑部疾病的高度敏感性。

本书的第一部分重点讨论大脑中究竟发生了什么，进而能够造成干扰困境（interference dilemma）。我们指出，尽管大脑具有高度进化的目标设定能力，但在某些根本的方面，大脑仍是古老的：我们的信息寻觅行为和认知控制中的局限性与很多动物都具有可比性。人类的高级别目标设定能力，及我们寻求信息的内驱力共同引导人类从事干扰诱导行为，进而对认知控制的局限性施加压力。

冲突的结果是目标干扰，反过来，又会引发我们日常生活中所经历的一系列消极后果。但是，认知能力并非是影响现实世界行为的唯一因素。行为是依赖于环境的；它不仅是思考的产物，也是我们周围环境的产物。环境与认知以复杂的方式相互作用，进而产生我们的行为。第二部分中，在我们建立的基础上，我们将展示现代科技是如何加剧认知困难的，以及它们如何以意想不到的方式影响着我们的生活质量。

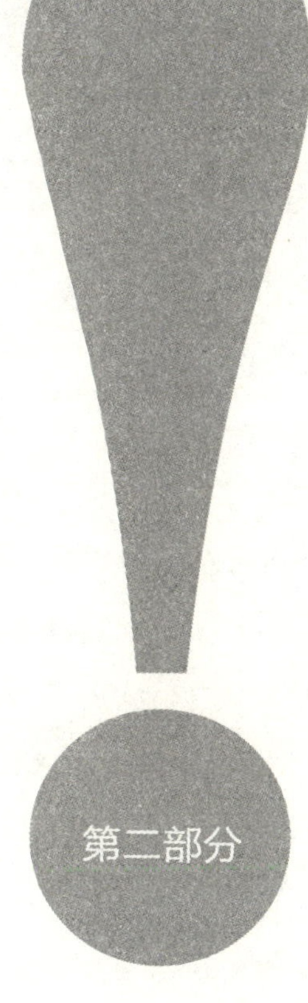

高科技世界中的行为学

尽管人类的大脑十分不凡，但其仍饱受着干扰，从而导致了分神。但是人们分散的注意力并非存在于密闭环境中，而是处在真实的世界中。人们日常的行为不仅仅受大脑处理信息快慢的影响——是环境影响着人们的日常行为。罗森博士实验室和世界其他组织长达几十年的研究显示，导致注意力不集中的一大因素是现代科技的兴起。我们将在第六章介绍一些研究，以显示现代高科技是如何让我们在不同任务间转换的，也将展示这种行为的普遍性。

在第七章中，我们将讨论这种因技术而起的干扰对我们生活方方面面的影响，包括教育、安全、工作环境、情感关系、睡眠、健康。第八章则用以观察在本身注意力就很分散的各个人群中这一影响的作用，人群包括儿童、老人，或患有多动症、抑郁、自闭症的患者。还将探索为何这些人群更易受干扰影响。最后，在第九章中，我们会回顾第一章中提到的边际价值定理模型，并解释人们暴露在信息或无聊情绪中越多，元认知越少的情况下，注意力分散是如何变得愈来愈严重的。

第六章　科技心理学

那是 1970 年，就在催生了我们所处信息时代的那一波科技革命发生之前，被某些人称为“世界最著名未来学家”的艾尔文·托夫勒（Alvin Toffler）写下了《未来的冲击》这本经典著作。这本书提醒人们正在进入一个“变化极多且变化极快”的时代。

10 年之后，托夫勒推出了《第三次浪潮》，在书中进一步将这一过程描述为科技创新一波接一波的浪潮，每一次浪潮都有开始，随后达到顶峰，然后开始衰落，而下一个浪潮又随之重复同样的过程。托夫勒将第一次浪潮（长达 3000 年）命名为农业或土地浪潮，那时的科技是用以辅助农耕并替代过去的狩猎采集型社会的。第二次浪潮是由蒸汽机的出现和工业革命催生的，这一浪潮用工厂和生产系统方面的科技替代了农耕科技，持续了 300 年之久，是第一次浪潮持续时间的十分之一。

托夫勒在 1980 年写下了《第三次浪潮》，这一时间远在智能手机和网络出现之前，甚至还要早于苹果机引入图标和图片这类图形用户界面环境（至少还未对所有群众开放）。在写这本书时，托夫勒将第三次浪潮称为“电脑浪潮”，还将其称为“世界村”“信息时代”“太空时代”“电子时代”。托夫勒预测这一新科技浪潮极有可能持续 30 年左右，之后由 20 世纪 90 年代产生的另一浪潮取代，而第三次浪潮则在临近世纪之交时开始走下坡路。

按照托夫勒前三个浪潮持续时间渐短的规律（3000 → 300 → 30 → 3），再加上每个新浪潮持续时间都是前一个浪潮的十分之一，通过简单计算就可以预测出第四次浪潮的持续时间可能只有三年，而这一规律也意味着会产生只有几个月长甚至几天长的科技浪潮。当然这种情况是不可能的；但自从托夫勒的电脑浪潮以来，似乎我们都在经历着充满着一系列又快又短暂的“小波浪”的浪潮，每个小波浪最多持续 3~5 年左右。这些小波浪反映出信息时代的进化，从功能有限的单机到如今几乎人人都拥有的功能强大的便携式电脑。

我们可将第四次浪潮称为“信息时代”，其由五个和信息传播与收集相关的小波浪组成。这里的信息可以指文章中的纯信息文本，或者是通过短信、邮件、推特和类似渠道传播的部分个人信息。为简明起见，我们将这些小波浪称为波浪 4.1、波浪 4.2、波浪 4.3、波浪 4.4 和波浪 4.5。我们假定波浪 4.1（信息时代的第一部分）是在 20 世纪 90 年代互联网开始发力的时候出现的，我们惊艳于自身获取信息的能力，这些信息我们之前只能通过图书馆、字典、百科全书才能获得。波浪 4.2（我们称其为“通讯时代”的开始）由于其广泛的采用和电子信箱的应用而显得尤为突出。新通讯形式的出现使得信息觅食变得越来越容易，因为每条消息都包含着信息。美国在线服务公司创造出了“新邮件来了”这种有些让人反感的通知，利用其专用邮件系统推动了波浪 4.2 的出现，之后有一大群提供按月计费电子连接的竞争者们紧随其后。

波浪 4.3 引爆了一场巨变，我们不用再局限在类似办公桌之类的某个地点来获取信息；反之，我们进入了“移动时代”，大量体积较大的便携电脑出现，之后又变为了手提电脑、笔记本电脑、掌上电脑、上网本，最终出现了早期的手机。这些设备帮助我们收集信息并和他人进行交流，归根结底，这就是信息传播和收集的重要形式。信息传播和收集会发生在任何我们所在的地点，随着无线网络全覆盖的兴起，我们可以在学校、图书馆，当然，还有咖啡馆里获得网络连接。

信息时代的下一个阶段是波浪 4.4，包括“社会交往”和“虚拟社区”，将我们通过邮件一对一的交流改变为通过社交媒体的一对多式交流。我们可以（或者许多人觉得非常有必要）在多个社交媒体网站上寻觅多个“朋友”的信息，社交媒体导致了这类信息的大爆炸。目前正在进行的信息时代波浪是波浪 4.5，这一波浪带来了巨大变革，功能有限的手机已由“智能手机”取代。

“智能手机”有着电脑的所有功能，让我们更能随时随地获取信息，除此之外，“智能手机”还有电话功能、音乐播放功能、视频播放功能、拍摄功能，在屏幕上轻轻一按图标或点几下就可以轻松获取各类信息。智能手机限制了托夫勒所命名的第四次浪潮，即信息时代。智能手机让我们每时每刻都能获取各式各样的信息，而我们之后会看到，这对我们注意力不集中的大脑来说可不是件好事。稍后我们将在这章中对此进行介绍。信息时代中出现的所有波浪（互联网、电子邮件、移动接入、社交、智能手机）构成了第四次浪潮，形成了新型的信息科技，以及我们将在之后展示的无数新干扰。

现在是信息时代的第六次波浪崭露头角，还是人们正在迈向一个全新的浪潮？我们认为人们将会看到一个全新的浪潮，从信息波浪进化为可以适配于人们身体和生物功能的科技。这场浪潮刚刚开始提速，其应该是信息时代最后几个波浪和生物科学、医学的结合。我们迈向了一个围绕人类大脑和身体展开的科技应用时代，这一点可由以下事实证实：欧洲委员会的“人类脑计划”、奥巴马的“脑计划”，以及神经心理学研究中利用功能性磁共振成像（fMRI）、脑电图（EEG）、功能性近红外光谱技术（fNIR）等手段探知人类大脑对刺激和不同状况的反应和其背后成因，并用其他高科技手段来增强人类能力（我们将在第十章中进行探讨）。除了这些可穿戴的研究设备、多种多样的呈现和记录科技，还有增强现实技术、虚拟现实技术、动作捕捉技术、智能手表、脑部刺激器、植入式传感器、虹膜扫描仪，甚至还有可以制作人类器官的 3D 打印机，似乎我们正在进入一个全新的生物科技浪潮。时间会证明一切。

最主要的是，托夫勒所提浪潮的极速前进和过去几十年所兴起的（并且似乎并未呈现下降趋势的）信息时代小波浪引领我们进入了充满科技变革的生活，每种变幻的科技都能填充某个专营市场或是某种预测出的需求。最重要的是，这些科技吸引着我们的注意力，让我们处理着不断增加的且与之密不可分的商品——信息。在本章中，我们将探索科技是如何捕捉我们的注意力的，以及在我们试图筛选眼前每分钟刷新一次的信息流时，科技是如何干扰我们达成目标的。

某些市场专家指出这样一个基准：当一款产品有超过 5000 万用户使用时，就可视其“渗透了”社会。这一模型放在科技产品上是行得通的，至少在一段时间内如此。比如，回望更早的一个时代，收音机经过 38 年才达到这一基准，手机利用 20 年完成了社会渗透，接下来是电视这一巨大的创新花费了 13 年达到基准。移动电话在 12 年内就达到了 5000 万用户的标准，之后，互联网改变了整个格局。在互联网问世后的四年内就渗透了整个社会。

在那之后，各式产品和网站开始淹没我们的世界，iPod 音乐播放器和博客仅在 3 年内就达到了这一基准，之后，社交媒体的出现又将创新扩散理论彻底颠覆。首个真正火起来的社交网络 MySpace 只在两年半之内就渗透了社会；Facebook 很快取代了 MySpace，只用了两年进行全面渗透（现在，也就是那之后的 10 年，Facebook 拥有 16 亿用户，大部分用户每天都会上线使用）。颇有人气的视频分享网站 YouTube（现已被谷歌收购）只用了一年时间就超越了 5000 万用户的基准，并且其他所有跟风的主要网站和应用（图片分享应用 Instagram、图片分享网站 Pinterest、即时通讯应用程序 WhatsApp、“阅后即焚”照片分享应用 Snapchat 等）超越这一基准的速度也均破了纪录。目前社会渗透做得最为成功的当然要属智能手机应用“愤怒的小鸟”，其从全面启动到拥有 5000 万用户只用了 35 天。是的，这里没有印错。“愤怒的小鸟”在一个多月内就风靡一时，渗透了整个社会。

科技也在迅速入侵着我们的语音。每年，《牛津英语词典》都会收录一些值得加入英语语言的新词。最近几年，大部分收录的新词都是有关科技或科技应用的，包括“解除好友关系”“自拍”“话题标签”“推文”“上网本”“发送色情短信”“网络欺凌”等措辞。

科技在专注力下降中起了什么作用

在我们看来，三项重大科技突破在我们当前生活中是了不起的变革，即互联网、社交媒体和智能手机。我们所说的变革是那些驱使干扰行为的科技，内部外部干扰均包含其中，这些科技最终还会导致我们的注意力更加不集中。每场变革都对应着一个主要发明或趋势，它们推动着托夫勒第四次浪潮的各个小波浪，并让我们理解了科技在 21 世纪专注力下降现象中起到了什么作用。

某些变革引起了一个小波浪，而其他变革则推动了一个又一个的小波浪，互联网就是如此。首先，互联网让每个人都可以随时获取任意信息。其次，网络促成了电子邮件的普及，而正是电子邮件让瞬时自由的交流变得可能。再次，互联网催生了移动计算技术，让人们可以在任何地点获取信息。罗森博士经常将互联网描述为“随时随地随意内容”，而不是“万维网”，这也确实是互联网的使用现状。

我们不用再记住事实，用谷歌搜索一下就可以了。实际上，贝琪·斯帕罗博士（Betsy Sparrow）和其哥伦比亚大学的同事研究了人们关于事实的记忆力，发现比起记住问题的答案，人们更清楚应该在何处寻找可能的答案。贝琪·斯帕罗博士将这一现象称为“谷歌效应”，这也确实成了一个普遍现象。试想下，每天你需要弄清某些事实的时候，并没有搜肠刮肚回忆自己是否知道那些事实，或者努力在记忆中寻找答案，你只是按下几个键（或者在智能手机屏幕上点击几个地点）就能知道答案。还有更简单的方法，那就是问问Siri，让她帮你找到答案。如果你在电影院观看完一部由菲腊·西摩·荷夫曼（Philip Seymour Hoffman）演的电影后，想知道他在哪部电影中演了一个牧师，以及和他一起表演的明星有哪些，现在，你只需要轻敲几下手机即可。

第二个和第三个变革（社交媒体和智能手机）创造了两个相继而起的小波浪，将我们的社会搞得天翻地覆。让我们先从社会渗透方面逐一对两者进行分析，之后再讨论两者对我们生活的影响。

本质上，社交媒体只是利用科技与多人进行信息交流。当然，电子邮件已经存在了相当长的时间，但电子邮件大部分时间只是一对一的交流模式。互联网已经通过公告栏告诉我们交流不再限于两人之间；交流可以在多人之间进行。然而，公告栏一般基于文字，并且将重点放在了特定的话题上，一般来说是技术话题。面向一些想要更便捷地进行一对多对话而非一对一对话的广泛用户群来说，社交媒体网站开始兴起。

首个成为国际现象的是社交网站MySpace，该网站十分偏重图片，并且支持个性化的背景和音乐选择，创造了一个表现自我的任意组合平台，迅速受到年轻人的热捧。MySpace这一无名小卒迅速坐拥数亿用户，在某个时间内，其每日新增用户达25万人。但罗森博士在其早期所著《我和我的空间》（Me, MySpace, and I）这本名字起得很巧妙的书中提到，MySpace太过文艺也太过“年轻”，不足以吸引大众。

进入脸书时代。Facebook最早是在哈佛大学内部充当学生之间相互联系的一种手段，大多数人从电影《社交网络》了解到这点。当时若要登陆，你必须拥有一个结尾为“.edu”的邮箱账号，以此证明你确实是一个大学生，或至少拥有一个大学邮箱账号。这一市场快速饱和之后，Facebook在2006年向大众开放，最新的数据显示其用户数超过世界上任一国家人口总数。引人注目的是，年轻用户（年龄在 18~44 岁之间）每天查看 Facebook 的次数超过 14 次，使用时间每天长达几小时，经常表现为短短两分钟的操作，用来阅读、评论、发帖，并与大量熟知或陌生“好友”进行交流。

MySpace 有着多感知、图像化、音乐化、艺术化的界面，而 Facebook 则选择了更精简、更基本的设计，鼓励用户积累好友数量，用文字、视觉材料和“点赞”来分享自己的生活。Facebook 的历史如此了不起，我们也就无须记录其在美国社会乃至整个世界的快速发展了。我们只需关注 Facebook 和 Twitter 等社交媒体是如何推动“阿拉伯之春”的，以此观察第四次小波浪是如何波及到世界各地的。

Facebook 支持用户上传大量文字到评论墙上，在他人帖子下面进行无限评论，Facebook 也在此扩展的模式上得到长足发展。而另一个社交媒体，即 Twitter，则选择了一种更简约的方式，将交流限制在简短的 140 个字符之内。两者都满足了我们和（熟知或素未谋面的）朋友们联络并随心交流的需求。就在撰写这本书的时候，有更多社交媒体网站崭露头角，渗透了社会，包括图片分享网站 Flickr 和 Instagram、信息分享的趋势网站 Reddit、视频分享网站 YouTube、旅游及社区评分网站 TripAdvisor 和 Yelp，甚至还有在线游戏社区“魔兽世界”（World of Warcraft）和“我的世界”（Minecraft）。随着这些网站的迅速发展，互联网才真正成为面向大众的平台，截止到 2016 年，大部分的活动性质均为社会和信息相关。

催生信息时代当前小波浪的智能手机革命以掌上电脑之类的个人数据助理开始，引入苹果手机和黑莓手机这两个设备后首次受到普遍欢迎。表面上，黑莓手机是商务设备，而在 2007 年出品的苹果手机则定位为个人设备进行宣传，按照史蒂夫·乔布斯的说法，苹果手机是“一款改变一切的革命性产品”。随时将设备携带在身上，并希望将所有个人设备综合成一台设备，这种想法很快扎下了根。当黑莓手机成功地将自身定位为便携电脑和便携电话时，苹果手机则走得更远，加入了触屏、电子摄像功能、媒体播放器、GPS 导航系统、网页浏览器，数百万应用开发者们能够想到的功能应有尽有。实际上，应用软件正是 iOS 和安卓操作系统支持的手机成功的原因，也是黑莓手机销声匿迹的原因。如果你能想出让生活变得更便捷的点子，你就可以开发一款智能手机应用，等待大众对这一目标的支持。

目前智能手机的普及程度非常高，超过 70% 的美国人都有智能手机，超过 8.6 亿欧洲人拥有智能手机，并且超过一半的亚洲手机用户至少人手一台智能手机，甚至还要多。用智能手机拍摄的照片数量已经超过了数字照相机，在线购物多通过智能手机完成，而非传统电脑。有数据显示，智能手机用户平均每天拿起手机的次数为 27 次，从每天 14 次到每天 150 次不等，随着研究及人口的不同，以及用户持有智能手机的时间长短不同而变化。与刚刚得到智能手机的用户相比，持有智能手机时间较长的用户查看手机的次数也更多。人们一般没必要如此频繁地查看手机；42% 的用户想打发时间的时候会查看手机（而有 55% 的年轻人会这样做），只有 23% 的用户称有事时才会查看手机。

既然智能手机可以让人们轻松获得信息，人们已经改变了生活习惯，将智能手机纳入了日常生活和所有事情中。研究显示，尽管有很多警告会警示人们这些行为极度危险（或会导致巨额罚款），还是有 55% 的成人会在开车时查看手机，35% 的成人会不顾电影开场前的多次警告，在电影院中使用手机，33% 的人们在晚宴中使用智能手机，32% 的家长在参加孩子学校的活动时会忍不住查看手机，19% 的人承认曾在教堂内使用智能手机，12% 的人边淋浴边用手机（如果你在入浴时也离不开手机，可以买一个防水手机壳），甚至有 9% 的人会在做爱时使用手机。人们在面对手机时也呈现出一种自下而上的反射反应，三分之一的成人会在手机显示通知或发出提示音后立即查看，而年轻人（18~34 岁）中有 40% 会这样做。

如果这还不能说明问题的话，四分之三的智能手机用户承认无论白天黑夜都将手机放在距自己 5 英尺（约 1.5 米）之内，75% 的青少年和年轻人睡觉时都将手机放在床边，保留其铃声或者将其设为震动模式。约 80% 的用户会在睡醒后 15 分钟内找寻自己的手机，62% 的人一睁开眼就拿起手机（无论白天黑夜）；这些数据在更年轻的群体（18 岁至 24 岁）中分别上升至 89% 及 74%。我们将在下一章中探讨这些行为对人们身心健康的潜在巨大影响。

网络确实是“随时随地随意内容”，现在更是如此。在 20 世纪 80 年代中期到后期，台式电脑开始渗透社会时，一般多用在商务办公室、私人房间、家庭办公室或厨房中。当台式电脑开始大量转移到卧室时，智能手机阻止了这一切。卧室不再是观看夜间电视节目和睡觉的地方了，卧室现在已经成了多种科技的栖息之处。根据摩托罗拉第四个年度“媒体使用情况晴雨表”，涉及 17 个国家的 9500 个成人，人们在卧室中看视频时最经常用的设备是智能手机（46%），之后是类似 iPad 之类的平板电脑（41%），接着是用电视机（仅 36%）。

并且，即便有人用电视机观看，他们也很有可能在同时操作着一台或多台其他设备。对于你这位读者来说，人们沉浸于高科技的状况一定不足为奇，因为现在的你就很有可能用电脑、平板电脑或手机在阅读着这本书，同时也极有可能进行着自我干扰的行为。接下来，我们就来探究人们倾向同时操作多项现代科技设备这一现象。

多任务处理、任务转换和持续走神状态

我们充满科技的世界既是福也是祸。一方面，我们可以随时随地获取信息或联系对方，另一方面，我们的注意力也总是被丰富的、多感知的、科技化的环境所吸引。这一切都始于图形用户界面，其将我们从平面的、二维文

字环境（类似打字机的逐行运行模式）带入了某个小图片即可描述运行或程序的世界中。这离一个能吸引人们视觉、听觉、触觉、动觉的全知觉世界已经不远了。现在，我们能看高清的视频，经常是3D视频。我们可以听高保真的立体声，就像听着真实世界中的声音一样清晰。设备们可以震动、摇动、滚动、咔嗒作响，我们的注意力也就如此被吸引了。

人们现在为某些人设定专属铃声和震动声的做法也绝非偶然。当罗森博士听到苹果手机发出的一段钢琴乐的声音时，他就知道是他未婚妻或是自己的某个孩子打来了电话，他会在铃声刚一响起时就接电话。按照伯尔赫斯·弗雷德里克·斯金纳（B. F. Skinner）的说法，罗森博士在固定比率的程式下进行了积极强化，因为和这些人中的任何一个进行交流都是一种积极体验。另外，罗森博士通讯录中的有些人有着"警告意味"的铃声，这就导致了其完全相反的本能反应，罗森博士会按下忽略来电的按钮。

科技总能找到吸引我们注意力的方法，因为这会吸引人们的"眼球"，而一般的营销观点则是：吸引"眼球"则有钱赚。扫一眼苹果手机，就能看到一个个红底儿白字儿的小数字圈提示着有什么在等着你：4封未读邮件信息，10个Facebook提醒，还有其他更多的提醒，你甚至感到不知所措，不知道应该先点哪个图标才好。iPad平板电脑和笔记本电脑也是一样，会用数不过来的未读信息通知和闪烁的图标嘲弄你，告诉你电脑文件需要备份了，就这么一直继续下去。

曾在第一部分中描述过人们在媒体间同时进行多项任务，这不是大脑同时左右开弓而完成的，而是大脑快速在两项任务间切换下完成的。这种在媒体间同时进行多项任务的行为存在于我们世界的方方面面，包括在家时、在学校时、在办公地点以及在我们的闲暇时光里。这不仅仅是年轻人才会做的事情。最近一项研究追踪了一群年轻人和一群年纪较大的人，他们在业余时间内穿戴着一种嵌有镜片相机的生物计量带，每人累积超过300小时。年轻人们在任务间切换的频率为每小时 27 次（每两分钟一次），年纪较大的人也不是那么善于专注，他们的切换频率为每小时 17 次（每 3~4 分钟一次）。前微软高管琳达·斯通（Linda Stone）将这种持续的多任务处理模式称为“持续走神状态”。我们每个人都会频繁地切换任务，我们切换得越频繁，就对我们在现实世界中的表现越不利，我们将在后文中对此进行探讨。

只有将某人的电脑、智能手机以及其他设备全部进行监控，才能知道究竟发生了多少次任务间的切换。然而，许多研究应用了不同的研究方法来评估现实中的任务转换。例如，罗森博士实验室最近的一项研究显示，他们所观察的学生（从中学生到大学生均包含）会在其学习场所进行 15 分钟的学习。令人吃惊的是，即便有人告诉他们所学内容十分重要，学生们注意力集中的时间也不会超过 3~5 分钟。这项研究仿照了美国加州大学欧文分校的格洛里亚·马克（Gloria Mark）教授和其同事所做的一项研究，他们观察到 IT 工作者们的注意力也会如此轻易而频繁地被打断。

其他研究者会要求实验对象每天详细记录使用媒体和科技的次数；一项涉及 3048 个 13 岁到 65 岁荷兰人的研究显示，虽然人们所处理的任务内容有所不同，但所有年龄段的人至少有四分之一的时间都在进行多任务处理，而青少年一天内有 31% 的时间都在一心二用。13 岁到 16 岁的青少年喜欢将听歌、上网、操作社交媒体、观看在线视频结合起来。25 岁到 29 岁的年轻人喜欢将发送邮件、看电视、浏览网站结合起来。50 岁到 65 岁上了岁数的人喜欢将发送邮件、听收音机、看电视、浏览网站等传统媒体活动结合起来。其他研究证实了也扩展了这些调查结果；罗森博士的实验室研究显示，当人们被问到将多个任务进行组合的难易程度时，年轻受访者称大部分任务都可以轻松进行组合，而年纪较大的受访者称只有操作较为熟练的任务才能进行轻易组合。

我们倾向将多个任务组合的事实有其有趣的一面，我们似乎已经无法进行单一任务了。环顾饭店，看看走在城市街道上的人们，注意一下排队等待看电影或戏剧的人们，你会发现人们的手指在飞速地敲击着。我们似乎已经完全不想，或者不会无所事事或什么也不干了。相比我们面前的人，我们似乎更关心那些能用各种设备联系上的人们了。或者更要紧的是，我们好像已经失去了独自安静思考的能力。

罗森博士的实验室在过去 10 年中一直研究着这一现象，发现人们查看各种设备的频率在一代又一代地持续升高。很大一部分青少年每 15 分钟，或不到 15 分钟就要查看一次自己的智能手机，而四分之三的青年人睡觉时手机就开着铃声或震动放在旁边，以免听不到夜间的提醒。一般的大学生平均每人都有 7 个电子设备，年纪较大的成年人也差不多。我们之前会阅读，而现在会浏览，之前会写，而现在会用缩短的碎片信息表达自己的想法。写封信？还不如发送短信或者电子邮件来得容易。当推特刚刚问世时，我们还会摇摇头，认为将想说的话放进“短短”140 个字符中是不可能的事。现在，这看起来稀松平常，也符合我们在任务间不断切换的生活方式。

你已经有多久在不扫一眼手机、不看网页浏览器、不开着电视的情况下看书、读长文章，或是阅读一两页的文字？眼动追踪研究显示，我们在浏览网页或其他屏幕上的文本时，和读书时的方式不一样。我们的眼睛不是依次扫过各行各个文字，我们的 眼动轨迹呈现“F”型。我们会先阅读文本的上部和左部，然后突然阅读中间的文本，而不是一行一行地读完整页文本。加上网页上的超链接、广告、多媒体视频、滚动条以及其他抓人眼球的干扰，无怪乎我们专注于某件事的时间很难超过几分钟。

我们的确很焦躁，无论人们在干什么或和谁在一起，看着他们每隔三五分钟就查看一下自己的手机就知道这确实不假。来自马萨诸塞大学安姆斯特分校和阿卡迈科技公司的一项最新研究通过收集 2300 万在线视频浏览次数的服务器数据证实了人们普遍缺乏耐心。数据显示，如果某个视频需要两秒以上的时间缓冲，那么一般观看者就会放弃观看，而等待缓冲的时间每多一秒，选择点击其他链接的观看者就会增加 6%。借助该数据可以看到，即便在打开视频时出现短短十秒钟的延迟也会导致接近三分之二的观众离开屏幕，寻找其他信息源。这些定量数据是在观看者们不知情的情况下进行的收集，证实了强调“四秒钟法则”的调查和实验数据。

“四秒钟法则”指的是网页未在四秒内加载好的情况下，一般在线购物的人们会选择离开网页。最近的一些调查甚至认为，相比四秒法则，真实情况更接近“两秒法则”，甚至是“400 毫秒法则”（即半秒钟）。这说明人们都十分缺乏耐心，无法立即被满足的话，就会选择快速流转于各个屏幕之间。在下面几个小节中，我们将简要介绍一些在人们易受干扰的典型环境下所做的研究。

如何减少工作中的干扰

对于那些需要和科技打交道的人们来说，他们周围都是用科技在办公的其他员工，干扰已经成了一种常态。其他人会在我们桌边驻足，或是用一系列电子交流形式和我们联系，其中包括最受欢迎的办公交流手段——电子邮件，这对我们来说都是不停的干扰。一项由伦敦政治经济学院社会学教授朱迪·瓦克曼（Judy Wajcman）完成的研究聚焦了这一现象，在整个工作日跟踪调查了澳大利亚一家电信公司的 18 名员工。瓦克曼之所以选择这一公司，是因为这间公司设计成了鼓励员工间交流的布局，有着开放式办公室和其他外界干扰因素，包括许多环办公室的大型电视屏幕。

研究中的员工真正进行“工作小节”的时间只占了工作日的一半，这些“工作小节”包括所有和工作有关的活动。令人惊讶的是，大部分工作小节持续时间不超过 10 分钟，平均每个工作小节只有 3 分钟。更有趣的是，这些干扰中约有三分之二都是员工自行干扰，其中大部分干扰都会涉及某种借助科技设备而进行的交流。实际上，员工日常工作活动中的任务切换约有 86 次，而员工自身造成的有 65 次，大部分都是在无明显外界提示音或通知的情况下所进行的“查看”。即便没有“您有一封新邮件”的通知，这些员工还是会查看自己的邮箱，也会继续在没有外界指示的情况下查看其他电子通信和信息。

无论是被外部提示音或通知吸引，还是被自身看不见的作用所转移，看起来邮件和其他交流形式都是工作环境中干扰的罪魁祸首。一项跟踪员工长达两周的实地调查显示，员工每小时被邮件干扰 4.28 次，另外被即时信息通讯打扰 3.21 次。而这些通讯似乎十分吸引员工，因为 41% 的员工会立刻回复邮件，而 71% 的员工则会对即时信息进行立即回复。平均来看，员工会用 10 分钟时间处理提示内容，再花费 10~15 分钟回到指定的工作上来，经常会在其间查看其他应用程序。另一项由 ClearContext 研究团队所做的调查显示，受访的 250 个员工中有超过半数每天会花两个多小时阅读和回复邮件。伦敦的拉夫堡大学所做的研究发现，处理邮件本身平均只需要不超过 2 分钟的时间，而作为研究对象的员工在处理完邮件后还需要平均 68 秒的时间回到原来的工作中，想起之前所做的内容，这 68 秒可是比阅读和回复邮件所需时间的一半还要多。

这项研究还发现，那些对新邮件有操作性条件反射[①]的人一般等待 1 分 44 秒就会打开查看。令人吃惊的是，这些提示中有 70% 会在 6 秒钟内被查看，6 秒也差不多是手机响铃三次所需时长。然而另一项研究发现，即便没有任何提示，有三分之一的人称自己还是会每隔 15 分钟就查看一次邮箱，其实他们大概每隔 5 分钟就会查看一下。我们在进行着自我干扰，甚至都没有意识到自己如此频繁地将注意力从主要任务（在此指我们的工作）转移到和工作毫无关系的事情上了。

---

① 译注：原文为 Pavlov's dogs，直译为“巴甫洛夫的狗”，所指为巴甫洛夫对狗所做实验，后人称这种反射为经典性条件反射。

高科技产品对学习的干扰

许多研究都对课堂内外科技使用和教学之间的关系进行了调查，也调查了科技使用对专注力的影响。如今的大学生平均每人都有 7 个高科技设备，大部分学生在课堂中至少携带 3 种设备——智能手机、笔记本电脑、平板电脑。这些设备被用来充当多任务处理工具。大学生智能手机上每 5 个应用程序中只有一个可以归为“效率”应用。在课堂上，这些设备提供了现成的干扰源，这在多项调查中都已证实。例如，一项调查发现，十分之九的学生会在课上用电脑做和课业无关的事情，而另一项调查显示，有 91% 的学生会在课上发短信。

其他研究调查了学生在课外学习时的科技产品使用情况。来自墨尔本大学的特里·贾德（Terry Judd）教授监控了 1229 名在机房学习的学生的 3300 条计算机日志，发现学生在完成任务上所花时间平均只有 2.3 分钟。多任务处理才是关键，只有不到 10% 的日志没有出现学习内容之外的任务转换，其中大部分为查看邮件、发短信、玩社交媒体。在一项实验室研究中，弗吉尼亚联邦大学的研究人员利用摄影机和眼动仪对大学生长达 3 小时的学习行为进行观察研究，发现学生听音乐的时间平均超过 1 小时，平均会出现 35 次持续 6 秒或以上的干扰，在仅仅 3 小时中就总共出现 26 分钟学习中断。干扰的最大诱因就是智能手机，学生们在 3 小时的学习中查看智能手机次数接近 9 次。其他主要干扰项包括上网查找和学习内容无关的信息，以及上网查看邮件。

另一项关于学生学习情况的报告显示，这种不断切换任务的行为背后是满足情感需求的渴望，而不是认知需要或智力需要。这种任务切换一般也是从学校作业切换到娱乐或社交上来。据这份调查的作者所说："这令人担忧。因为学生们渐渐觉得自己需要在做作业时开着电视，或不断查看短信或电脑。这对学生并没有帮助，但学生从中得到的精神奖励让他们停不下来。"

记录科技产品影响学生行为的相关研究超过了针对其他人群的这类研究，因为学生们更易接触到这些科技产品，他们是在这种充满科技和干扰越来越多的环境中成长起来的第一代人。回顾一下在本章前面提及的研究，观察了当初中生、高中生、大学生要在短短的时间内（仅 15 分钟）学习重要内容时的表现。无论处在哪个年龄段，学生只能在很短时间内（三五分钟）将注意力放在重要事务上，然后大部分学生会自行干扰学习状态，转而去做其他事情。在 15 分钟长的学习时间里，学生实际学习的时间只有 9 分钟。导致干扰不断的罪魁祸首一共有两个：社交媒体和短信。显然，这两个干扰源的信息是如此重要，那些在学习的学生将注意力从当前的任务（某个讲明了需要关注的关键点）转移开，利用在年轻一代中最受欢迎的两种通信形式去关注其他信息源。

生活中的"多任务同时处理"

最近一篇文章将日常正常活动中的任务切换也加入到了"日常媒体多任务处理"的概念中。人们对某些任务组合的难易程度有不同看法，这是日常任务切换中比较有意思的一面。在本章前面一部分曾提到了这项调查的部分内容，罗森博士的实验室发现各个年代的人们在不同任务组合的难易程度上有着大致相同的看法。例如，不同年代的人们都觉得玩电子游戏时很难再操作其他科技产品。然而，这项研究还比较了"婴儿潮一代"（1946~1964 年间生人）、"被遗忘的一代"（1965~1979 年间生人）、"网络一代"（生于

1980~1989 年间），年轻一代的人们与老几辈的人们相比，他们认为可以轻松组合的任务数要多。例如，尽管只有 39% 的婴儿潮一代认为边发邮件边发短信没有困难，而“被遗忘的一代”和“网络一代”如此认为的人数占比分别为 63% 和 81%。几乎所有配对的科技任务组合都呈现这种规律。

这项比较不同年代的人对日常多任务处理难易程度态度的研究最早是在 2008 年进行的。在 2014 年，罗森博士的实验室复制了这个研究并加入了新的对照组，包括了“婴儿潮一代”、“被遗忘的一代”、“网络一代”和“数字一代”（生于 1990~1999 年间）共 4 个年代的人群。我们十分想看看不同年代的人们在相隔 6 年之后是否有同等水平的多任务处理能力。参与者要回答自己是否经常同时操作某些组合起来的任务，这 66 种任务组合包括同时操作两项和科技产品有关的活动（比如，边玩电子游戏边发短信），也包括同时进行某项和科技产品相关的任务和与其不相关的任务（比如，边上网边吃东西）。

总共有 9 项科技任务和 3 项非科技任务，即吃东西、面对面谈话、随意阅读。在 2008 年的时候，“婴儿潮一代”会操作这些任务组合中的 59%。到 2014 年时，这一数字上升到了 67%。“被遗忘的一代”将这一数字从 67% 提升到了 70%，而“网络一代”则是从 75% 提升到了 81%。引人注意的是，处于“数字一代”的青少年和年轻人称自己会进行这些任务组合中的 87%。似乎再过短短几年，人们进行的任务组合会更多，而我们现在知道这种多任务处理的形式并不能最有效地处理事务。

调查中和其他任务结合最多的任务是各个年代大多数人都会用的媒体形式：电视。卓越研究理事会（CRE）在一项研究中将这种现象称为“第二屏幕”问题，发现在 3000 个用多种设备看电视（新常态）的美国青少年和成人中，他们看电视时有 55% 的时间会使用第二台设备。参与者们在电脑上看电视时也有 61% 的时间会玩第二台设备，他们边玩第二台设备边在平板电脑上看电视的时间为59%，边玩第二台设备边在智能手机上看电视的时间为53%。有些娱乐形式甚至鼓励电视观众边看电视边玩社交媒体，这样就能随着节目内容的展开边看边评论。比如，安德森·库珀（Anderson Cooper）一直会告诉他在CNN台的观众们，他将在推特、博客和社交媒体上发帖，并希望观众能够参与进来。

然而，卓越研究理事会的研究发现，接近三分之二的第二屏幕操作和节目内容无关。比利时一项实验研究证实并丰富了这些研究结果，展示了年轻人们是如何收看新节目的。研究者们要求节目观看者进行第二屏幕的操作，包括和新闻内容有关的和无关的操作，发现无论第二屏幕操作与新闻内容是否有关，观看者在分散注意力的情况下能够回忆起的新闻内容都会减少。

另一项实验室研究发现，如果让年轻人边看电视边用电脑做其他事情，他们在观看30分钟长的视频时会在两个屏幕间切换120次，每分钟切换4次。研究者们使用了可追踪眼动和凝视的眼镜，发现实验对象们凝视电视机的时长（1.8秒）比凝视电脑的时长（5.3秒）要短得多。而在研究结束后立即询问实验对象自己觉得在电脑和电视机之间切换的次数时，实验对象只能记得12%的切换。有趣的是，康姆斯科公司一项类似的研究显示，第二屏幕能够增强对电视娱乐节目的注意力和参与度，这也许证明在观看“事实类型”电视节目时所进行的第二屏幕操作远比观看电视娱乐节目时使用其他媒体资源更具干扰性。

最近一个新闻头条宣布“五分之四的美国人边看电视边一心多用”，并报道德勤公司的一项调查显示，81%的美国人，无论他们出生在哪个年代，几乎都会在看电视的时候还做着另一件或多件事情，而对年轻人来说，这一数字几乎接近90%。德勤公司将针对第二屏幕现象的报告按不同年代的人进行了划分，发现甚至有63%的“中老年人”（66岁及以上）和77%的“婴儿潮一代”（47~65岁）会在看电视时一心多用，大部分是查看邮件和上网。

87% 的“被遗忘的一代”，88% 的“前千禧一代”（24~29 岁）和 86% 的“后千禧一代”（14~23 岁）会边看电视边做几乎任何事务。最近在英国所做的一项研究发现，200 个实验对象需要记录自身在晚间一小时内所进行的媒体使用情况，他们称自己在移动手机、平板电脑和笔记本电脑之间切换的次数为 21 次，其中 95% 的实验对象在这一小时内全程开着电视。

电视本身就提供了多任务处理的环境，有着滚动的信息和屏幕其他部分显示的可观看内容，然而我们似乎还是想用不断增加的信息和通讯来增强这种高保真、多感知的体验。正如前文提到的那样，有些同时进行的活动不是为了分散注意力，而是为了利用社交媒体评论我们正在收看的电视内容以增强观看体验。某项研究对比了单纯观看电视和边看电视边发推特的体验，研究结果显示，添加某个社交媒体确实可以提升观看体验，减少单纯观看电视节目的乏味感。有意思的是，人们曾提醒早期的电视观众观看电视也许有些过于刺激，而现在我们似乎在有意地加入其他媒体，就是为了解决明显的“刺激不足”。

另一项日常多任务处理的问题是在工作地点以外的地方办公。两项分别在美国和加拿大进行的全国性研究发现，两国中绝大多数的专业职场人士会在下班后将工作带回家完成。不用猜就知道他们在家的办公内容：名列榜首的工作就是邮件和互联网检索。调查还显示，智能手机用户似乎难以忍受和自己的手机分开。一项研究调查了 18 个国家 3600 名 18~30 岁的年轻人，发现其中四分之三的人会在床上玩手机，超过三分之一的人在洗手间玩手机，接近一半的人在吃饭时查看手机，40% 的人承认手机不在身边时会感到焦虑。一项美国银行的调查发现，47% 的美国成年人承认自己一天不用智能手机就不行。而这些还都是成年人！《精神疾病诊断与统计手册》（*Diagnostic and Statistical Manual of Mental Disorders*）这本诊断具体精神疾病症状的权威书籍就已将网络游戏成瘾收录进其第五版的附录中。也许这本书要出第六版时，智能手机成瘾就会取代网络游戏成瘾了。

最后，要记得给自己一个没有智能手机的假期——是否担心回家后要面临数百封未处理的邮件？也许你甚至会觉得自己必须在旅途中半路去趟网吧，登陆并查看下消息。现在，80% 的智能手机用户会带着手机去度假，日夜不停地频繁查看手机。

行为期望加大了干扰

我们对他人行为和自身行为的预期希望深受科技影响并加剧了干扰的影响。较早的一个例子就是普通电话。电话成功渗透了社会并成为我们和亲友交流的常用方式后，我们的预期就变得十分清楚：如果电话响了又响而无人接听，那么我们就知道需要晚点再打过去。当答录机出现并和电话放在一起后，我们的预期就成了：对方可能在回家后能听到白天留下的信息（假设他或她查看了答录机，注意到留言条数的提示），然后对方可能会回过来电话，或者当天时间较晚的话也许会在第二天回电话。之后，答录机以语音邮件的形式进入了网络空间：现在人们必须打给自己的电话，按 * 号键（或某些特别的组合键），输入代码，才能听到留言。语音邮件系统不一定会有留言提示，所以人们必须定期打电话查收（除非电话上有灯光闪烁，提示有语音信息）。因为我们的预期适可而止，这种系统十分简单且文明礼貌。

当手机以及之后的智能手机冲入我们的世界后，我们的预期发生了变化。当电话图标显示有未接来电和语音信息时，就不可以再说“不好意思，你打电话的时候我不在家”或者“我还没来得及查看语音信息”来当作借口。现在，无论我们身处何处，我们觉得自己必须立刻接电话或回复语音信息。吃饭时的一通电话可能会让一起吃饭的人局促不安地说出“不好意思，我得接一下这个电话”。不久之前，如果我们听到有人在公共洗手间隔板门后面喃喃私语时一定会觉得他在自言自语，甚至更极端，他可能有心理问题。现在，听到人们在洗手间、教堂以及其他任何地方打电话都已经司空见惯了。

这种有关期望的巨大改变延伸到了各种通讯形式中。如果对方没有立即回复我们的短信，我们会揣测收信人的动机（她一定在生我的气），或者我们在某人的 Facebook 帖子下留言评论，但对方没有立即回复或者至少“赞”一下我们的评论，我们就会感到恼火，觉得碰了钉子。随着个人通信从真实世界转入了虚拟世界，他人达不到我们预期的可能性将越来越大。这也不仅局限于个人通信。

在工作环境中，我们期望必须立刻处理信息。这种预期充满了两人以上的电子信息交流。比如，如果经理发送了一封群发邮件，一旦有人回复就会开始计时；如果你没有加入邮件往复中并插上话，那么你就没有达到即时通讯的新标准。即便你正在为那个发邮件的上司辛勤地做项目也无济于事；预期就是你应该立刻停下手中的活儿（当然会干扰你的思路），然后回复邮件，免得人们会觉得你态度消极。正如前面探讨的工作环境中的干扰，这就是为什么接近一半的员工会立刻回复邮件，然后花费 10 分钟处理邮件内容，再花费 10~15 分钟回到工作上面。

最后，将电子通讯形式引入到工作环境中，这改变的不仅仅是我们工作时的预期。人们希望大多数员工像回复工作中的信息一样快速回复下班后的通知。由于人们对回复时间的新预期，工作实际上已经变成了一周全天 24 小时在线的体验。正如我们之前所述，即便在休假的时候，我们还是逃不出“随时在岗、随时有空”的状态。

在本章中，我们观察了科技是如何在短短几年中成为我们个人生活、学习、工作中，以及和周围的人进行个人往来中的主要部分的。科技在驱使着我们对信息的不断追求。就是科技拉动了世界的巨变，引起了一系列快速的科技小波浪不断牵引着我们的能力，拉动着我们的世界观。通过可靠的调查，我们展示了我们和电子设备间的关联是如何和为何在日常生活中不断干扰着我们的。

然而，要注意的是，科技并没有让我们注意力下降；但科技确实加剧了我们在第一部分中提到的高层目标和认知控制局限性之间的矛盾，正是这种矛盾造成了专注力下降。再者，必须认清这究竟只是我们在现有世界中生活方式上的自然而具有进化性的改变（对我们的生产力、表现、人际关系几乎没有影响），还是这种干扰（大脑让我们切换任务的指示、转移我们注意力的震动提示音和通知）正对我们的表现、人际关系和身心健康造成不良影响。

第七章　专注力散失

在第六章中，我们记录了现代科技是如何在信息流和即时通信方面为我们带来巨大便利的同时，让我们的注意力分散更加恶化，让我们进入了一种对科技使用似乎失去掌控力的状态。我们在课堂上或工作中不能集中精力；也不能在和亲友共享时光的时候忍住不去理会提示音和通知。我们进入了“日常媒体多任务处理”模式——这只是一种委婉的说法，实际我们已经意识不到何为必须做的事，也意识不到何为像被尖尖的棍子捅了一下那样进行条件反射反应了。在本章中，我们将探讨这种不停的目标干扰对现实世界的影响，对日常课堂表现、工作表现和在路上的表现的影响。

为什么学生集中注意力不会超过 5 分钟

当前的大学生面临着一项巨大的挑战。除非是那些重返学校的年纪较大的学生，当今的大学生都是属于“数字一代”或“网络一代”的人，他们的童年充满了各式各样的媒体和科技，他们都是在各种情况下一心多用这样过来的。正如我们在第六章中所写，当他们无法专心于学业时，就倾向于沉浸在多种信息源中（我们可以想象为不断用链锯玩杂耍），他们在进入大学时就有如此倾向，而这种行为的后果是巨大的。教育场所分为两种：课堂中和课堂外。在本节中，我们将首次呈现高科技对学生学习方式有负面影响的依据，之后再介绍这一影响导致学生无法在课堂上集中注意力的现象。

在之前提到的一项研究中，罗森博士的研究小组观察了数百名初中生、高中生、大学生在日常学习的环境中学习15分钟重点内容。逐分钟的观察显示，一般的学生集中精力学习的时间不会超过3~5分钟。为了衡量学生在校表现，学生需要提供自己的平均学分绩点（GPA），无论学校等级如何，GPA总是保持四分制。引人注意的是，从搜集来的有关学生的大量数据中，可预测GPA得分较低的因素包括：学习的时间比、学习方法、日常媒体使用时间，以及倾向切换任务而不是一口气将任务做完。另外，通过查看学生在15分钟的实验时间内所浏览的网页，我们发现了第五种可预测GPA得分较低的因素。学生所浏览的网页中只有一个网站可预测较低的GPA得分：Facebook网站。无论学生的访问次数是多是少，只要访问了Facebook网站就可预测其在校表现不理想。

和那些在无干扰环境下学习的人相比，大学生在学习时利用各种媒体设备处理外界干扰将增加他们学习的时长。在劳拉·鲍曼（Laura Bowman）和其康涅狄格州立大学的同事所做的一项实验室研究中，他们将学生们随意编成三组，让学生们阅读书中一章内容并接受测验。一组学生只是阅读了一章内容并接受了测验，第二组学生先与实验者进行即时信息聊天后再开始阅读章节内容，然后接受了测验。第三组学生在阅读时会被同样的即时信息聊天打断，这些即时信息是在学生阅读过程中分不同时间零散发送的，最后这些学生接受了测验。

最后一组实验组是为了模拟大学生一般学习行为而设计的。实验结果很有意思，显示所有小组的测验成绩都一样好，但第三组学生所用时间要长得多，即便减去即时信息聊天所用时间也是如此。想象一下，某个在宿舍学习的大学生不断查看自己的智能手机和社交媒体，那么也就很快能理解总是一心多用会影响认知控制的各个方面，导致学生多次熬夜或是总是在深夜学习。

华盛顿州立大学一项有趣的研究旨在查明在学习时进行一系列科技使用的后果，发现学习中的学生最常进行的三项活动包括听音乐、发短信、玩社交媒体。调查者要求学生汇报自己“生活中移动手机带来的干扰”（手机干扰），包括与学校功课有关的条目（“要是我没有这么频繁地玩手机，我的效率会更高”）以及其他和手机成瘾和过度使用手机有关的条目（“我试着减少花在手机上的时间，但我没做到”）。

只有学习时发短信和玩社交媒体的行为与手机干扰程度较高间呈相关性。正如作者们所预测的一样，听音乐就没有如此的相关性。换句话说，相比那些边学习边听音乐和专心学习的学生，边学习边发短信或边玩社交媒体的学生所反映的手机对其干扰程度要大得多。作者提出“被动听音乐和主动发短信和玩社交媒体的影响不同，这凸显了媒体入侵日常生活的大转变。像广播、电视、音乐这样的传统媒体可以人为忽略，当作背景杂音，这些和通过短信或社交媒体进行的人际交往相比有着根本的区别”。

很显然，学生在学习时的认知管控能力面临着挑战。学生注意力集中于某件任务上的时间不会超过几分钟，特别是无聊的阅读任务（注意力的持续性），而当有大把更有趣的活动时（注意力的选择性）更是如此，学生就需要在每次干扰后花费更多时间重回学习上。比起在不受干扰（任务切换）的环境下一直阅读的情况，这会导致学生所需阅读时间额外增加。此外，学生的工作记忆也会受到影响，因为干扰会降低学生在学习过程中极力想保证的信息真实度。

你想的没错，正如学习时一心多用的负面影响一样，在课堂上进行科技相关的多任务处理对学生的在校表现有负面影响。在这方面有相当多的研究，无论课堂表现评估方法（成绩、效率等）如何，研究者们将几乎所有类型的课上科技使用（包括邮件、短信、笔记本电脑、社交媒体等）和下滑的课堂表现联系了起来，涉及从小学到大学的所有年级。

研究显示，学习时过度地进行多任务处理将会导致透彻掌握学习材料的时间增加，也会使得学习者的压力增大。更深入的研究将“想要”在课堂上一心多用的行为和课堂表现不佳之间联系了起来。艾琳·伍德（Eileen Wood）和其同事进行了一项有趣的实证研究，他们根据学生课堂上进行多任务处理的行为对比了学生的学习情况，要求学生在参加三个课程讲座时使用某种特定的科技产品（社交媒体、短信、邮件或即时通信）。四组一心多用的实验小组，外加一组可以在讲座期间使用任何科技产品的实验小组，他们和那些在讲座期间未使用任何科技产品的学生相比在针对讲义内容的测试上表现得更逊色。

另一项研究证实了课堂上进行多任务处理的负面影响，该研究在播放较短的视频讲座时对学生进行干扰，要求学生要么给实验人员发短信，要么在社交媒体上发布内容，并且分为两种情形：每分钟发出一条短信或帖子，或者每 30 秒钟发出一条短信或帖子（研究者们进行选择，用以模拟“数字一代”的学生们在日常课上发短信的行为）。实验对照组只是单纯观看视频，之后再参与测试。该项研究结果表明，与实验对照组相比，发短信或在社交媒体上发帖次数越多，讲座笔记和测试分数就会越差。此外，在讲座笔记和测试分数上都出现了呈负相关的线性趋势，没有受到任何干扰的学生在这两方面表现最好，每分钟都受到干扰的学生表现次之，最后，每 30 秒钟就受到一次干扰的学生表现得最糟糕。

多项调查研究证实，大多数学生在课上收发短信，而这些学生的成绩也相对较低。在罗森博士实验室所做的一项研究中，学生在观看讲座录像的关键点时会收到不同数量的短信，并且需要对短信进行回复。那些在 30 分钟长的讲座中收到八条短信的学生在之后针对讲义内容的小测中得分普遍偏低，低于那些没有收到短信或只收到四条短信的学生们的平均成绩。有趣的是，另一项研究表明学生们能够意识到这种干扰的潜在消极影响。当实验人员要求他们估测自己在演讲时发短信的情况下做出的小测成绩，实验对象猜测自己的成绩要比不发短信时下降 30%，而事实也确实如此。尽管他们意识到了这一点，但他们也没有改变自身的行为。随着科技产品在课堂中大行其道的趋势有增无减，这些数据也告诉我们必须引起注意。

除了检验科技产品的使用对学生学业成绩的负面影响，多项调查研究还显示了大学生使用科技产品行为更为深远的影响。某研究发现，相比那些较少在课堂上查看手机和发短信的学生，在课堂上使用手机和发短信次数更多的学生也更焦虑，GPA 分数也更低，他们对生活的满意度也更低。焦虑也许是让年轻人们随时随地不断查看科技设备的一大动因，我们将在第九章对此进行讨论。另一项研究发现，大一的学生在 Facebook 上的好友越多，在情绪上和学业上的适应性就越差，而大三和大四的学生在 Facebook 上的好友越多，一般在社交上的适应性就越好，对自己的学校也越有感情。

研究者们提出，Facebook 和幸福指数间的关系之所以会出现转变，也许是因为高年级的学生会用 Facebook 与同龄人进行社交，并参与到校园生活中。最后，一项有关 770 多名大学生的研究发现，在课堂上使用干扰性科技产品越频繁的学生也更倾向做出高风险的行为，包括喝酒、抽烟、酒驾、打架，或拥有多名性伴侣。总之，在授课期间或学习时使用无关紧要的科技产品的大学生似乎面临着学业上和个人层面的双重困境。

科技产品分散注意力越多我们越不安全

当大学生们在家学习和在校听课时将注意力转移到其他无关紧要的活动上，这种影响确实十分重要，但也不至于有生命危险。而其他干扰的例子则有着严重的后果。在这一节中我们将探寻一些由注意力不集中而导致的紧急情形，凸显出科技产品在其中的影响。有关注意力局限性的一个极具说服力的例子涉及“注意力盲区”。当自上而下的控制力将选择性注意集中到一定程度后，这种现象就会发生，你甚至不会意识到自下而上的刺激因素，即便是那些一般都会注意到的异常或显眼的刺激因素。

你也许听说过“隐形的猩猩实验”，在该实验视频中，两组队员都在队友之间传送着篮球，一组穿白色衣服，另一组穿黑色衣服。在该实验的经典版本中，实验对象要观看视频并计算穿白衣的队员间一共进行了多少次传球。在视频播放到某处时会出现一个穿着黑色大猩猩装束的女人在队员间行走、捶胸口，然后走出镜头。在视频结束后，实验参与者要回答自己数出的传球次数。大部分人数得都没错。然后，实验者问他们“你们在视频里有看到什么不太寻常的事情吗？”在多数实验中，接近一半的实验参与者都称自己根本没有看到那个大猩猩。

艾拉·海曼博士（Ira Hyman）和其同事在西华盛顿大学对大猩猩实验进行了有趣的调整。由于大猩猩和其中一半的篮球队员所穿衣服都是黑色的，所以有可能混在篮球传球手中间，海曼博士把大猩猩换成了一个小丑，这个小丑会穿着一身鲜艳的紫黄相间的衣服和大大的鞋子，戴着一个鲜红的圆鼻子，骑着独轮脚踏车在校园里大部分学生们平日经常走过的大广场上转悠。研究者们采访了150多个穿行在广场上的学生，并且记下了这些学生是独行，还是和别人通行，是在用手机，还是戴着耳机听歌。当调查者问他们有没有看到什么不平常的东西，只有8%的手机使用者称他们看到了小丑。

与此相比，三分之一的独行且没有使用科技产品也没有戴耳机听歌的学生看到了小丑，超过一半结伴同行且没有使用任何科技产品的学生也看到了小丑。当调查者们直接问学生有没有看到小丑，用手机的学生中仍只有四分之一回答看到了小丑，与之相比，独行学生中有50%，听歌的学生中有61%，而结伴同行的学生中有71%都说看到了小丑。无论手机用户当时是在用手机操作什么，似乎这种操作都阻碍了他们识别如此近距离内的明显的自下而上的刺激因素。想象一下，一个完全沉浸在吃橡子儿上的松鼠完全忽略了捕食者，你就能想到动物世界中这种类似的但不大可能真实存在的事件。

早在 2011 年，人们用一种幽默的方式普遍意识到由科技产品引起的非注意盲视（inattentional blindness）对安全有影响。凯茜·克鲁兹·马雷罗（Cathy Cruz Marrero）在购物商场中边走边用手机发短信，然后头朝下栽倒进了一个喷泉中。这段视频有着数百万的浏览量并登上了各个新闻台。尽管凯茜·克鲁兹·马雷罗没有受伤，但这件事显示了边走边用科技产品这种一心多用的方式会有害人们健康。

《科学美国人》的一项报告抽样调查了 100 间美国医院，数据显示在 2004 年，美国境内约有 559 人由于边走边发短信而撞上静止不动的东西导致受伤，到了 2010 年这一数字超过了 1500，该项研究的研究者们预计这类受伤数量将在 2010 年到 2015 年间翻一番。科里·巴希（Corey Basch）和其在美国东部多个大学的同事们追踪了 3700 多名行人是如何穿越曼哈顿最危险的十字路口的。他们发现，接近 30% 的行人在“通行”标志亮起时会将精力集中在移动设备上，而四分之一的行人甚至在“禁止通行”的标志亮起时仍边看手机边过马路。

超过一半的行人戴着耳机过马路，有可能是在用手机听歌或打电话，而很大一部分行人则只是在用设备搜寻活动，在这条行人和机动车事故多发的道路上紧盯着手机，而不是观察车流。假如你认为这是纽约特有的现象就错了，一批来自华盛顿大学和西雅图儿童医院的研究者们也在他们涉及 1100 多名行人的调查中发现了类似结论。他们发现，30% 的行人在过十字路口时边走路边做别的事，包括听歌和发短信。相比那些没有低头看手机的行人，那些边走边发短信的行人过马路的时间要多出几秒钟，而出现至少一种过马路的危险行为的概率也要高出几乎四倍。

最近的研究显示，边走边用手机的行为就能改变行人的步宽、脚趾离地距离、步长和走路节奏，让行人即便在没有机动车的情况下也更易受伤。在多个十字路口对行人进行直接观察的研究显示，与那些过马路时不使用任何科技产品的人相比，大约十分之三的行人在过马路时会忙于操作手机，这些人过马路时出现危险行为（走出人行横道，在绿灯未亮前或已灭后穿行等）的概率也高出 4 倍。

在某项实验调查中，研究人员要求大学生在虚拟场景内过马路时边打电话、边听音乐或边发短信。那些边发短信边过马路或边听音乐边过马路的实验对象被模拟车辆撞到的概率更大，研究作者们将原因归结为两种认知需求的冲突，一是过马路时留心车辆的认知需求，另一个是专注于短信交流或听音乐的认知需求。这是干扰带来的典型后果，而在这种情况下是致命的后果。

类似马雷罗这样的受伤情况一直有所出现，因为边走边用手机造成的伤都不重，但如果把“走”换成“驾驶”的话，情况就变得更严重了。美国疾病控制中心（CDC）在其网站上报道，在 2011 年间，由于驾驶员不专心驾驶而造成的机动车事故导致全国 3331 人死亡，387000 人受伤。美国国家安全委员会估计在所有的车祸事故（包括由不专心驾驶造成的事故以及约一百万起其他原因造成的事故）中有 23% 的事故均与使用手机有关。这一问题如此严重，《纽约时报》的记者马特·里克特尔（Matt Richtel）因就这一问题写出名为“不得不分心”的系列文章而获得了 2010 年度的普利策新闻奖。

大卫·斯特雷耶（David Strayer）是犹他大学的教授，也是研究科技产品对驾驶影响的专家。他对比了驾驶时使用手机的司机和醉驾司机的表现，发现边用手机边开车的人和血液中酒精浓度超标的人发生车祸的概率相等。据美国疾病控制中心 (CDC) 调查，美国有 69% 的成人驾驶员承认自己在过去 30 天中有边驾驶边打电话的行为。美国疾病控制中心对比调查了其他国家的数据，边开车边用手机的行为占比在英国为 21%，而在葡萄牙则为 59%，数字不等。

在这一调查报告中，美国疾病控制中心还注意到有 31% 的美国成人称自己边开车边发短信，这一数字同样比其他国家的要高。观察关于高中生的数据后，美国疾病控制中心发现有近一半的高中生会边开车边发短信或邮件。尽管大部分州都有法规和大额罚金来禁止司机在开车时使用掌上手机或发短信，但现实仍旧如此。

开车属于需要大量调动认知控制的各个方面（注意、工作记忆、目标管理）的活动。据大卫·斯特雷教授所说："数字产品引起的干扰是机动车事故发生的一大原因。"与手机相关的车祸有多种引起原因，包括司机双手离开方向盘，目光离开道路，或是注意力不集中。鉴于有调查显示涉及免提电话和手持电话的车祸发生率持平，车祸发生的主要原因很有可能既不是身体上或视觉上的原因，而是注意力的问题，注意力是带有明显局限性的主要认知控制能力之一。尽管如此，各州法规均未限制免提手机的使用。

关于语音短信也要再讲一讲。借助蓝牙设备，许多软件可以调出虚拟助手，让其读出收到的信息或发送信息。美国汽车协会所做的一项研究发现，"普通语音任务一般比正常谈话、听收音机或听有声书更加费力"，支持了这一方式仍需动用我们大量有限的注意力这一结论。实际上，有关免提电话危害的报告也适用于免提信息助手。二者本质相同，都需要动用一系列认知控制能力，所以即便在人们双眼直视前方的情况下还是会将人们的注意力从道路上转移开。

有趣的是，斯特雷耶教授和其同事也对司机和乘客对话所产生的影响进行了调查，发现司机的驾驶能力并未出现下降，这说明和乘客说话时司机仍可以将注意力集中在驾驶上。实际上，斯特雷耶教授和其同事在分析司机和乘客的交谈后发现，大部分时候都是乘客在提醒司机下高速到休息站，或在司机快要做决定时干脆停止对话，从而让司机专心驾驶。正如研究者所总结的那样："实际上，乘客充当了另一双眼睛，帮助司机掌控车辆，而这类活动在与手机的对话中无法实现。”

有关科技产品和驾驶的数据令人担忧，尤其是开车的年轻人们。我们之前在书中讨论过，这些年轻人的认知控制系统还未完全发育，即便在不开车的时候也会注意力不集中或缺乏目标管控能力。研究表明，驾驶人只有 46% 的时间是在集中精力开车且不做其他任何活动。根据皮尤互联网与美国人生活调查项目所做的调查，有 26% 的青少年称自己会边开车边发短信，而 48% 的人称自己曾坐过边发短信边开车的青少年的车。其他报告也显示，边驾驶边使用科技产品的青少年数量十分庞大。据美国国家公路交通安全管理局的数据，截止到 2009 年，车祸致人死亡的案件中至少有 18% 是边驾驶边发短信造成的，而边开车边发短信也造成了 24000 起事故。

过去短短几年中，我们看到了科技产品使用所引起的骇人听闻的影响。佛罗里达州的一个卡车司机承认自己撞上载满学生的校车之前在边开车边发短信。亚利桑那州的一个卡车司机撞上正在处理路侧事故的三辆警车和两辆消防车之前在玩 Facebook。在网上随便一搜就可以看到几乎在所有州都发生过类似的事故——包括火车调度员、卡车司机和汽车司机。在所有事故中，驾驶员的注意力都被转移了，很多时候都是转移到了智能手机上，注意力转移的时间足够造成一起重大事故。此外，还有报告显示有航空管制员在工作时发短信，甚至还有飞行员在驾驶直升机时发短信的记录。显然，现代科技产品和注意力不集中撞到一起时，我们就不再是安全的。

干扰状态下工作的代价

在前一章以及整本书中，我们写到过工作环境中干扰的强大诱惑力。无数研究显示，办公室职员总是受到科技产品的干扰，他们对这些干扰的响应也十分迅速，这就导致他们需要花额外的时间回到受干扰前的任务上来。可能给办公室员工带来麻烦的还不仅限于此。一项研究涉及了多个公司内部 200 多名员工，调查了可预测员工压力水平的因素。

尽管工作量过大是最佳的预测因素，但其在预测疲惫、焦虑和身体不适方面仅比外界干扰略胜一筹，而这些外界干扰大多是电子设备。包括加利福尼亚大学欧文分校的格洛丽亚·马克（Gloria Mark）教授和其同事所做的基础性研究在内，其他关于工作环境的调查观察了信息工作者和大学生处理日常任务的行为，证明尽管大约每隔 3 分钟就有干扰出现，且大部分情况下干扰持续时间较短，但由于进行了其他的活动，人们还是要花接近半小时回到原来的任务上。尽管如此，员工在干扰之后完成工作的速度实际提升了，但加速完工对员工精神是有影响的。

在总结某项研究时，格洛丽亚·马克报告称“在干扰下加速工作是有其代价的：在干扰环境中的人们有着更多的工作量，更大的压力，更高的沮丧感，更多的时间压力，也要付出更多努力。所以受干扰的工作可以更快完成，但也是有其代价的。”在《纽约时报》的某次采访中，克莱夫·汤普森（Clive Thompson）总结了有关工作环境干扰的研究结果，称“人类都是条件反射动物：即便我们知道自己正在给自己施加压力，提示铃声一响，我们还是忍不住立马火急火燎地查看电子邮件”。

在“开放式办公”环境下减少不断的干扰是尤为困难的。这种办公环境不设任何私人办公室，而在小隔间工作的员工接触外界干扰的概率巨额增长。约有 70% 的美国办公室（包括谷歌、雅虎、高盛和 Facebook 在内）要么不设围板，要么就只有不能营造安静办公环境的低矮围板。研究显示，开放式的办公室会增加多余干扰。在某项研究中，研究人员模拟出四种开放式办公环境，配有不同程度的声音因素，发现背景杂音导致了工作表现受负面影响这一主观感受，也导致了对短时记忆和工作记忆类任务可计量的负面影响。另一项研究调查了五家机构中 1241 名员工，这些组织的办公环境均不相同，总结出当员工需要在工作中集中精力时，员工称在开放式办公环境中会受到更多干扰和更大的认知压力。最后，针对 27 份开放式办公环境研究的内容分析认定，这类办公环境的主要影响包括听觉干扰、对工作不满、疾病和压力。

总而言之，在办公场所进行的研究显示，我们总把太多的任务塞进了太短的时间内，因为提示音（一般提示收到了社交信息）就像是发出了命令，让我们立刻放下手中正在进行的事务，并将注意力转移到新信息斑块上。此外，尽管我们一般可以完成任务（据格洛丽亚·马克的研究显示，甚至可以加速完成），但我们却在焦虑和压力方面付出了巨大的代价。需要指出的是，所有调查工作环境干扰的研究均未调查在办公桌上科技产品已目不暇接之时，智能手机的额外影响。最主要的是，处在不断受打扰的环境和需要额外花时间回想之前在做的事情，这对我们的工作效率和生活质量都有负面影响。在智能手机使用量还未大幅增长之前，2005 年的一项研究预计，办公室职员每小时受干扰的次数达到 11 次时，美国每年将损失 5580 亿美元。

苹果手机效应：手机影响关系

注意力不集中对我们和亲友间关系的影响是最难进行研究的部分。雪莉·特克尔博士（Sherry Turkle）是麻省理工学院的教授，也是率先研究人们和科技产品间关系的学者，她在 2011 年出版的著作《群体性孤独：为什么我们对科技期待更多，对彼此却不能更亲密？》（*Alone Together: Why We Expect More from Technology and Less from Each Other*）中表示，人们不专注的行为正让我们远离“真正的亲密感”，只让我们感受“片段的亲密感”。特克尔博士将科技产品对人们注意力和重要社会关系的负面影响总结为“随着我们注意力的分散，我们可能会丧失自我”。她也谈到这对家庭教育的负面影响：“对于那些只顾玩手机，人在却‘心不在’的心不在焉的父母，年轻人们一定会和他们产生矛盾。”

我们身边这样的现象比比皆是。朋友们“静静地坐在一起”，沉浸在智能手机中的虚拟世界，却对现实中的人不理不睬。家长们带孩子去公园，却一直在回应手机的提示音和通知，而不是和孩子们进行本该放在首位的自由玩耍的活动。配偶们之前会一起看电视并讨论自己的所见所闻，现在，他们会用第二屏幕分散自己的注意力，辗转在平板电脑、手机、手提电脑、电视内容和自己的爱人之间。这样一来总有顾及不到的方面，而有迹象显示，也许正是我们的人情方面受到了注意力不集中的影响。皮尤互联网与美国人生活调查项目在 2014 年的一项报告发现，在已婚或同性婚姻者的手机用户中有四分之一的人觉得“他们的配偶或另一半和自己在一起时只顾玩手机”。

在外吃饭的时候，甚至是在家吃饭的时候，桌上总是摆着很多部手机，我们可能都有过类似经历。这一现象已经严重困扰着年轻人们，于是有些人开始玩一个名叫“手机叠叠乐”的游戏，桌边所有人都要把手机放在桌子中央，一个叠一个，在结账之前查看手机的人就要全额支付账单。

英国埃塞克斯大学的安德鲁·普日比斯基（Andrew Przybylski）和内塔·韦恩斯坦（Netta Weinstein）进行了一项有趣的调查，研究了在人际交往环境中单纯存在一部手机时的影响。在两项面对面的调查中，研究人员让两名素未谋面的人花十分钟和对方随便聊天或探讨有意义的个人问题。一种情况下，研究人员放置了一部手机（不是实验参与者的手机）在附近的桌子上，让实验对象可以看到整部手机，但手机并不在任何实验对象的直视范围内；或者不放置手机而是换成了类似大小的笔记本电脑。在简短的交谈之后，双方都要评估和对方的亲近感、信任感、同感、理解程度。引人注目的是，研究者总结称“单单出现手机就阻碍了人与人之间的亲密感和信任感的发展，从而导致人们与对方的共鸣和理解下降”。

一个调查了“苹果手机效应”的研究团队证实了这项研究，他们利用了和前者类似的实验设计，他们对比了那些将手机放在桌上的人和将手机拿在手里的人的表现，发现有手机在场时，这些陌生人之间的对话并非那么令人满意，且与对方的感同身受也更少。而由美国南缅因大学的研究者们进行的另一项类似研究发现“手机的单纯存在及其所代表的东西（即社会关系、更广泛的社交网络等）也同样让人分心，且对社会交往有负面影响”。如果说在和陌生人的简短谈话中有现代科技产品的干扰，注意力涣散就会对社会关系和亲近感产生负面影响，那么其对我们真正的感情生活又意味着什么程度的影响呢？

心理健康、情绪稳定和身体健康

本书写到此，大家都应已清楚，其实人人都缺乏专注力。我们也展示了专注力下降和现代科技产品放在一起时的影响，这会影响我们的认知、举止、人身安全、亲友关系，以及包括学习和工作等各种情形下的表现。但不止于此：人们和科技产品之间的关系导致了各种各样的“疾病”产生，包括以为手机在裤兜里震动的幻觉症、害怕错过症（担心错过社交媒体最新动态）、无手机恐惧症（担心别人用手机找不到自己），这些都是源于一种保持时刻联系的需要。以为手机在振动的幻觉是一种十分有趣的现象。

在仅仅十年前，如果人们在裤袋附近感到一阵刺痒，会伸手抓挠那里以此解痒。而现在这种相同的神经元活动却会让人们想要查看智能手机（即便有时我们并没把手机装在兜里），因为我们以为自己的手机刚刚由于有新信息提示音或通知而震动了。有两项研究都证实了几乎所有人都经常有手机在震动的错觉。

罗森博士的实验室进行的一项研究涉及 1143 名青少年、年轻人和成年人，该研究评估了精神疾病的症状、日常媒体和科技产品使用情况、多任务处理的倾向性、担心在科技应用上错过什么的焦虑感、科技产品相关的态度。总的来说，即便在剔除了担心错过的焦虑感以及科技产品相关的态度后，以某种方式结合日常科技产品使用情况和多任务处理的倾向性，也可以预测出精神疾病症状。

最近，另一项由南希·奇弗博士（Nancy Cheever）领导的罗森博士实验室的研究调查了科技产品使用情况（更确切地说是使用不足的情况）对焦虑情绪的影响。实验人员邀请了163名大学生进入大教室，让一半学生关掉手机，将其和其他材料放在座位底下，就那么安静地什么也不做。另一半学生也得到了大致相同的指示，将材料放在视线之外并且什么也不做，但实验人员收走了他们的智能手机，给了他们存放证以在晚些时候换回手机。10分钟之后，每个学生都完成了一项检测焦虑程度的纸笔测试，在这一个多小时的实验中又接受了两次这样的测试。

实验预期为那些拿着手机存放证的学生会变得焦虑，事实也确实如此——不过和那些关闭了手机并把手机放在座位底下的学生一样焦虑。然而更为重要的是，使用手机最多的用户（年龄较小且在科技产品包围下成长起来的人）在与手机分离开仅仅10分钟之后，焦虑情绪就出现了增长，与使用手机较少的人比起来，这些人的焦虑情绪在整个一小时中都在不停增长。随着以为手机在口袋中震动的错觉越来越普遍，这种焦虑情绪的上升也十分明显。鉴于有研究揭示了这种错觉的高发生频率，以及在科技产品包围下成长起来的年轻一代查看智能手机的高频率，在前文中提到的科技产品使用与精神疾病症状间有联系的研究也就不足为奇了。在下一章中，我们将详述科技干扰性对具有临床疾病的人们所带来的精神健康影响，但先让我们看看专注力下降对我们的睡眠（这一决定我们身心健康的重要因素）可以造成何种不良影响。

你还在睡前玩手机吗

在仔细调查睡眠不足对人们的影响之前，我们先来看看睡眠过程和其中可能相关的机制。有无数证明显示，休息良好的人的睡眠过程是相当规律的。在白天，日光让人们接触到更多的短波蓝光，这种光会通过释放皮质醇来增加我们的清醒度。随着日光的消逝，黄昏的来临，红波光纤会占主导，从而增加人体内的褪黑素，而褪黑素则会为我们助眠。褪黑素的释放过程缓慢，在就寝时间前的2~3个小时内开始释放。我们入睡之后，大脑的活动会从浅睡眠到深睡眠经过四种阶段，之后进入表示我们正在做梦的快速眼动睡眠期。

在正常的夜间睡眠中，这种过程会重复4次，随着夜色渐浓，快速眼动睡眠期会变得越来越长。在睡眠过程中，大脑会进行一系列称为“突触更新”的打扫活动，包括进行删减和记忆巩固，用以移除次要的神经元连接并增强重要的神经元连接。除此之外，大脑在夜间会清理掉毒素，也就是白天神经活动所产生的副产品，如果不及时进行清理，这些毒素会对大脑中的神经元形成毒害作用。

处在眼睛后部的视网膜上的感光细胞可以控制褪黑素的释放。为了生成白光，科技产品的屏幕必须发出多种波长的光线，包括短波蓝光。当人体受到蓝光照射时，感光细胞会指示大脑变得清醒。鉴于孩子们和我们都喜欢在睡之前在卧室使用科技产品，我们让自己的双眼承受着让大脑变清醒的蓝光，而不是指示身体睡觉的红光。实际上，人们会在较远的距离观看电视这类较大的屏幕，相比起来，当人们盯着小屏幕且离屏幕很近时（大部分人使用智能手机和平板电脑时都是这样），蓝光会更为强烈。

美国国家睡眠基金会（NSF）所做的研究、一项涉及362名青少年的近期研究以及一份涉及67个屏幕使用时间对儿童和青少年影响研究的荟萃分析均发现，接触屏幕的时间，尤其是在睡前一小时内接触屏幕，这和睡眠问题有关联，主要造成夜间睡眠时间减少，睡眠质量下降。此外，研究显示，47% 的大学生会在夜里醒来回复短信，40% 的大学生会在夜里醒来接电话，这些导致夜间睡眠时间减少了 46 分钟。随着绝大多数的青少年在睡前使用各式各样的科技产品，并且在半夜醒来处理智能手机的提示，这些青少年的大脑极有可能无法进行之前提到的夜间清理工作，而这将导致脑力上的障碍。

研究显示，在过去 50 年间，人们夜间睡眠时间和睡眠质量均有下降，其中一个原因在于有 90% 的美国成年人每周至少会有几晚在睡前一小时内使用电子设备。一项调查了 2000 多名四年级和七年级学生的研究发现，相比那些睡觉时不把手机和平板电脑放在旁边的孩子，睡在小型带屏幕设备旁边的孩子会少睡约 21 分钟，而那些卧室中设有电视的人会在晚上少睡 18 分钟。夜间在寝室使用屏幕的总分钟数和睡眠问题之间有巨大的联系。

最近，一项由哈佛医学院的研究人员所进行的研究调查了相比阅读纸质书籍，阅读电子书对夜间睡眠和晨间清醒度的影响，发现的正是我们所预期的结果。相比阅读纸质书籍，阅读电子书会导致入睡所需时间平均延长 10 分钟，褪黑素的释放延迟一个半小时，褪黑素的释放量减少平均 55%，珍贵的快速眼动睡眠时间减少 12 分钟，晨间清醒度也会下降。虽然这项研究只涉及 12 名大学生，但这些参与者在两周的实验过程中全程入院观察，在尝试入睡或最终睡着之前，他们在阅读印刷版书籍或电子书时会有实验人员每小时抽一次血，共进行四小时。

由罗森博士实验室最近发布的一项研究调查了 391 名从 18 岁到 69 岁的美国大学生的睡眠和夜间使用科技产品的习惯，发现其中只有 19% 的人在入睡时将手机放在一边或设为静音模式；其中 81% 的人将手机放在旁边，其中将其设为振动模式的人占 39%，设为响铃模式的人占 42%。总体来看，有一半学生会在夜间醒来时查看手机，这也和之前的一项调查结果相吻合。通过利用一系列测量方式来评估睡眠质量、执行能力、担心错过电子产品上信息的焦虑感、日常智能手机使用情况，我们发现有四种方式可以预测出不佳的夜间睡眠。

下降的执行能力（做出明智决策的能力）指示出较多的智能手机使用和较差的睡眠质量，而担心错过电子产品上信息的焦虑感则指示出较多的智能手机使用和较多的夜间醒来次数，而这两项又会导致睡眠质量下降。这意味着，在晚上做出明智选择的能力以及担心错过虚拟世界中信息的焦虑感加在一起导致了对我们睡眠的干扰，这又会导致我们的思考能力下降，夜间干扰上升。这确实是一种可以干扰大脑功能的恶性循环。

研究也证明了睡眠时间太少会在某些重要方面影响记忆力。当然，记忆这一复杂的过程需要大脑多个区域的参与，但记忆力的一个关键部分是稳固的认知控制系统。如果没有这一认知控制系统，信息将无法有效地或完整地传输到海马体这类记忆中枢当中。一项研究发现，每晚睡眠时间少于 5 小时的成人在早上描述晚上睡前看过的图片或视频时，更有可能会掺入错误信息；甚至有人会称自己看到了某个根本不存在的事件视频。另一项研究让大学生们保持 24 小时不睡觉（这在大学生们的生活中也许并不鲜见），然后让他们观看视频，视频上的男人偷走了女人的钱包，并把钱包放在了他的夹克口袋里。

40 分钟后，实验人员告诉他们那个男人把钱包放在了他的裤兜里。相比那些睡满 8 小时的学生们，那些睡眠不足的学生们更有可能认同这个错误信息，记错钱包到底被藏在哪里。这些记忆力衰减的现象也被其他研究所证实。美国儿科学会现在不断敦促学校将上学时间延后，以避免学生因睡眠不足而出现记忆力和认知控制下降的现象。最近一项梅奥诊所的研究调查了可以抑制褪黑素的光线量，建议人们如果要在黑暗的卧室内使用电子设备，就把智能手机或平板电脑的亮度降低，并且让电子设备距离脸部至少 14 英寸（约 35.5 厘米），这样就不会抑制褪黑素的释放，也就不会影响睡眠。

虽然大部分关于睡眠的研究是针对儿童、青少年、年轻的大学生，也有一些研究调查了已工作成人的睡眠时间和睡眠质量。例如，一项关于美国管理人员和员工的调查发现，那些在晚上九点以后用智能手机办公的人在之后一天的工作中出现了认知控制能力下降的现象，表现为对工作内容的注意力下降，工作记忆资源大幅消减。一项针对比利时成人的相似研究发现，卧室中的网络连接会对认知控制能力造成类似的负面影响。在第十一章中，我们将会探讨如何改变夜间生活习惯，以让我们的大脑能够更有效地进行夜间清理工作，增强睡眠质量，帮助我们在白天变得更高效。

在前两个章节中，我们叙述了科技产品是如何让人们专注力不断下降的，也阐释了这一现象的后果，包括影响工作表现和在校表现、破坏感情关系、威胁人身安全、损害睡眠健康和精神健康。在下一章中，我们将探究科技产品是如何影响儿童、青少年、老人以及精神疾病患者的专注力的。

第八章　科技产品对人群专注力的影响

信息科技的高速发展已经改变了我们和周围世界的互动方式。我们写到过，三项变革力量使得高科技渗入了我们生活的方方面面，包括：互联网、智能手机、社交媒体。我们也展示了将电子设备随时放在口袋或包里会让我们时刻与宽广的社交及信息世界相连通。在前两章节中展示的实证研究凸显了这类科技产品对健康成年人生活的负面影响，其中包括学生和上班族。在本章中，我们将把讨论范围扩展到极其受科技产品影响的人群上。我们将研究那些认知控制能力本来就较弱的人是如何应对多源信息所带来的干扰的。换句话说，对那些带有既有不利条件的、专注力本就不高的多种人群，科技产品是如何影响他们的行为的?

首先，我们先来看看儿童和青少年是如何更易受干扰影响的，然后，将讨论延伸到较年长的人的日常生活（睡觉、散步、驾驶）是如何易受科技产品影响的，这样的影响又会极大制约着他们的行为能力。之后探索患有心理障碍的人是如何应对和科技产品相关的干扰的，包括抑郁症和焦虑症的症候学、多动症，甚至还有自恋型人格障碍以及孤独症谱系障碍。

儿童和青少年更容易分心

罗森博士大量研究过科技产品对美国五代人的影响，也针对此写过大量文章。这五代人分别是“婴儿潮一代”（1946~1964 年间生人）、“被遗忘的一代”（生于 1965~1979 年间）、“网络一代”（生于 1980~1989 年间）、“数字一代”（生于 1990~1999 年间）以及最近被命名为“C 一代”的生于新千年的人。在这份研究和我们同事的研究中，我们发现，尽管年轻人们觉得自己比年长的人更擅长进行多任务处理工作，但当他们利用多种形式的媒体同时进行多项活动时，他们在真实世界的行为和表现都会受影响。

尽管这一年龄层的人们有着较高的认知控制能力，他们的表现还是会变差，而儿童、青少年和年轻人们是从一个科技产品无比迅速地入侵且渗透到生活各方面的世界中成长起来的，这一速度相比之前的几代人都要快得多，这种情况又可能会加剧他们行为能力的衰减。

在“婴儿潮一代”人所成长起来的那个年代，手机、电视和电脑这类科技产品用了 10~20 年，甚至更长的时间做到了社会渗透——从而让这一代人有时间细细评估、学习、认同新媒体——而在这一代人的孩子们和孙子们所生活的年代，苹果手机和苹果平板电脑这类科技产品，Facebook、MySpace、Instagram 和 Pinterest 这些网站，《愤怒的小鸟》和《填字游戏》这类游戏在仅仅数月中就进入并侵占了他们的世界。人们有时称那些很早就使用电子产品的人们为“数字原住民”，包括“网络一代”“数字一代”和“C 一代”中的人们，他们急切尝试吸睛的科技产品，从不花时间认识和理解该如何最好地使用这些科技产品，将其对大脑和生活的影响降到最低。

我们在前面几章中了解到，前额皮层对决策力、目标设定以及所有认知控制能力十分重要，但其在人们未成年之前发育并不完全。我们也知道，大脑皮层，尤其是其“社交大脑”区域在人们成年前不能完全发育。神经系统学家莎拉－杰恩·布莱克摩尔（Sarah–Jayne Blakemore）和其英国伦敦大学学院的同事将“社交大脑”定义为内侧前额皮层（medial prefrontal cortex）、颞顶联合区（temporal - parietal junction）、后颞上沟（posterior superior temporal sulcus）和前颞叶（anterior temporal cortex）。

髓鞘形成（Myelination）是指神经元包裹在脂肪细胞中从而使神经元和大脑区域之间的信号传递变得更快更精确的过程，这一过程也在人们成年后才能完全结束。基于人体正常发育过程中的这些方面以及电视观看影响之后注意力的研究，美国儿科学会建议“应避免婴儿和两岁以下的儿童接触电视或其他娱乐媒体，并且将两岁以上儿童使用电视或其他娱乐媒体的时间降到最低”。

尽管有这样的建议，最近的研究显示，大多数的儿童还是每天使用网络。在一项关于美国 11 岁以下儿童的研究中，21% 的儿童使用网络的频率为一天一次，另外 39% 的儿童会每天多次使用网络。其他研究人员所做的调查也显示了相似的趋势。儿童平均每天使用电子媒体的时间为 5.5 小时，所使用的主要媒体平台为电视（每天 3.5 小时），且儿童在 8 岁左右会开始转移到联网媒体平台上。其他的调查报告称，如果将儿童在使用媒体时进行多任务处理的情况考虑进来，这 5.5 个小时实际上是接近 8 个小时。而多任务处理方式则可为将两种媒体形式结合起来的形式，例如，电视和平板电脑的结合，或者是边使用一种媒体形式边进行生活场景中的活动，比如吃饭，又或是在某一个媒体平台上操作多项任务（例如，玩电脑或玩平板电脑）。

如果儿童在年纪尚幼时就接触到了大量的媒体，那么其后果可能是什么呢？教育工作者们不是在尽力将电脑和平板电脑融合进各个层次的教育系统中去吗？这不就意味着他们认为这样利大于弊吗？根据两项最近的研究，四分之三的基础教育老师断言，学生使用娱乐媒体（包括社交媒体之类的聊天工具）已经大幅或在一定程度上削弱了学生的注意广度，87% 的老师称科技产品的使用导致了“注意力集中时间很短的、易分心的一代人”产生，并有64% 的老师觉得电子媒体“分散学生注意力的效果远远大于给学生们所提供的课业帮助”。

这本身已算不上是好的评估，但还远不止此。很多人惊讶于年幼的儿童们可以如此轻易地就熟悉触屏环境，时常有家长称自己的孩子似乎天生就知道该如何滚动平板电脑或手机屏幕来查找他们想看的视频，或是他们想玩的游戏。根据琼·甘兹·库尼中心的数据，在 2 岁到 10 岁的孩子中，约有三分之二都能接触到平板电脑或是电子阅读器。《连线》杂志最近的一篇文章总结了儿童使用触摸屏幕的研究，作者用自己家长的身份在文中写道：

但这些屏幕有着怪异的双重属性：让我们更进一步地保持联系的同时也更进一步地分离。交给女儿一个装有互动式阅读软件的平板电脑后，她会沉浸其中一直读下去。但她也会进入一种入迷的状态。这十分令人不安，因为说实话，这让我想起了我自己的样子。我总是在分心，注视着手中的设备，忽略了身边的人们。点一下刷新键就能得到奖励，简直像只猴子。在媒体中输入内容后，媒体就会用@你的回复和点赞让你满足，直到你在床上独自待着，肚子空空且两眼模糊，陷在反馈循环中无法自拔。我女儿的反馈循环将会是怎样的？我不敢一探究竟。

既然家庭成员和孩子们都接受了这些设备，我们就要开始探究这些充斥着电子科技产品的环境会对孩子的精神状态有何影响。罗森博士的实验室研究了儿童、13 岁以下的孩子以及青少年的媒体使用情况和“亚健康”之间的关系，“亚健康”包括身体健康问题、心理问题、行为问题和难以集中注意力的问题。即便将家长和孩子的人口统计学特征（社会经济地位、亲子的体质指数、其他可能会影响健康的特点）排除在外，也将饮食习惯和日常锻炼这些可以预测健康的因素排除在外，儿童日常使用媒体总量均会导致他们出现“亚健康”的四项问题。

儿童、13 岁以下的孩子以及青少年每天接触媒体越多，他们的健康状况就越差。除此之外，13 岁以下的孩子以及青少年的健康状况更为不佳，因为不论他们接触媒体的总量为多少，他们接触了更多的电子游戏。上网时间较长也会加重青少年们的亚健康状态。其他研究者也公布过儿童健康所受到的类似负面影响，包括心理障碍、心理调适能力差、情绪和家庭问题、社交能力问题、冲动和注意力问题、肥胖问题、亲友关系问题、学业成绩问题。无论是看电视、上网、玩智能手机或平板电脑，还是玩电子游戏，各个研究都指明，过多地使用科技产品都会对儿童健康产生毒害作用。

当然，尽管存在这些具有相关性的数据，但人们也应注意这些影响的指向性。情况有可能是，这些身心有问题的儿童更易融入高科技世界。无论怎样，对科技产品的过度使用是需要引起人们注意的。尽管我们现在再也不能阻止两岁以下的孩子接触媒体，（说真的，如果让自己 18 个月大的孩子在平板电脑上看视频或玩游戏就能够有效地分散他们的注意力，让自己的一天变得更容易，那么为何不这么做呢？）但我们可以执行合理的行为准则来约束这些行为，并且营造一种环境，减少科技产品的干扰性，用不同的活动来替换科技产品的使用。我们将在第十一章中探讨该如何在将孩子的哭闹降到最少时让这种方式奏效。

影响所有人群的问题就是科技产品对睡眠的影响，而这种影响尤其体现在儿童、青少年和年轻人身上。美国国家睡眠基金会进行了年度国民睡眠调查，在 2014 年这份距今时间最短的报告中调查了 1103 名 6~17 岁孩子的家长，证实了父母已经知道的事实：儿童和青少年明显缺觉，并且很有可能缺失了相当多的睡眠。数据在某些方面十分惊人。人们普遍认为儿童和青少年的睡眠量应达到每晚 9 小时。

在该项报告中，只有 10% 的青少年在工作日的晚上能获得 9 小时的睡眠，相比之下，快要进入青春期的儿童中有 19% 可以做到这样，而儿童中有 69%

可以如此。令人惊讶的是，56% 的青少年和 29% 快要进入青春期的儿童每天睡眠时间少于 7 小时。照这样的情况来看，一周上学五天的安排会让大部分的青少年都缺失大量的睡眠。青少年和快要成为青少年的儿童会在周末睡懒觉以弥补平时所缺的睡眠，做父母的看到此情此景自然体会最深。

美国国家睡眠基金会的研究还发现了一些令人不安的数据，有关卧室中科技产品使用情况和这种行为对睡眠的影响。从 6 岁的儿童到 17 岁的青少年，有 45% 的人在睡前在卧室中看电视，40% 的人会听音乐，30% 的人会玩平板电脑和智能手机，25% 的人会玩电子游戏，21% 的人会玩电脑。晚上在孩子或青少年入睡之后，三分之一的情况下卧室中的电视都未关闭。实际上，只有四分之一的孩子或青少年在入睡前不使用电子设备，97% 的青少年在卧室中至少放有一台电子设备。那些在卧室中有电子设备的人每晚会少睡平均 42 分钟。而在卧室中睡前使用智能手机的人平均会损失 54 分钟的睡眠。不要以为这种现象只存在于美国，在埃及、新西兰、芬兰所进行的研究都发现了儿童和青少年中这一相似的行为模式。

青少年所面临的问题和年少的儿童类似，但他们所受的影响更严重。青少年们总要面对一些可能会带来重大后果的决定，这些重大后果包括人身伤害。青少年们和儿童们一样，都有着大脑发育尚未成熟这一问题，这些青少年要从学校过渡到职场或继续接受教育，他们可以驾驶车辆，找到工作，陷入充满各种情绪的恋爱中。常常会有让青少年们想要以身试险的情况出现。

由于未成年人的前额皮层尚未发育成熟，且大脑中用以分析情况的关键区域间的联结尚不完全，所以青少年们还不具备进行复杂决策的能力，不能进行周密的思考和规划。例如，有研究展示了前额皮层发育迟缓和青少年各种能力缺陷之间的关系，这些缺陷包括：无法控制冲动，无法抑制不良回击行为，即便在可能产生不良后果的情况下也无法控制“极敏感的”奖励系统这一处理感情和驱使人们行为的机制。除此之外，有大量数据显示，由于青少年处在发育过程中，所以他们对非语言暗示的判断能力也较差，这会直接影响他们与他人产生共鸣并和同龄人或家人进行有效沟通的能力。

青少年面前经常至少有一台电子设备（大多数青少年经常是有两三台、四台，甚至更多设备），这些设备不停地抓取青少年的注意力，产生外界干扰。即便他们面前没有任何设备，他们的心思也都用来想象虚拟世界中可能正在发生的事情，从而引诱着他们回到智能手机、平板电脑或电脑上进行“查看”（造成了内部干扰）。想要通过暂时的电子设备戒瘾或戒断来将这些设备清理出日常生活的做法根本行不通，因为青少年和电子科技产品分离后，就会觉得怅然若失或与外界失去了联系。

以下十分有意思的话语来自两名典型的青少年，他们在凯泽家庭基金会的一项调查研究中对自身和科技之间的关系进行了阐释：

我在线的每一秒钟都在进行着多任务处理。就在现在，我一边看电视，一边每隔两分钟就查看一下自己的电子邮件，还阅读着一个刺杀肯尼迪凶手的新闻讨论组，把音乐刻录在 CD 光盘上，并且还在写着这条信息。（一个 17 岁的男孩）

我经常会通过即时通信软件和人们聊天，然后再在同一时间查看电子邮件、做作业、玩游戏，以及打电话。（一个 15 岁的女孩）

关键在于，现在的年轻人们一直都处于充满干扰的环境中，其中那些强烈的自下而上的因素在争抢着他们的注意力；而当这些外在的诱惑抓住了他们的注意力，那么自上而下的、由目标驱使的行为就面临着严峻的考验。

年长者应对分心的力不从心

尽管人们通常认为科技产品是年轻人所使用的工具，但身处高科技世界中的人却不只有年轻人。罗森博士实验室的一项研究对比了五代美国人的科技产品使用情况。有趣的是，尽管处在“婴儿潮一代”的成年人与其他年代的人相比使用科技产品最少，但其中有很大一部分人会很规律地使用科技产品。我们询问了处在不同年代的人其每天使用各种科技产品的总时长，我们也知道这些回答中有许多都因为叠加使用而导致数字偏高。科技产品使用最活跃的群体（“数字一代”的青少年和“网络一代”的年轻人）每天使用科技产品的时间约为 20 小时，这一数字也是因为多任务处理而抬高了。

和预期一样，年长的成年人每日科技产品使用时间较短，但他们的使用时间还是较高的，达到每日约 12.5 小时。观察“婴儿潮的一代”更喜欢用哪种科技产品时发现，最受欢迎的包括：看电视（每天 2.4 小时），打电话（1.9 小时），在电脑上做非联网的任务（1.6 小时），收发电子邮件（1.5 小时），听音乐（1.5 小时）。除此之外，尽管年长的成年人被视为“数字外来移民”，他们中有 71% 的人平均每月会定期收发 214 条短信，即每天约七条短信。虽然这还不及青少年的每月 3417 条短信，但数据也显示了较年长的成年人也会使用更新型的科技产品，而人们之前则以为这些产品只属于数字原住民。

另一研究也证实并充实了较年长的成年人会定期使用科技产品这一概念。皮尤研究中心最近的一项报告将美国老年人和其他美国成年人都进行了对比，发现许多较年长的成年人有着“较为丰富的科技产品设备，同时也承认在线平台的有益面”。对比一份一年前所做的类似的全国性调查，皮尤研究中心发现 59% 的老年人称自己会上网，意味着这一比例在仅仅一年中就增长了 6%。引人注目的是，在会使用网络的老年人中，有 71% 的人会每天上网，而另外 11% 的人则会每周上网 3~5 次。另一项研究发现，较年长的成年人试图同时使用两种或两种以上媒体形式的时间每天超过了 90 分钟。

尽管较年长的成年人对科技产品的使用有所增长，但有越来越多的数据显示他们对科技产品的看法和态度倾向于在购买时迟疑不决。罗森博士实验室的研究调查了五代人使用科技产品时的舒适度，结果显示，相比其他年代出生的人，“婴儿潮一代”显得更为焦虑。这种焦虑似乎混合着对科技产品价值的否定与对自身理解和使用科技产品的不自信。其他研究也证实了焦虑对较年长的成年人使用科技产品的影响。

然而，通过大量接触科技产品可以克服这种焦虑感。通过回顾 150 多项有关较年长成人接受电脑化认知训练的研究，得出结论为“尽管人们普遍有这样的误解，即年龄较大的成人不喜欢学习如何使用新兴科技产品，但那些完成了电脑化训练的年长者则对这类训练抱有积极的看法。尽管在训练之初会有许多年长者称使用不熟悉的科技产品会感到焦虑，但在训练完成后，大部分人则称有着高度的满足感”。

在前几章中，我们讨论了年长者在注意力、工作记忆以及目标管控各方面的认知管控能力下降的情况。格萨里实验室的研究显示，降低的抑制能力会和干扰一同影响年长者们，让他们无法过滤掉其所处环境中的无关信息。似乎科技产品会加剧这种干扰效应。最近一项研究调查了背景音乐对不同年龄段成人进行人脸匹配这一简单任务的影响。尽管所有的成人，无论年轻或年长，都认为背景音乐让人分心，但只有年长的成人在有背景音乐的情况下表现得不如在完全安静的环境中好。这意味着岁数较大的成人可能会在现代开放式办公场所遇到种种困难。

关于多任务处理，格萨里实验室发现年长的成人在遇到干扰之后难以重新接入前额皮质网络，这意味着即便在外界干扰已然消失的情况下，他们还是会在内心将精力放在干扰上面。这也显示了关于接触高科技的另一值得关注的方面。一项研究对比了年轻和年长成人的行为，让他们边走边用智能手机玩一个难度不高的游戏。有意思的是，尽管年轻和年长的成人在行走和游戏成绩方面都受到了影响，但年长者在边走边玩游戏的时候游戏成绩更差，并且他们的步态也会更杂乱无规律。

年长者可能由于脱髓鞘疾病而出现不同的前额皮层区域来调节他们的表现。另一项研究观察了老少不同的成年人后发现，在分心的情况下过十字路口的人中，年长者是受负面影响最大的人。鉴于之前有研究显示了边走边一心多用这种行为的危险性，再加上年长者对智能手机的使用在不断增加，必须要意识到年长者们在边走边用科技产品的时候更有可能面临着安全隐患。

驾驶汽车是一项要求更高的任务，需要有认知管控的过程。根据一项针对年长者驾驶和科技产品使用习惯的最新研究，几乎所有的研究对象在驾驶时都会使用某种形式的科技产品，其中有 91% 的人会听收音机，80% 的人会调整电子仪表盘，而有一半的人则会使用手机。通过我们目前提供的研究可知，边驾驶边使用这些设备会增加所有类型驾驶人的事故风险，但最主要的还是较年长司机的事故风险。世界卫生组织最近发布的一本刊物进行了有关干扰驾驶员因素的研究，得出的结论为：尽管所有的驾驶人在驾驶时都会受科技产品使用的影响，但年长者们面临着视力和认知能力下降这类特殊的问题，从而更难在驾驶时分心做其他事情。

缺乏认知控制能力的病患

许多精神和神经障碍的症状均表现为在现实中缺乏认知控制的行为。正如第五章所述，患有精神疾病的人，例如抑郁症患者、精神分裂症患者、注意缺陷多动障碍患者以及阿尔茨海默病等神经障碍患者，这类人更难忽略不相干的信息，关注相关刺激因素，抑制反应，也难以从记忆中选取相关信息以应用于现实情况，或是使用工作记忆，或在多个目标中灵活转换。这些通常都是由于前额皮层出了问题，或是前额皮层与其他大脑区域之间的网络出现了问题，而这些都是用以调节认知控制的部分。我们所要阐释的问题在于，从注意力不集中的角度看，现代科技是如何影响精神和神经障碍患者的。本章接下来的几个部分将分析针对多种障碍症的研究，包括：注意缺陷多动障碍、抑郁症、焦虑症、自恋型人格障碍、自闭症。

注意缺陷多动障碍

注意缺陷多动障碍（ADHD）以及未出现过动现象的注意力缺失症（ADD）在 5 岁至 11 岁孩子间的发病率不断上升，大约在过去 10 年中增长了 25%。一项最近的荟萃分析研究调查了 45 份已发表的实证研究报告，这些报告都是关于媒体使用对患注意缺陷多动障碍儿童和青少年的影响，结果发现无论是否带有暴力性质，电视、电子游戏以及大众媒体的使用和注意缺陷多动障碍相关行为之间有着重要的关联。其他研究显示，这类影响也许是因为和注意力相关的大脑区域活动较少而造成的，这些区域包括前额皮层、顶叶皮层、颞叶皮层、纹状体和小脑。

鉴于有文章称儿童和青少年要比其他人群更多地进行多任务处理，那些患有注意缺陷多动障碍的儿童和青少年则面临着研究者们称为“瓶颈”的局面，即他们的执行功能和认知控制都有所停滞。约翰·霍普金斯大学的玛莎·丹克拉（Martha Denckla）教授在达纳基金会（支持脑部研究的慈善组织）的博客上这样评论道：“就我来说，多任务处理属于注意力和执行功能范畴内。如果对孩子们在注意力转移和多任务处理时的反应时间进行测量，就会发现患有注意缺陷多动障碍的孩子反应较慢。我们都面临着中央处理瓶颈……这对每个人多少都有影响……每个人都有着更长的不应期①，但患有注意缺陷多

① 在生物对某一刺激发生反应后，在一定时间内，即使再给予刺激，也不发生反应。一般称此期间为不应期。

动障碍的孩子们的不应期更多。”

利用名为“六元素测试”的实验方法（该方法研究实验对象设计方案、设计工作进度和掌握时间的能力），与未患病的同龄人相比，患有注意缺陷多动障碍的儿童、13 岁以下的儿童和青少年尝试进行的任务更少，计划能力更低，目标管控的能力更差，工作记忆也更少，而这些都是用以达到最佳用脑状态所不可或缺的认知控制方面。这意味着当今的高科技可能加剧了患有这类疾病的年轻人业已存在的认知控制缺陷，也对他们在现实中的表现有着负面影响。

辛辛那提儿童医院的研究人员最近所做的一项调查对患有注意缺陷多动障碍的青少年和未患病的青少年的认知加工能力下降现象进行了研究，让实验对象在三种情况下在驾驶模拟器中进行模拟驾驶，分别是：用手机打电话、用手机发短信，另外还有在不附加任何干扰任务的环境下进行驾驶以作为对照。无论实验对象是否被诊断为患有注意缺陷多动障碍，边驾驶边发短信的青少年都出现了驾驶受到影响的迹象：与没有额外任务的情况相比，他们的驾驶速度变慢，车速变化增多，他们在车道中的位置也变得不是那么固定。

边开车边打电话降低了他们在车道中的不固定性，但并未影响他们的车速。然而，在各种条件下进行模拟驾驶的多动症青少年即便在没有附加科技产品使用的情况下，其车速和在车道中的位置都出现了更多的变化。这项有意思的研究深入观察了那些本来就有注意力缺陷这一额外负担的青少年驾驶员所受的科技使用的负面影响，或者如该项研究的研究者们所说，将其称为“青少年、注意缺陷多动障碍和不专心驾驶三者合一的风险”。

抑郁症和焦虑症

在 2011 年的一项报告中，美国儿科学会（AAP）通讯与媒体委员会宣布社交媒体有可能是导致“Facebook 抑郁症”的潜在原因，他们称 13 岁以下的儿童和青少年花费过多时间在社交媒体上时会产生"Facebook 抑郁症"。在那之后，突然出现了一大批相关研究，用以调查可能会因为媒体而引发抑郁症新症状出现或增加已有抑郁倾向的机制。调查结果喜忧参半。之前我们曾提到罗森博士实验室所做的一项研究，该研究发现科技产品使用和多任务处理的倾向相结合后可用以预测 9 类精神疾病的症状，包括情感性精神障碍和基于焦虑的精神障碍。

有趣的是，尽管 9 类精神疾病中有 7 类都显示出科技产品使用（大部分是社交媒体使用）和症状增多之间的关系，有两类精神疾病（心境恶劣，即轻度抑郁，以及重性抑郁）的症状实际上显示了相反的规律。Facebook 上好友越多且打电话越频繁的青少年和成人所显示的抑郁症状越少。尽管这只是一项在剔除了许多其他解释后的相关性研究，但其显示了 Facebook 好友较多且可以直接与之通话这一情况可以缓解抑郁症状。与这一研究类似，针对澳大利亚青少年的一项纵向研究发现，在长达 12 个月的时间中，为了社交而增加网络使用量（包括使用即时通讯和社交媒体）可预测出较少的抑郁情绪以及较少的强迫性网络使用，这些与青少年对自己受到的社会支持、自尊、应对策略的满意程度有关联，研究者们称这些应对策略是青少年调节自身认知控制能力中的一部分。

其他针对大学生的研究也发现了相同的实验结果。关于这些调查结果的因果方向性，某项研究展示了社交媒体发帖对心境障碍症状的影响，这项实验让大学生们在一周内在 Facebook 上保持高于平时水平的发帖量。经过这不长的时间，学生们称由于感到和他人关系更近，所以孤独感有所下降。

有些研究发现，在美国和世界其他国家的不满 13 岁的儿童、高中生、处于上大学年纪的年轻成人中，Facebook 等科技产品使用情况（尤其是玩有暴力倾向的电子游戏）和他们的情绪之间存在明显的负相关。然而，在某项涉及 18 份研究的荟萃分析中，来自威斯康星大学密尔沃基分校的研究团队总结了 Facebook 使用和情绪之间的关系，发现并非是 Facebook 导致了孤独感，而是当人们感到孤独时会更频繁地使用 Facebook。鉴于已证实抑郁和认知管控问题有关，而这类问题包括沉思（反复关注令人不愉快的刺激因素）或执行功能整体受到干扰，那些有抑郁症状和一直沉思的人会通过社交媒体寻求帮助的现象也就在情理之中了。

密苏里科技大学的研究人员评估了 200 多名大学生的抑郁症状，然后整月监控了这些学生在校园网上的网络活动。实验结果显示，那些在这长达一个月的调查开始时抑郁程度较高的学生在电脑应用间切换得更为频繁，意味着他们更难进行目标管控。最终，在最近一项备受争议的研究中，研究人员人为控制了 Facebook 用户可在好友墙上看到的条目，加入了更多积极的帖子或者更多消极的帖子。他们发现，查看了更多有正能量的帖子的用户自己也会发布更多积极向上的信息，消极帖子的相反作用也确实存在，这意味着网上所见的富有情绪的内容是“具有传染性的”，当人们处理信息时这些内容会从一人传播到另一人那里，之后则会促进相似的内心感受。

最终，密歇根州立大学的研究人员进行了一项研究，让 318 名大学生接受了一系列在线问卷调查，用以测试他们的媒体多任务处理情况和社会心理功能障碍的各个方面。尽管已经控制了学生每天的媒体使用量和人格特质，如神经质人格和外向型人格，这两类人格均被证实与抑郁有关，研究人员还是发现进行媒体多任务处理越多的学生，他们的抑郁症状就越多，社交焦虑的症状也就越多。实际上，媒体使用在整体上与社交焦虑症无关，但试图在同一时间内使用两种或多种媒体形式的媒体多任务处理行为则与社交焦虑症之间有着相关性。

在之前提到的那些检验相关因素用以预测精神疾病症状的研究中，所有由焦虑而生的精神疾病都和媒体使用和科技产品使用脱不了干系，其中包括在线时长、社交媒体和电子通讯。在科技产品影响由焦虑而生的精神疾病方面，尽管相关研究还不太充足，我们仍知道有这样一种反比关系存在，即焦虑会干扰认知控制能力，尤其会影响工作记忆，干扰注意力和目标管控能力。我们会在第十一章中讨论该如何减少焦虑，从而提高认知控制能力以减少内部的干扰。

自恋型人格障碍

研究人员珍·特文格（Jean Twenge）和基思·坎贝尔（Keith Campbell）提供了相关迹象，证明大学生在过去 20 年中自恋程度有了极大的增长。之前在本章提到的罗森博士实验室所做的与抑郁症症状相关的研究中，三类科技产品使用情况预测出了自恋型人格障碍相关症状增加的情况：拥有更多 Facebook 好友（抑郁症状则有着相反的结果），日常 Facebook 使用量较多，在 Facebook 上更多地进行形象管理，包括发布评论，上传自己的照片。这类在 Facebook 上的行为可反映出某个体认知管控能力的基准性缺陷，包括无法关注与自身无直接关系的内容材料，这意味着过度使用社交媒体会加剧自恋症状。

孤独症谱系障碍

自闭症的特点之一就是极度关注某些物品或某些细节，并且难以转移关注点（表明纹状体或额叶可能存在病变），这清楚表明了存在认知控制能力缺陷。某项实验应用了“虚拟事务分派”系统，患有孤独症谱系障碍的大学生们需要在一所虚拟大学中进行一系列安排好的事务，该实验显示，这些人们存在执行困难问题，包括缺乏计划的灵活性，难以抑制反应，忘记任务要求。此外，研究人员还报告称，患有阿斯伯格综合征这种自闭症的成人存在社会认知缺陷，或称其为“心智理论”缺陷。

在该项研究中发现，有阿斯伯格综合征的人当看到只显示从鼻部到眉毛这一部分面部图片时难以判断图片中人的情绪。至于患有阿斯伯格综合征的人为何不擅长判断他人的情绪和想法，人们提出的一种说法认为，这些患者花费了过多时间使用科技产品，而不是与他人进行面对面地互动。不过还要再重复一遍，从这些数据中无法得到相关因果结论。

研究患有阿斯伯格综合征的人使用科技产品的情况，发现有这样一种可能，症状较严重或智力较为低下的个体会花更多的时间使用对认知能力要求不高的媒体，例如电视；而那些症状呈现较轻的个体则会更多尝试多类型的活动。或者，在不计病症整体严重程度的情况下，患有阿斯伯格综合征的儿童之所以只有局限的兴趣，或这种兴趣局限的程度高低与否，都与过度使用某些有屏幕的媒体有关。在研究带屏幕媒体是否以及如何在功能预后和发育轨迹方面影响患有阿斯伯格综合征的儿童时，前瞻性纵向研究设计可以派上用场。尤为重要的是，要判断这类影响是否在控制了初始阶段的严重程度和功能性后仍旧十分明显。

在本章中，我们探讨了科技产品对认知控制能力不足的人群在目标干扰方面的影响，结果证实了某一般性结论，即使用现代科技产品会加剧这类个体与周围环境有效互动的困难。关于为什么大多数人在使用科技产品时都在近乎疯狂地进行多任务处理，以至于压迫了人们脆弱的认知控制系统，加剧了对目标的干扰，我们将在下一章中分析这一现象的潜在原因。

第九章　我们为何自我干扰

信息所消耗的对象十分明显：其消耗的就是信息接收者的注意力。因此，信息的繁荣会造成注意力的贫瘠，让人们想要将注意力有效地分散在繁杂的信息源中进行消耗。

——诺贝尔奖得主、经济学家赫伯特·西蒙（Herbert Simon）

我们介绍了在急速变化的高科技世界中的三项“变革因素”：网络、智能手机、社交媒体。这三者从核心来看都代表了一种对我们十分重要的商品——信息。这些科技产品有着非比寻常的吸引注意力的能力，可以随时用提示音、通知、震动、哔哔声抓取我们的注意力，或是仅仅当人们觉得应该查看一下这些科技产品以防遗漏掉过去几分钟内发生的重要事情时也是如此。短短几年前，我们还将这种可以接触到大量信息以及人脉的连通性视为珍贵的恩赐，而这种连通性又提供了更多的信息，但现在看来这却像是一种负担。这些情况我们都不陌生。

实际上，在《纽约杂志》2009 年的一篇文章中，山姆·安德尔森（Sam Anderson）就曾提醒我们“虚拟世界这匹马已经脱离了数字马棚。想要回归平静的时光已为时已晚。我们的工作都建立在连通性上。我们的快感周期这一非同小可的问题也与连通性越来越相关。每天都有更多信息更快地涌来，而这一现象背后也有着足够充分的原因。现在，问题在于我们是否能够适应”。我们必须要适应。我们与松鼠不同，它们本能地且条件反射似的知道何时留在原地继续吃剩下的橡子，何时转移到有橡子的新地方。我们必须学着做出明智的决定，在合理的情况下，决心专注于手中正在做的事情，忽略多媒体对我们注意力的吸引。

我们如此倾向以多任务处理的方式使用新科技产品，这压迫了我们的认知控制能力，在生活中导致了许多负面影响。若想达到增强控制力这一终极目标，首先要弄明白这一行为背后的原因。这种行为已经成了我们现代生活最为显著的一方面，人们甚至已经视其为注意力不集中的象征。

在第一章中，我们提出了一种假设，即我们之所以如此频繁地进行颇具干扰的行为（比如在嘈杂的环境中进行媒体多任务处理），是因为从进化角度来看，我们只是在以最理想的方式满足自身搜寻信息的内在欲望。如前所述，人类是天生就要搜寻信息的动物，现代人类搜寻信息资源的方式与人类远古祖先搜寻食物的方式类似。在本章中，我们将评价现代科技产品的各个方面是如何增强了人类这种内在欲望的，并进一步思考一种可能性——即便从完全搜寻信息的角度考虑，人们的行为也不再是最理想的状态了。

在第一章中，我们介绍了边际价值定理。动物会花费时间和精力跋涉到有更多食物的新地方，而不是在现有的栖息地收集日渐稀少的食物资源。在过去数十年中，这一原理用以解释动物这一行为背后的成因、方式以及时间点。简单来说，边际价值定理模型解释了留在原地和转移到新环境间的成本效益对比关系，动物的求生欲就是想要积累资源的本能。动物若想生存下来，其在转移到下一地前在某供给地花费“适当时间”寻找给养的能力起着关键的作用。想读懂边际价值定理模型，要知道图 9.1 中所展示模型的右侧代表资源搜寻中留在原地的收益。

资源摄入曲线定义了随时间而变化的累计资源摄取量，对那些搜集食物的动物来说，这一曲线变化在很大程度上是由可以显示留在原地收益减少这一情况的外界因素所造成的，例如树上剩下的坚果数量。更具体一点来说则是，松鼠最后一次找到坚果是多久之前了？随着不断的消耗，资源在不断减少，留在某地的收益也在减少，这一曲线则随着时间变化而渐渐变平。模型右侧的资源摄入曲线达到稳定水平，这会与模型左侧的因素形成相互作用，左侧的因素可以反映出到达新食物源的成本或时间（即找到下一棵挂满坚果的树需要多长时间？）。这两类因素的交叉点（由摄取曲线上的切线所示）和动物脑中指示留在原地最佳时长的潜意识触发有关。对那些搜集食物的动物来讲，它们的本能驱使着这类行为。

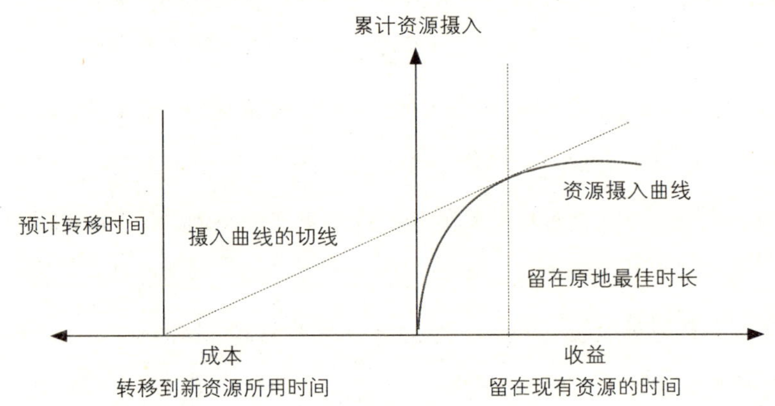

图 9.1

边际价值定理的图示。

现在，我们将边际价值定理模型放到人与科技产品的互动中进行考虑，尤其可以用以解释人们为何总是响应外部的提示或内部的触发而将注意力进行转移。我们的注意力集中时间较短这一现象是否可以映射到松鼠在食源地间转换和本能地收集资源以生存这些行为上呢？显然，我们用科技产品做的事大部分与生存并无关系，然而我们发现人们却像动物搜集食物一般地搜寻信息。在实验室中或在实地进行的一项又一项研究已经证实，成人、青少年，甚至还有儿童们在尚未消耗完原信息源的情况下，就会将注意力转移到新的信息搜寻地。我们也看到这种“恢复状态延迟”，即返回原来任务并回想之前的进度，这是多么的浪费时间。我们一般要循着之前的步骤直到再一次将注意力放到我们应当关注的材料上。我们也曾讲到，当人们想在有限的时间内完成一项任务时，频繁的注意力转移会造成压力。然而，松鼠所面临的威胁与我们不同，它们必须要在保证自身生存和安全的同时，还要留心当前地区的食物源缩减情况和考虑其他地方是否有更多食物。所以，这类模型能否为人们的行为提供任何借鉴呢？

最近，人们将用以解释动物从某食物源地迁移到另一地的边际价值定理模型延伸到解释人类从一个信息源转移到另一信息源的行为上来。我们认为人类信息搜集模型，尤其是边际价值定理模型，也可用以解释为何人们会如此热衷于媒体多任务处理。例如，它可解释人们为何会：（1）停止在网上阅读某文件，转而去处理智能手机的来信提示，（2）打开新的标签页去搜寻其他毫不相关的信息，（3）决定给朋友发短信安排晚上的外出活动，之后，才会返回到文件上面。在那之后，我们就必须要回想之前的进度，在脑海中复原文件中的内容。

若想知道如何用边际价值定理模型解释现代科技产品对人们专注力的影响，我们要解决的主要问题就是：为何许多人频繁而迅速地在高科技媒体活动（信息源地）间转移。接下来，我们还要思考边际价值定理模型能否解释这种行为背后的影响因素，以及我们是否因为现代科技而不能再“以最佳方式”完成信息搜寻这一目标。在第十一章中，我们将用这一模型来指导相关策略的构建，以帮助我们在信息源上花费最适宜的时长，最终达到让人们脱离干扰困境并提升生活质量这一目标。

科技发展驱使人们的行为

人们在搜寻信息的时候肯定会遇到影响资源摄入曲线的外界因素，这种影响类似松鼠面对树上不断减少的果实时的影响。比如，当你坐定后想要回复这一天中收到的邮件时，发现自己有 20 封需要阅读的邮件。花了 30 分钟在收件箱这个信息源后，只剩几封邮件需要处理了。此时，继续查看邮件的收益和你刚刚坐下处理邮件时相比有所下降。随着时间的流逝，留在原信息源的收益在不断下降，反映为一个趋平的资源摄入曲线。其他信息源也有着相似的变化。例如，进行往复的短信交流时，经常会出现所分享的信息价值趋零的情况（老实说，我们知道这是实情，因为最后的几条短信或几封邮件都只包含几个字或几个表情了）。

外界因素就是以这样的方式导致资源摄入曲线随着时间的流逝而更为快速地变平，其对食物源的影响也是如此，而这驱使着信息搜集者们转移到新的信息源。当转移到新信息源的预期过渡时间极短，不过是在无所不能的智能手机屏幕上转到另一个网页或另一个应用程序时，情况更是如此。

但有趣的是，相较于外部因素对资源摄入曲线的影响，涉及人类的状况更为复杂一些。我们认定模型右侧也会受到内部因素的强烈影响，而内部因素调节着曲线的斜率，不受实际上正在消减的信息资源（外界因素）所影响。当人们积极地进行信息搜寻时，至少有两种内部因素会在极大程度上使曲线变平：厌倦感和焦虑感（见图 9.2 的右侧）。我们假设，当我们忙于处理某个信息源时，这两种内部信号随着时间的积累会降低该曲线的峰值，而这两种信号积累过程在生理学方面分别表现为兴奋感下降，压力上升。这反过来也会促使“留在某信息源的最适宜时长”移向左侧（即在某信息源停留时间减少），从而导致人们在信息源间进行更快速的切换。

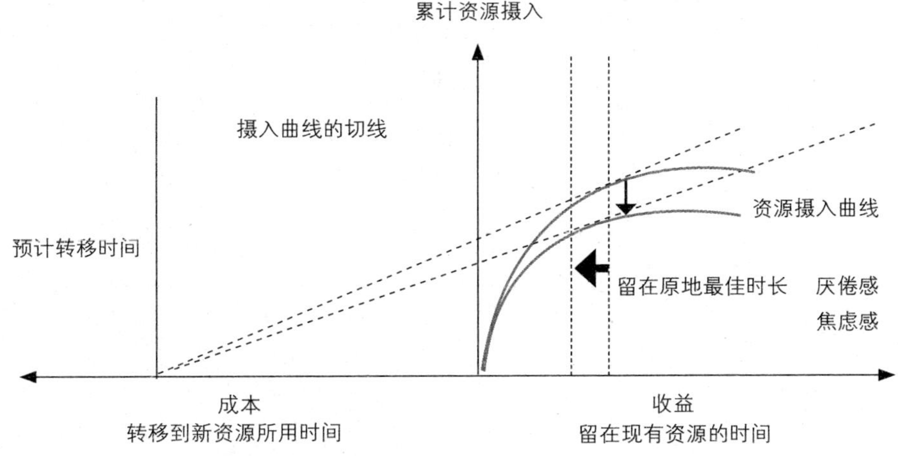

图 9.2

不断增加的无聊感或焦虑感使得资源摄入曲线变得平缓，从而导致在某信息源停留时间减少，进而导致任务切换变快。

有迹象显示，实际上人们在进行信息搜寻时的厌倦感和焦虑感在近代不断上升，这似乎和现代科技有直接关系：相较之前，人们越来越觉得自己正在做的事情无聊，并急于进行更迅速的转移。我们将在本章中介绍这一情况。这就使得资源摄入曲线曲度变小这一模式变得普遍，从而导致人们更频繁地进行媒体多任务处理的行为。在这类条件下，即便原信息源仍有可供吸收的有趣信息，人们还是会切换信息源。换句话说，厌倦感和焦虑感这类内部因素会影响人们所感受到的留在某信息源的收益，即便这只是一种潜意识行为，但仍会抵消留在原信息源以吸收重要信息这一行为的价值。

但事情远不止于此。模型中右侧的移动会与左侧出现的移动进行互相影响，这也是因为受到了现代科技的影响。由于接触新信息源的机会大幅增加，尤其是因为变革因素之一的智能手机能为人们提供无穷颇具吸引力的信息源，这些信息源就在我们的口袋中，只需轻敲一下图标就能为人们所用，因此，左侧的移动会导致找到新信息源的预期过渡时间减少。即便频繁切换信息源会产生负面后果，人们切换信息源的速度还是在不断增加。

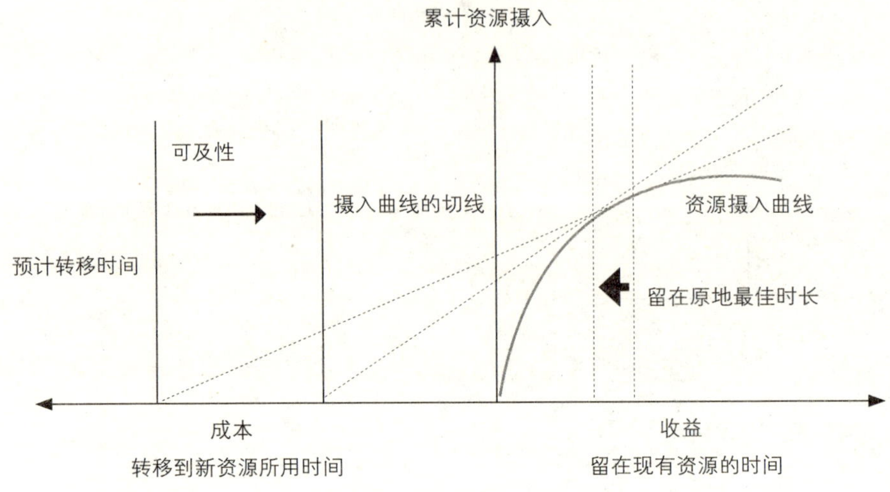

图 9.3

接触信息的机会增加，这使得转移到新信息源的预期时间减少，从而导致任务切换变多。

总之，我们认定现代媒体和高科技所带来的影响（厌倦感和焦虑感的快速增加，接触信息的机会增多）在驱使着人们的行为，这点在本书第二部分中进行了详述。这转而又加剧了人们的崇高理想和有限的认知控制能力之间的矛盾（在本书第一部分有介绍），从而导致了我们所探讨的对生活的种种负面影响。我们将对边际价值定理模型两侧所受影响进行更详尽的研究。

厌倦感：为了逃避无聊而放弃思考

显然，当人们在进行信息搜集时很快就会感到无聊，这对年轻人来说更是如此。斯坦福大学的利奥·耶克里斯（Leo Yeykelis）教授和其同事在 12 名学生的电脑上装上了一种设备，该设备每隔几秒就会进行截屏，用以判断在10小时内学生们一般在自己家中的任务切换次数。耶克里斯教授发现，学生们只在某屏幕上平均花费65秒钟就会转移到下一个屏幕上，但更令人惊讶的是，有一半任务转换发生在19秒之中。这意味着这些斯坦福大学的学生每分钟大约切换五次屏幕。

除了监测学生对屏幕的专注力表现外，耶克里斯教授和他的同事们也为每个学生戴上了特制的腕部传感器，利用皮电反应（GSR）持续测量实验期间学生的兴奋水平，这虽能显示兴奋水平，但却不能指示兴奋源。皮电反应可用来测量焦虑和紧张情绪，也可用以测量兴奋感，所以要秉着谨慎的态度看有关皮电反应的结论。牢记着这一提醒，我们发现传感器数据为这一问题提供了更多细节，表明了学生频繁切换屏幕的原因。

耶克里斯教授和他的同事们发现，在所有的屏幕切换行为中，平均在切换屏幕行为前12秒的时候，兴奋水平会开始上升，但更为重要的是，当人们是从“和工作相关的”屏幕（例如，处理文字、在线信息搜索）切换到“和娱乐相关的”屏幕（例如，看视频、玩游戏，还有玩Facebook）时，早期的兴奋度才最显著。实际上，学生在观看和工作相关的屏幕时，兴奋度会很低，而期待值的增加则十分明显，因为学生正准备丢下无聊的家庭作业，寻找与娱乐相关的操作等更令人兴奋的事情。

在这类情况下，兴奋度会在切换屏幕行为前约30秒的时候开始增加，这显示出学生处在一种研究者们称为“狩猎”的状态，这会让学生找到绝对比家庭作业更有趣（或是没那么无聊）的事情。面对现实吧：工作和课业不会总是那样有趣。但电子游戏、社交媒体、在线视频、电子邮件则有趣得多，也让人觉得有所收获。人们总是被更有趣的信息源所吸引，而从来不能清醒地意识到发生了什么。

作为心理学研究中的一部分，厌倦感并没有引起人们太多的关注，也许是因为很难准确定义无聊是什么。例如，约翰·伊斯特伍德（John Eastwood）和其约克大学的同事们在其研究中表明，厌倦感是“心中想进行可以带来满足感的活动，却无法达成的讨厌感觉”。伊斯特伍德和其同事进一步解释了厌倦感这种令人反感的状态会在以下情况出现：

> 当人们无法专注于内部信息（想法和感觉）或外部信息（周围的刺激因素）时，而这些信息是参与到能给人带来满足感的活动中的必需条件；
>
> 过度在意自身无法集中注意力或无法参与到可产生满足感的活动中时；
>
> 将这种讨厌的感觉归罪于周围的环境。

伊斯特伍德进一步解释说，无聊的人并非无所事事；相反，这些人希望得到激励，却不得。伊斯特伍德将这称为“游离状态”。

其他人也对厌倦感有类似看法，但他们一般是从心理学的另一角度观察的。某研究人员将其定义为“由于周围环境不尽如人意而导致的一种兴奋度和满意度都较低的状态”。而另一位研究人员则表示，厌倦感是“一种焦躁不安且易怒的感觉，个体觉得目前的活动或情况毫无吸引力，因此需要做些更有趣的事情”。最后，第三种定义是从埃里希·弗罗姆（Erich Fromm）的研究得出的，该定义称“厌倦感是由于自身活动和环境缺乏意义而产生的焦虑感”。由于这些涉及了认知和情感的动机以及内外因，很难为厌倦感准确下定义这件事也就不足为奇了。为了达成我们的目的，我们会将厌倦感视为内外动机和内外因的结合，进一步研究科技在厌倦感中所起的作用。

然而，首要的是意识到厌倦感的普遍性及其和科技干扰间可能存在的联系。最近的一项尼尔森调查观察了 3743 名美国成人的电话使用情况，并询问了他们使用智能手机应用程序的动机。前三大原因为：独自一人时（占 70%），无聊时或打发时间时（占 68%），或在等待时（占 61%）。所有这些情况说明人们之所以玩手机是由于有闲暇时间，却得不到兴奋感或无事可做。英国一项类似的研究称，1350 名成人智能手机用户中有 52% 的人称，比起静坐思考，他们更愿意玩电子设备，而 18~30 岁的人中有 62% 的人有同样看法。

最终，一项涵盖了 13 个国家并将第一世界和第三世界国家囊括在内的跨文化研究发现，在所有研究的国家中，13000 名调查对象中有 34% 的人称自己在无聊时会访问社交网站、玩游戏、发短信，或发送即时讯息。尽管这一数字似乎并不算太高，但这项研究复制了仅仅三年前的一项研究，发现那些觉得与其无聊不如玩手机的人占比高了一倍。哪些国家的人在无聊时最爱玩手机呢？北美国家和亚洲国家位居榜首。罗森博士实验室最近的一项研究询问了初中生、高中生和大学生，关于他们为何倾向在做完一件事之前就去做下一件事。最多的回答是因为收到了短信（68%），其次为因为无聊（63%），这两个回答也代表了引起干扰的原因：外界因素和内部因素。

近几年，厌倦感的积累之所以变得越来越快，可能是因为受到了现代媒体中普遍存在的短时奖励刺激周期的影响。对学习和人类行为进行长达数十年的研究后，我们发现强化（奖励刺激）之间相隔时间越短，完成此类行为并获得奖励的动力就越大。比如，拿电子游戏来说：电子游戏极其令人沉迷和全神贯注，很多游戏的奖励会极其频繁地出现，有时可达到每秒奖励一次。在《神庙逃亡》这款十分受欢迎的手机游戏中，玩家会被怪兽追赶着开出一条道路，而在玩游戏的每时每刻（每几秒钟）都能频繁地获得金币。

值得考虑的是，在电子游戏中频繁接触此类快速的奖励刺激也许会改变厌倦感的情况，当我们关注不那么令人兴奋的信息时，例如浏览网站这一需要更长奖励周期的事情，就会感受到这一改变。毫无疑问，能带来这种影响的不仅仅是玩电子游戏；可以想一想发短信时奖励（即信息涌入）的进度。快速的媒体多任务处理有着如此高的新奇感，可以引起频繁的奖励反馈，其本身也会影响厌倦感曲线。换句话说，这也是具有周期性的：无聊会让人频繁切换到新任务上→快速引发奖励刺激→非刺激性信息源中厌倦感上升速度加快→资源摄取曲线快速趋平→更快进行切换→诸如此类。

对厌倦感和任务切换间关系的另一解释则要追溯到伯尔赫斯·弗雷德里克·斯金纳（B. F. Skinner）早期的学习理论研究。斯金纳解释了“间歇强化”这一概念，并说明如果人们只在某些时间内接受强化，尤其是在时间安排多变（不可预测）的情况下，这种行为就很难停止。可以想一想我们的智能手机中可能产生间歇强化的多元信息。电子邮件和社交媒体就是两个鲜明的例子。查看电子邮件时，你可能会忽略或删除其中的大部分邮件，但其中一般至少会存在一封能使你高兴的珍贵邮件。

同理，查看其他社交媒体账号时也是如此。也许大部分信息会被人略过或让人觉得无聊，但总有一两个帖子因为有趣而让人们点开阅读（甚至被“点赞”），这就增强了正面情绪。很显然，人们在智能手机上获取信息和交流的方式越多，人们从某信息源转移到智能手机上信息刺激的行为就越会巩固这一循环。因此，待到下一次人们觉得无聊时，有了在智能手机上得到强化的过往体验，这会促使我们即便在重要信息源面前或安静独处的时间里也会进行自我干扰。

由安德鲁·莱普（Andrew Lepp）和其肯特州立大学的同事最近所做的两项研究发现，那些“频繁使用智能手机”（每天使用 10 小时）的大学生们普遍将无聊作为玩手机的理由，相比那些“较少使用智能手机的用户”（每天使用 3 小时），他们也更易受闲暇时的厌倦感影响。在另一项研究中，滑铁卢大学的心理学家发现，那些易感到无聊的大学生们倾向于高估已度过的时间长度（且估计值也更为多变）。这显示了导致厌倦感的另一可能原因，更易感到无聊的人会觉得一分钟就像一小时那么漫长。东英吉利亚大学的教育工作者特里萨·贝尔顿（Teresa Belton）表示了其对儿童这一最热衷于使用高科技的群体的担忧。她认为“儿童感到无聊时会更倾向于打开一些电子设备，面对着目不暇接的外部世界刺激源，而不是调动内心的能量或是自行设计活动”。实际上，据约翰·伊斯特伍德所说，用智能手机来躲避厌倦感的不只是学生们——人们皆如此：

在如今的电子世界中，完全无所事事也是极少见的。大部分人都接受着几乎不停涌来的刺激因素，例如就在人们手边的推文、短信，以及看似无尽的猫咪视频。但这些娱乐活动似乎并没有减少社会的整体无聊程度。相反，可能还有所增加。也许这会在短时间内转移人们的注意力，但从长远来看，我认为这会让人们变得更易无聊，也更难找到聚精会神的方式。

我们可以看到，无聊不仅让人们在信息源之间来回切换；人们似乎也丧失了单纯无所事事的能力和忍受无聊乏味的能力。因此，人们没有时间进行反思、深入思考，或是仅仅边放松边让任意的思绪带着自己四处驰骋，到达定向思维下所到不了的地方。据牛津大学英国社会问题研究中心（England Social Issues Research Center）的研究人员称：

从四面八方涌来的过量信息意味着人们自我思考、反思，甚至是“开小差”的时间都没有了。由于手机永远处于待机状态，还有过剩的娱乐方式吸引着人们的眼球，难怪有些人在这种焦躁不安的内省状态下永远也不会觉得无聊。

焦虑感：频繁查看信息的迫切心情

焦虑感是另一种可以影响边际价值定理模型右侧的主要内部因素，会让资源摄取曲线更快变平，从而导致人们过早地切换信息源。惊人的是，焦虑症的发病率在过去 30 年中增长了 20 倍。有统计称，有五分之一的人患有某种焦虑症，而有 28.8% 的人会在人生某阶段患上某种焦虑症。更严重的是，处在 18~32 岁的年轻人中有一半都患有某种焦虑症。科技产品使用对此的影响究竟有多少，而这种焦虑感将如何影响人们倾向于干扰自己注意力的行为呢？

罗森博士实验室最近的某项研究发现，年轻的“数字一代”和“网络一代”中约有一半人称，自己至少每隔 15 分钟就要查看一下短信，不然就会感到中度至重度的焦虑感，还有相当多的人称自己会尽可能频繁地查看其他科技产品（包括社交媒体、手机来电、电子邮件），否则就会感觉焦躁不安。这种持续的焦虑感被人们称为害怕错过症（FOMO）——担心错过社交媒体最新动态，即总是认为其他人可能在进行有价值的体验，而自己却并未参与其中。

尽管害怕错过症可能听起来略显老套，但这一现象确实存在，反映了焦虑感的深层感受。例如，某研究发现，青年人在整体上表现得更害怕错过，而这种人会在社交媒体上花费更多时间，也更喜欢在睡醒之后、睡觉之前，还有吃饭时查看社交媒体网站。哈里斯民意调查机构的一项全民调查发现，有 40% 的成人和 54% 的青年人（18~34 岁）宁愿忍受令人不愉快甚至令人疼痛的事情（在车辆管理局排队等待，为了接受根管治疗而堵车 4 小时，甚至，在监狱中过一晚）也不愿意放弃自己的社交媒体账号。致力于保护人们网络隐私的 MyLife 公司首席执行官杰夫·廷斯利（Jeff Tingsley）称“消费者们面对着网上让人目不暇接的信息……人们‘害怕错失什么’的焦虑感已经转移到了数字生活中（对社交媒体形成依赖）。许多人宁愿去跑马拉松或是在监狱中过一晚，也不愿意放弃自己的 Facebook 或推特账号”。

有无数研究都显示了社交媒体会增加人们的焦虑感。在第七章中我们曾提到过罗森博士实验室的一项研究，我们调查了哪些科技产品和媒体源可以预测特定的精神疾病。在这项涉及 1000 多名成人的调查中，我们发现有些表现可以预测出强迫症的临床症状，包括：无法查看手机时的焦虑感，即便在前一项任务还未完成的情况下就不断切换任务，以及对社交媒体的整体使用情况。

有趣的是，在这项研究中，那些使用社交媒体较多的人，不论他们的焦虑程度有多高，这些人的强迫症症状也越明显。其他研究也显示了类似的结果，即社交媒体会导致人们不断查看电子设备。似乎所有人都越来越想保持联通状态，这种“痴迷感”迫使着人们频繁地查看科技产品，而这不利于人们专注于手头正在做的事情。当人们无法随自己心意（或是受到驱使）而频繁查看时就会感到焦躁不安。

然而，驱使我们进行自我干扰的不只是围绕社交媒体所产生的焦虑感。更广泛来看，智能手机是造成人们焦虑的一大原因。在一项涉及 3800 名成人的调查中，思科公司报告称 30 岁以下的成人中有 90% 担心找不到自己的手机。来自德国电信公司的一项研究证实了这一结论，如果在一小时后或更短时间内手机不在身边的话，有接近一半的人会想念自己的手机，而有 55% 的女人表示自己宁可外出时不化妆也不能忍受外出时不带手机。一项在英国展开的研究在 1000 名英国成人身上发现了相似的结果，其中有 66% 的人（及 77% 的青年人）害怕遗失手机或担心手机不在身边，这与短短四年前所进行的一项类似的研究相比，上升了 13%。

我们在第八章中仔细讨论了一项研究，突出了由手机不在身边所引起的焦虑感。研究目的是验证某假说，即拿走某人的手机后会让其感到极其焦躁，甚至比手机就在旁边（但处于关机状态）的情况下还要焦躁。研究结果显示这种假设是错误的。平均来看，两个群体在一小时中的焦虑感都在上升。但事情远非这么简单。鉴于科技产品使用情况各不相同，根据人们每天对不同形式的科技产品（包括智能手机、网络、电子游戏等）的使用情况，人们被简单地等分为三份，分别为轻度使用用户、中度使用用户、重度使用用户。各组科技产品使用者的焦虑水平并无差异，但有一项例外：智能手机用户。轻度智能手机用户指那些在白天随时随地查看手机，并在无法查看手机时也无不适感的用户，这些人在一小时内没有出现任何焦虑感波动。

然而，中度用户的焦虑水平在一开始的上升之后渐渐趋平，呈中度焦虑水平。而重度智能手机用户则显示出了完全不同的情况。首先，即便在实验刚开始十分钟内无法接触手机（无论手机是放在桌下还是被收走）的情况下，这些人已经呈现出焦虑感上升，其在余下的实验时间内大幅增长。重度使用用户都是哪些人呢？大部分是“数字一代”和“网络一代”的人们，但仍有年龄较大的学生称自己也会焦躁不安。显然，眼不见也不能心不烦。正如我们所见，典型的智能手机用户已经很快地成了频繁使用者，将手机放在手边，不分白天黑夜。

罗森博士对手机离手现象的研究评估了学生们无所事事时的焦虑程度，但另一项针对苹果手机用户的研究调查了人们进行某项任务（信息源）时的焦虑感，并且将评估过程延伸为焦虑程度的纸笔测试和精神生理测量方式。密苏里大学新闻学院的拉塞尔·克莱顿作为首席作者，邀请了 40 名苹果手机用户依次进入实验室，并让他们在两种条件下进行找单词游戏：一种将苹果手机放在身边并将其设为静音状态，另一种将苹果手机放在视线可及的约 4 英尺开外处并将其设为响铃模式。整个过程中，无论手机放在身边还是移到别处，实验对象身上都连接着可以测量他们心率和血压的设备。在苹果手机被移走后，实验者会在某个时间暗中让手机响起，但不允许实验对象接听手机。实验对象的心率和血压都上升了，且他们都称自己的焦虑情绪在未接听到电话后也增加了。

美国和其他国家的研究人员在使用了多种评估手段后，也在一系列研究中发现了相似的结果：那些在平日里使用手机较多的用户会表现得更为焦虑。《纽约时报》有一篇有趣的文章探讨了“正在输入提示”的问题，即在很多即时通讯和聊天网站上表示对方正在键入文本信息或“某某正在打字”的提示。该文章调查了人们在等候信息时的焦虑感，并将人们在等待新信息时倾向于高度关注这些提示而忽略了周围一切的行为比作了“像眼巴巴看油漆变干一样无聊”。

所以，为何大部分人在进行信息搜寻时，或无法接触到自己最喜欢的信息源时，焦虑程度会发生变化呢？我们认为，造成这一变化的现代科技主要影响在于，三种变革因素不只让人们更多地接触到信息，还让人们尤为接触到某种类型的信息：通信。随着电子邮件、移动电话、短信、社交网络以及无数电子联络方式的出现，人们随时随地与他人联络的能力得到了显著的改变。我们推测，这样一来就促使人们对互联性有了更多期望，导致人们的焦虑程度升高，随之而来的还有害怕错过症、无手机恐惧症和裤兜震动幻觉症。

随着这么多焦虑情绪的产生，也就难怪很多人觉得自己必须要和科技产品互动，甚至几近强迫症的程度。作为一个种群，似乎人们觉得自己越来越需要和他人互联，而这种“痴迷感”迫使人们经常查看自己的电子设备，而这不利于人们全神贯注于当下正在做的事情。当人们无法随意（或被驱使着）进行查看时，就会觉得焦躁。要注意的是，可能存在其他原因可以造成人们焦虑感上升并驱使人们转移到社交媒体外的信息源上，比如，想要表现得更好或效率更高的动因。

可及性：不断获取新信息的欲望

我们已经讨论过了可以让边际价值定理模型右侧的资源摄取曲线趋平的两种因素，其可以让截距更靠近较先的最适宜时长，从而导致人们更加频繁地转移注意力。但一定要注意的是，模型左侧有一种主要因素可以减少转移到新信息源的预期过渡时间，从而让留在某信息源的最适宜时长更大幅度地向较早的时间点移动。这种因素就是可及性。新信息源越源源不断（即便只是看起来如此），人们就会越早从当前的信息源中抽离出来。动物搜寻食物时也大致如此；比起要跋涉很远才能找到另一棵长满坚果的树，如果眼前就有一棵长满了坚果的树，松鼠就会更早地跳到新食物源那里。

在此，我们发现了媒体和科技产品的又一重大影响。信息从未像现在这样触手可及。电脑上有弹窗、电子邮件提示、数条未读短信和推文、多种平台上待处理的聊天信息、待处理的社交媒体通知、日程表提示、即将进行的软件更新，还有，在一些电脑上甚至还有不停弹跳的提示图标。人们一旦解锁处在待机状态的设备，就会有无数吸引人们注意力的应用程序呈现在面前，提醒着人们下一个信息源是多么触手可及。现在，人们会在多种多样的屏幕前停留，包括小小的手机屏幕、中等尺寸的平板电脑屏幕、较大的电脑屏幕，还有高清的电视大屏幕。

每一种屏幕都能带来有多种窗口和标签页的希望（和危险），意在将人们的注意力从现有任务上转移到可能会带来更有趣信息的目标上去。可跳转到更多内容的链接充斥着各个屏幕。网上冲浪这种概念恰如其分：人们点击鼠标，赶着一浪接一浪的信息源。科技给人以强烈的感官体验，包括了由各种设备引起的各种感官刺激。鉴于人人都拥有多种吸引注意力的设备，并且就放在手边，人们之所以会离开现有的信息源，不是因为已在那里完成了资源摄取，而仅仅是因为强烈的、自下而上的影响通过人体感官系统的刺激提醒了人们：还有其他更有趣的事情。

大部分人都在口袋里或包里随时装着一个“任意门”，正如我们之前提到的那样，包括在睡觉时也要放在身边。智能手机能在任何地方飞速运转。无线网络正以越来越快的速度遍布几乎每一个可以想到的角落。人们用就在手边的智能手机和平板电脑看电视。在一年 365 天的每时每刻中，人们手边常常都有至少一台电子设备，它们跟人们一起就寝，随人们一起度假，而这些地方在不久之前还没有这些让人分心的设备。只要人们轻轻一敲或一点，所有设备上的链接就会神奇地将人们带往可能会更加“有趣的”新地方。

值得注意的是，可及性不只是人们利用科技产品进行信息搜寻的轻松方式，其也是科技产品影响人们的一种强有力的方式。这确实改变了一切。这就像是附近的一棵树变得可以行走，还可以在想要邀请松鼠觅食时随时用坚果砸松鼠一般。这些干扰极大地改变了过渡到新信息源的预期时长，因为其会不停提醒人们这些是多么的触手可及。科利·多克托罗（Cory Doctorow）在为《轨迹》杂志撰写一篇文章时曾敏锐地观察到了这一现象，他觉得自己最近越来越难以进行写作，而这篇文章则描述了这背后的原因，“阻碍全神贯注的最大元凶就是电脑上所有的干扰性科技产品：即时通信、电子邮件提示、RSS 提示、Skype 网络电话的铃声等。所有让人等待回复的事情，即便是让人在潜意识中等待回复，都会占据着人们的注意力。所有在屏幕上显示新内容的跳出提示都会占据人们的注意力”。人们置身于不断的诱惑当中，多克托罗则将其称为“无穷尽的点击沉迷状态”，这会让几分钟的写作变成长达数小时的分心状态。

总之，科技产品对模型右侧（厌倦感和焦虑感）的影响会与科技产品对模型左侧（可及性）的影响相互作用，导致两者间的截线产生变化，呈现为“留在某信息源的最适宜时长”出现较早。毫无疑问，模型两侧所受的影响与转移出现较早有关，但这真的是最适宜的时长吗？整体来看，现在可以肯定大部分情况下答案是否定的。这种转换行为会造成很多负面影响，尤其当这种行为较频繁时更是如此。但这一模型并非是用来解释这些内部因素的；这一模型用以具体分析动物受外界影响支配的最优资源搜寻行为，它们会本能地完善自我的生存状态。即便我们从最优信息搜寻的角度来对其进行审视，人们的行为仍未达到最优状态——这些受科技产品影响的因素会共同作用以造成某些行为，而这些行为甚至都不利于信息搜寻。有太多重要信息被“剩在桌上”。

元认知：对思维的认知和理解

现代科技会对人们的专注力产生影响，直接造成焦虑感、厌倦感和可及性的改变，但除此之外，人们缺乏对自身头脑及其弱点的反省，也没思考过这将如何影响人们的表现，这在其中也起了很大作用。缺乏元认知（对自身思考过程的认识和理解）会从两方面对边际价值定理模型造成影响。在模型右侧：意识不到留在原信息源的收益，以及无视自己内心的焦虑感和厌倦感。在模型左侧：无法准确评估移动到新信息源的后果，即意识不到多任务处理和切换任务会影响人们的表现。

很多人认为，比起将注意力放在某项任务上并抵挡住分心和各种干扰的诱惑，如果只花“短短一小会儿”来处理新信息或查找某个趣闻，自己就会变得更高效。正如前几章所述，这种想法并不正确，还会在效率方面及人们身心健康方面产生无数问题。事实上，大部分人们会无视频繁的任务切换所产生的损害。人们告诉自己可以这样操作，是因为人们错误地认为大脑本就是用来进行多任务处理的；或者，人们因为自己常常这样做，所以觉得自己已经熟能生巧了。

有证据显示，那些认为自己擅长进行多任务处理的人实际上越容易在有关多任务处理的实验室测试中表现得最糟糕，这使得研究者们做出了“实验参与者自以为的多任务处理水平很难在现实中得以体现”。此外，那些真正进行媒体多任务处理最频繁的人，以及那些自称边驾驶边用手机次数最多的人，他们实际上是最不会多任务处理的人，记录显示他们在任务切换、多任务处理、抗干扰方面的认知控制能力测评表现较差。

除此之外，研究显示，当让人们估测同时进行两项复杂任务所带来的损害时，大部分人都知道如此会花费更多时间，但人们预估的多任务处理损害和实际损害间并未呈现任何相关性，可见人们并不清楚一心二用这种行为到底对人们的表现有多不利。例如，针对驾驶行为的研究调查显示，当让人们在模拟驾驶器中驾驶时自主决定何时进行第二项任务时，人们并不会考虑当前驾驶情况的难易程度，而是将收到的短信、电子邮件或来电放在首位，不顾这种行为是否可取。

人们有许多任务切换行为都潜移默化地受到了最优资源搜寻模型中各因素的驱使，所以这些行为并非由人们所决定。不过，人们有时确实会自己做出决定。也许你已经对潜在收获进行了精心的计算，比如边开车边发短信所带来的收益，也认为预期结果胜过潜在风险。也许你也听人们说过边开车边发短信不好，但即便你知道被警察发现后自己要交一大笔罚金，更甚者还会引起事故发生，造成自己和他人的伤亡，你还是会这么做。用心理学或教育学术语来说，人们所呈现的是元认知不足的表现，即意识不到自身心智的作用方式，或认识不到这种行为的不妥之处，不知道人们天生能力有限，不能同时进行两项或多项耗神的任务。我们观察到，这种缺乏自省的行为会以多种方式表现出来。据微软公司和伊利诺伊大学的研究者称：

尽管用户觉得自己在得到提示后进行任务切换完全在自己掌握之中，但他们大都意识不到自己处理这项弹出提示的应用时，因为处理提示而进行其他任务时，以及在返回之前搁置的任务前浏览其他次要应用时，最终都花费了大量时间。即便用户是想立即处理提示，并尽快返回当前任务上来，但与单纯进行回复的时间相比，他们一般还是会花费更多时间来回到之前的任务上。

华盛顿大学最近的一项研究也证实了人们缺乏元认知。研究者让学生们在电脑上完成两项难度较大的任务，且要分别进行。任务包括用鼠标追踪在屏幕上进行无序移动的目标，以及 n-back 任务，需要人们观看屏幕上的字母串并观测是否有某字母在下次再次出现（0 回），是否在重复时有其他某字母插入（1 回），是否在重复时有两个字母插入，等等。实验参与者确实预测到边做 n-back 任务边追踪屏幕上的目标要比分别做这两项任务要难得多，证明他们从元认知角度能够意识到这种过量的认知负荷会对自身表现产生负面影响。

然而，他们对难度的估计以及在同时进行两项任务时的真实表现并不相符。确实，他们明白一心多用会更困难，但他们并不清楚这究竟有多难。为了体现这些研究结果和类似的有关驾驶行为研究间的一致性，研究者们表明“驾驶员可能会用相对的判断力来指引多任务处理行为（比如，我比一般的司机处理干扰的能力更强，所以我要接一下这通电话。）”研究者进一步表明，也许驾驶员确实对边发短信边开车的难度有元认知，但他们会出现替分心辩解这一特定情况。

在第二部分，我们讨论了人们是如何受制于内外干扰的，也讨论了这种干扰的连环出击是如何将人们从全神贯注的状态变成反复无常的注意力转移的，即从我们应做的事上转移到其他可能会更好或至少更有趣的事情上。无论信息源是工作项目、家庭作业，还是像收看电视节目这种毫不费力的事，人们专注于某项信息源的能力已被大大减弱，而我们认为罪魁祸首之一就是现代信息科技。

人们已在大量消费着高科技产品，在醒着的大部分时间中都在使用一种或多种设备，而人们却很少将自身注意力专注于某一项活动，也很少能忽略其他活动的诱惑。我们认为人们可以在这场灾难中进行自救。实际上，我们认为科技（就是这种夺去了人们注意力的科技）也提供了多种方法，让人们重夺自身专注力，重新训练大脑不受诱惑，不偏离自身目标。在第三部分中，我们将探寻一些你可能用得上的解决方案和策略，帮助你保持专注，从而提升你的注意力。

控制思维，提升专注力

我们可以采用两种办法来减小干扰对我们的生活所带来的负面影响：改变我们的大脑和改变我们的行为。在本书的最后一部分，我们会介绍对于这两种方法的最新观点并且对怎样控制分心提出实用性的建议。需要注意的是，这些方法并不是相互排斥的；这两种方法是互补的，如果你同时采用两种方法，可能会带来最有益的结果。

说到改变我们的大脑，全球的实验室和企业都在致力于大规模地研究我们应该怎样通过提高大脑功能来提高认知控制，从而进一步降低目标干涉的负面影响。在第十章，我们将回顾提高认知控制的方法：传统教育、冥想、认知训练、视频游戏、接触自然、药物、锻炼、神经反馈和大脑刺激。有趣的是，这些方法中许多都用了现代科技去调节神经可塑性 (neuroplasticity) 从而改变大脑。我们身处一个神奇而伟大的时代，因为曾经使分心恶化的科技，现在摇身一变成了令我们更加专注的良药。虽然这一领域的研究仍处于萌芽阶段，但我们会带领你走上一个“旅程”，去体验许多可以改变我们大脑的干预行为，因此，当我们不得不参与到高度干扰的环境中时，我们可以用尽可能最优的状态来减小分心和干扰事物所带来的消极影响。

也许改变我们的行为很难，但纵观历史，许多时候当我们意识到某种行为的有害影响之后，我们会决定调整和环境互动的方式。例如，在吸烟有害健康的证据还没有铺天盖地出现之前，医生们甚至会在广告中推荐某些特定品牌的香烟。随着我们对这种行为，以及某些别的行为（比如说暴露在日光下）的危害越来越了解，我们会做出更明智的决定。在第十一章，我们将提供更实际的建议和策略，主要针对我们与高科技和低科技事物接触中怎样调整自己的行为，从而减少目标干扰所带来的影响。这个建议基于边际价值定理模型，它一个框架，帮助我们理解怎样可以积极地改变科技对我们生活的影响。增强控制的方式主要着眼于减少以下四个基于边际价值定理模型的问题所带来的负面影响，分别是：贫乏的元认知，不断提高的可及性、厌倦感和焦虑感。

第十章　如何提高认知控制

自发地一遍一遍把自己游走的思绪拉回来，是判断力、品格和意志力最根本的体现。如果一个人没有这个能力，那他就不能算是一个功能健全的人。着力于提高这种能力的教育是最卓越的教育。

——威廉·詹姆斯

正如第一部分所述，我们高度进化的目标设定能力与我们认知控制方面根本的局限性迎面碰撞，产生了目标干扰，以注意力下降的方式呈现出来。如果我们想要提高生活品质，一个选择就是减少认知局限性从而减少目标干扰，最终加强我们的认知控制。这是可行的吗？我们真的可以通过提高大脑机制来提高认知控制吗？许多科学家认为我们可以。事实是我们的大脑总是在变化。

我们大脑的一个最根本的特点就是其可以改变的能力，这个现象可以叫作神经可塑性。大脑在每个层面都会调整自己，从结构到化学组成再到生理机能，来回应与环境的相互作用，这个道理我们已经很熟悉了。这是所有学习行为的基础，现在我们认为大脑的神经可塑性在经历关键发展阶段后不会停止，正如我们之前认为的那样，而是会持续我们的整个人生。我们所面临的挑战是想出怎样最大限度地控制我们大脑的可塑性，来完成这个计划，并且认真研究来证明变化正在发生，并且带来了理想的结果。

我们现在认为由神经可塑性带来的大脑变化会持久并且在许多年以后带来收益，这都是通过另外一种叫作认知储备的大脑现象进行的。构建一个更强的大脑甚至可以延缓退化性神经疾病所带来的负面影响，例如阿尔茨海默病。然而，正是因为我们的大脑呈现出神经可塑性和认知储备，这并不意味着诱导有意义和可持续的改变是微不足道的事。我们的大脑也有保持动态平衡（homeostasis）的机制，这是一种对于我们的生存至关重要的稳定状态；你能想象如果我们的大脑遇到任何偶然影响都发生重大改变，结果会有多么糟糕吗？

让我们从整体上考虑那些有可能提高我们核心认知控制能力的方法。首先，不同的方法在操作手法上会有不同，但相似之处是，这些方法可以让我们接触特别制定的环境、互动和体验，从而激励大脑的可塑性。这些方法既有现代的也有传统的：教育、冥想、接触自然、认知练习、视频游戏训练和身体训练。第二，目前最广泛应用于有认知缺陷个体的方式就是药物治疗。第三，神经干预行为，例如神经反馈和大脑刺激也是十分活跃的研究领域，虽然它们看起来更像是科幻小说里才存在的东西。

能够增强认知控制的方法的证据可以分为以下三个等级。最高的等级是从随机的、安慰剂对照控制的双盲实验（也叫随机控制测试或者是 RCTs）中得出的积极结论。这种类型的研究设计对于减少误差很重要，这些误差会导致错误或狭隘的结论。以上就是规范性证据的标准。理想状态下，RCTs 应包括大量的参与者，能够超出实验室的范围来评估现实世界的影响，评估正面与负面影响的程度，并且会被若干独立的研究反复验证。

这个阶梯的下一个层级是被称为信号的积极证据。当实验室通过缜密研究发现了某些指标数据上的显著变化，并证实了其可行性、机制和原理，这就是信号。但是仍有必要进行大规模的 RCTs 来把这一证据提高到规范性的水平。能够提供给我们信号的研究会激发我们的兴趣，同时给予我们资源推动这一证据上升到更高的水平。最低等级的证据来源于积极的实验研究，但它们只是产生理性假设（reasonable hypothesis）的基础。当我们积累了一些证据，比如轶事报道和一些其他的科学研究，再加上基于对科学文献的缜密逻辑分析，从而做出假设：这一方法值得更深入的研究。

我们将会分享我们对现有的证据等级的观点：规范性证据（prescriptive）、信号（signal）和理性假设（reasonable hypothesis）。你可以据此选择自己感兴趣的适合的方法来提高认知能力。当然，在做确定之前我们需要考虑的因素有很多。例如，我们目前的专注水平会决定我们最开始需要什么程度的介入。每一种方法都需要考虑大量的其他因素，例如：成本、时间、收益程度、消极副作用和包括整体健康提升，压力释放和社会回报在内的积极副作用。比如，每个人都应根据自己的情况做出决定。对于一些人，如果一个方法是一个合理假设，同时也很有趣并且具有有限的副作用，那么这个方法就是个有用的方法；另一些人可能在参与任何介入之前就寻求规范性证据，反而因为方法不合适而浪费了时间。

让我们回顾一下每种方法的证据，关注每种方法提高认知控制的有效性。这些方法可以减小我们的局限性，让我们更加专注。

教育：在任何年龄提升我们的认知能力

所有教育体系的最根本目标就是，“把技术、事实、成年人认为的下一代物质和社会成功必要的道德和社会行为标准传给下一代”。贯彻最广的方法就是我们目前的说教式课堂教授体系，由一个老师给一群学生讲课。尽管这个长久建立的、全球采取的、传统的教育体系在细节上由于地理和社会时间的影响而不同，但共同的特点就是强调机械式死记。传统的教育体系通常包括形式化的结构性课程以及一系列的对已获得的用作形式化测试的知识的评估。

我们所面临的一个问题就是学业成就往往最后就只是学业上的成就而不能作用于更伟大的事情。一个家长也许会询问他的孩子在数学课上的表现。但是通常情况下真正被问到的是孩子在这门课中取得的成绩。家长们想的全是成绩怎样帮助他们的孩子进入大学，而不是孩子们是否能够完全熟练驾驭复杂的数字信息，即使这些数字信息将会对他们的一生产生有益影响。同样，父母也不会强调孩子们认知控制能力的发展。

看起来，很大程度上强调信息内容传递（information content）的传统模式和发展大脑核心知识加工能力的目标之间有种矛盾。我们认为一个教育体系的目标不应该只是指向给年轻的头脑传递内容。当然，这很重要；需要学习的知识很多。但是，发展中的头脑建立强大的能够使个体自由参与动态的有挑战性的环境的认知控制能力，这也很重要。即使新式的“替代的”教育体系，其目标是通过传递的、项目为基础的活动和学生领导的发现来培养现实世界成果，也鼓励和特别技能而不是和认知控制能力相关的学习策略。

尽管学习实际的知识和获得实用的技能都很重要，基本认知控制能力的培养也很重要。我们有充分证据能够证明，高级的认知控制力和成功的学术表现有关，但是反之，成功的学术能力对认知控制力的作用我们知之甚少；换句话说，传统教育真的有助于建立大脑的——即认知控制力的基础的——基本的信息加工能力吗？这里，我们要解决一个问题，是否传统教育真正是认知提高的一个有效形式，认知提高能减小我们的控制力局限。

说得更简单一些，我们目前的教育体系会给年轻人的认知带来帮助吗？

很明显，我们的世界在很多方面都从全球普及的传统教育中获益。教育具有提高基础读写能力和计算能力价值，这不可否定，但除了这个，有证据表明，教育也是积极的健康结果的重要指示。采纳传统教育也和北美、西欧、日本在 20 世纪不断增长的平均智商有密切关系，这种现象被称为弗林效应。有研究比较了农业社区中上过学和没上过学的成年人，结果表明上学有诸多好处，除了积累事实性知识，还可以发展特定技能，甚至可以获得更强的逻辑能力、认知抽象能力和问题解决能力。但是，不幸的是，据我们所知，没有充分证据能够证明传统教育（或者是“替代性”教育）能够真正提高我们的认知控制能力。

能够证明传统教育直接提高认知控制力的证据看起来还处在理性假设的阶段。当然，和完全没有教育比起来，任何结构性的教育体系（即使是仅仅指向记忆的教育体系）都会导致更高的认知控制力，这是符合情理的，但这是很低的目标。在这一方面，我们可以采取一些行动来提高我们的教育方法。首先，我们可以开始严密地评估儿童的认知控制力能力，不是以疑似学习障碍为背景，而是所有儿童。这会导致更好地理解每个儿童在注意力、工作记忆和目标管理方面的长处和弱点，也会更好地理解这些能力怎样映射在他们的标准化学术成就指标。

下一步是研究提高控制能力的创新型教育方式。可以很自信地说，目前的教育能够最大化地让孩子更加专注。举个例子，一个名为头脑工具的项目正努力评估新的旨在提高儿童认知控制能力的教育课程。心理学家艾琳娜·波德洛娃（Elena Bodrova）和黛博拉·丽昂（Deborah Leong）基于一些理论和一系列提高认知控制的活动发展了头脑工具。其中包括运用融入传统课堂教学活动的外界辅助、交流和玩耍来支持和训练一些特定的控制能力。更多的细节可以在网上查找到。在 21 世纪早期，有一项研究在美国东北部低收入学校区展开，该研究跟踪调查了超过一百名学龄前儿童，调查期为一到两年，比较了头脑工具（Tools）和运用传统教育方式的课程大纲。这次研究表明，在三个领域的认知控制力测试中，和接触传统课程大纲的孩子们的表现比，头脑工具（Tools）会取得更好的效果。

值得注意的是，在头脑工具课堂中的儿童，他们在测试中表现出的分心呈现弱化状态，这可能表明他们的专注力已经提高。这次的调查结果可以作为一个信号（signal），提示新型教育方式可以以一种愉快、互动的方式，在普通公立学校课堂里直接作用于认知控制力的提高。我们鼓励在这个方向上进行持续的创新。

我们需要反思，应该把教育看成一个终生的过程；我们在任何年龄都有潜力提高我们的认知控制。贯彻整个人生的、旨在提高和保持认知控制力的教育项目应该成为规定而不是例外。

冥想：提高思维能力

冥想是另外一种可以提高我们思维能力的方法，它通过有条理的互动和体验项目发挥作用。冥想不是一个单独的实体，而是一个涵盖性术语，包括了许多不同的方法。许多现代冥想法都是起源于有上千年历史的佛教传统。不同的冥想方法有不同的目标，比如：放松和压力管理、提高注意力、增强幸福感和同情心，以及增进智慧等。现在有越来越多的证据表明冥想法和一系列的健康收益有关。

但是冥想在提高认知控制的潜力方面如何呢？因为许多冥想法的核心是注意力的训练，所以我们认为它会有积极的作用也是合乎逻辑的。例如，一个常见的冥想方式就是将正念[①]集中于当前的时间。令人惊讶的是，我们并不像我们希望的那样拥有足够的冥想收益的证据，尽管这一状况也在迅速发生着变化。

研究冥想对于初学者认知控制的潜在收益始于21世纪中期。这相对于早

---

① 瑜伽用语，英文是mindfulness，类似一种集中注意力的联系。

期的分析冥想专家的大脑和心智的研究来说是个进步。早期的研究虽然很吸引人，却面临重大的解释力方面的挑战，因为还存在许多特殊的因素影响这些冥想练习者。相关的研究重点主要集中在两种类型的冥想的收益：一种是可以延续几个月的静修式冥想（meditation retreats），在这种冥想中每天要练习正念技巧长达 10 个小时；另一种是以小组为基础的冥想，例如具有医学疗效的"基于正念的减压"（MBSR）课程。

通常这种冥想包括每周一次并为期数月的班级课程，并且参与者会有每天的 30 分钟到一个小时的家庭冥想任务。研究中大部分的参与者都主要训练两种形式的冥想技巧，这两种冥想技巧有时候是结合在一起的：注意力集中式冥想（focused-attention meditation）和开放式冥想（open-monitoring meditation）。注意力集中式冥想也被称为"专注式冥想"，是指把注意力以持续的方式集中在一个点上，最典型的就是集中在自己的呼吸上。觉察力被用来检测什么时候集中在焦点上的注意力开始游离，并重新把它导回呼吸这个单独的注意焦点上。

开放式冥想则完全相反，在这个程序中不存在需要集中注意的单独物体，操作者自由地感受自己的感情、想法和感觉，但并不对这些做出回应。尽管看起来不同，但这两种冥想方式的核心都是注意力的练习。在一个早期的对没有冥想经历的个体的研究中，阿米什·加（Dr. Amishi.Jha）和他的同事招募了 17 名年轻的成年人参加一项由宾夕法尼亚大学医学院提供的为期五周的 MBSR 课程。

参加者参与了每周一次每次 3 小时的课程，课程包括冥想练习和小组讨论。他们也参与了每天 30 分钟的冥想活动，包括集中注意力技巧，最后一周还向他们介绍了开放式冥想。结果表明，和那些对照组中不在这段时期进行训练的受试者比起来，参与者在选择性注意中表现出更多进步。这个研究和之前调查结果是一致的。之前的调查结果是专业的冥想者在选择性注意任务方面比没有受过冥想训练的人优秀许多。冥想技术提高认知控制力，包括持久注意力、加工速度和工作记忆能力，这些年来能证明这一理论的证据也越来越多。除此之外，最近的一个研究，通过展示研究生入学考试（GRE）阅读测试部分由冥想诱发的进步，向记录现实世界的影响迈进了一步。

越来越多的证据使我们确信，冥想能够帮助提高认知控制力，这已经成为一个很强的信号。当然，除了在认知控制力这一领域提高，有更多别的原因支持我们继续努力进行注意力方面的练习。但是，许多研究都有方法论方面的局限，会导致这个方式缺少规范性（prescriptive）等级的证据。肯定有足够的正面结果来支撑更为严密的冥想研究和随机控制测试（RCTs），以便于更好地理解冥想带来的认知控制力收益以及我们怎样运用这些古老的做法使我们更为专注。

脑力游戏：认知训练

认知练习，有时候也被称为认知训练或大脑训练，对于许多想提高大脑表现力的人来说，已经成为一个流行的活动。与体能训练的理念相似，这些认知练习通常也包含与认知任务之间的重复的、适应性的互动。通常，用于这些练习的任务都是从心理学家用于评估和改善认知能力的认知任务中衍生出来的。最基本的理念就是：长时间地训练一项特定的认知能力，能够使能力在应对任务需求时变得更强，这就像在健身房锻炼会通过让身体抵抗阻力来增强肌肉。

认知练习试图通过利用我们大脑内在的可塑性来提高大脑功能，而不是通过明确地教授一种策略或技术。大部分的训练程序都不是想要通过重复的任务来完成一个目标，而是通过适应性（adaptivity）来完成。适应性指的是，一个参与者的表现随着时间逐步提高，任务难度也逐渐提升。这在概念上就类似于，一个体能训练者会随着被训练者体能的增强，给其增加训练负荷。认知训练经常运用计算机软件运算程序实现适应性；这些运算程序根据记录好的性能标准实时改写任务挑战。这就是计算机化训练方式和静止的、非计算机为基础的训练方式相比的一个重要的优势。另外一个优势就是计算机化训练能够让参与者在训练过程中更仔细地实时监控他们的表现。当反馈包括了玩乐的、激起娱乐的游戏元素，这些练习有时候就会被称为“脑力游戏”。

提高认知控制力也许是商业和学术认知练习的最普遍的目标。这并没有什么奇怪的，因为成功的认知控制力的践行对于高阶的认知来说是必要的，这一点越来越被人们所认可。许多这方面的努力都放在了在这一领域有重大缺陷、生活品质被影响的老年人身上。但是越来越多的研究也着力于发展和确保儿童和年轻人以及各类病人的认知练习。

注意力训练已经成为科学研究一个特别活跃的领域，这种训练的目标是判定认知练习可以在真正生活表现中给注意力带来正面的收益。1998 年 3 月，上千名年龄跨度超过 65 岁的成年人响应了最大型的随机认知训练研究，也叫积极性试验（ACTIVE trial）的招募。这次研究除了一个记忆力逻辑推理训练小组，还包括一个试验组；试验组主要进行适应性的、计算机化的注意力训练练习，该练习分为10个阶段，为期6周。该研究表明，使用了有效视野（UFOV）测试的参与者，注意力呈现提升；这个研究结果在十年后的后续研究中依然正确。

有趣的是，之后的一项研究也表明：稍低于 50% 的事故型机动车相撞与控制组有关。长期对受试者的跟踪调查表明，和控制组相比，十年前参与了这些注意力练习的老年人自我报告的生活活动困难会更少。除了这些令人乐观的结果，积极性试验也表现出这次认知练习的一些重大不足，其中最值得注意的是：能够证明注意力训练可以迁移到别的认知领域并有助于提高现实世界中的表现的证据非常有限。

格萨里实验室在佑提·米什拉博士（Dr. Jyoti Mishra）的带领下开展了一个项目，该项目开发并评估了一个名为哔哔搜寻者（Beepseeker）的注意力练习，他们把这个练习设定为直接忽略不相干信息的行为。在哔哔搜寻者中，受试者听到三种音调，他们必须正确判断“目标”音调是否被混在“干扰”音调中。因为受试者的辨别能力会随着时间推移而提高，分散注意力音调在频率上会越来越接近目标音调，因此该挑战是适应性的。我们不仅研究了哔哔调查者对老年人认知控制能力的影响，还研究了其对老年老鼠的认知控制的影响；在忽略分心事物方面，老鼠和人面临着相似的挑战。

我们发现，哔哔搜寻者训练对老年人和老年老鼠的一致影响就是，提高了其抵抗分心事物负面影响的能力。对两种物种的神经记录表明，他们的大脑在压制分心事物方面的能力都得到提高。重要的是，我们也发现，参与这种注意力练习也会带来工作记忆的提高。这些结果证实了我们的推测，适应性是一个强有力的工具，这个工具会把一个认知练习定位在一个特定的需要被提高的加工过程；这些结果同时也表明这个练习也许会对其他的认知控制能力有收益。

研究表明，在注意力领域之外也有很多别的认知练习可以对认知控制力产生正面的影响，而且这些练习不仅是对老年人有收益。设计来挑战工作记忆和目标管理（既有任务转换型又有对任务型）的认知练习给了我们证据证明，某种程度上所有年龄阶段的个体认知控制力普遍提高。例如，有项研究用一系列认知练习训练一些残障的一年级学生，每个认知练习都定位在不同能力的训练，最后结果是训练获得了成功。除了在认知控制力方面得到提高，这些孩子们在学校的语言和数学成绩也提高了，这使得这些孩子的学业成就和那些更频繁去学校上课的孩子趋同。

我们应该注意，其他研究表明认知练习的积极影响没有迁移到未训练任务。很明显，如果我们想要继续提高这个方法，让其成为提高专注力的辅助手段，我们就需要更好地了解导致这些不同结果的原因。有可能这些练习自身品质的差异，也有可能是时间和参与训练项目的深度不同引发了不同的结果。我们需要改善这些研究中使用的实验方法。

过去十年数十项研究中积累的数据表明，有一个信号，可以挑战特定认知控制能力的认知练习，这些练习可以减少这些研究的局限。但是，尽管有许多成功的研究，在科学文献界还是有不同的研究结果，这让人们一直处于争论中，哪种特定练习可以带来收益，在什么程度上这些练习对能力带来的收益迁移能够超过那些直接受训的人。“脑力游戏”公司并没有生成充足的数据证明他们特定的认知练习是有效的，但这些公司却言过其实地鼓吹销售，这让科学家们非常忧虑，因此，这次对话越来越恶化了。我们对认知练习有所担忧，还需要大规模的、更出色的实验设计的随机控制测试（RCTs），这两个因素使认知练习只存在于我们头脑中，而没有成为更高等级的规范性（prescriptive）方法。我们应该乐观且谨慎，持续的严密实验阐明了能导致有效结果的行为机制、收益传递、效果持续和人格化因素。终有一天我们会拥有强大的新式的认知练习来辅助提高专注能力。

电子游戏：并非所有游戏都有助专注

电子游戏和认知练习密切相关，电子游戏是互动型媒体，经常被设置成烧脑的、适应性的，还包括许多反馈，但认知练习和电子游戏在许多重要的设计元素上不同。娱乐和玩耍是电子游戏创设的重要因素。设计游戏的一个重要目标就是让玩家产生高水平的浸入感、参与感和愉悦感，游戏中经常用到复杂的奖励机制和高水平的艺术、音乐和故事。不像认知练习，经常关注某个特定认知技巧，游戏让玩家接触到各种要求，可以挑战玩家一系列的能力。一个新的研究游戏对认知尤其是认知控制力的影响的领域正在产生，这就和认知练习催生了很多新兴领域一个道理。

出于机缘巧合，人们了解到电子游戏对专注有正面影响。1999 年在罗切斯特大学，一个名叫肖恩·格林的研究生当时在达芙妮·巴维利埃博士的实验室里，准备开启一项全新的研究。格林当时正致力于调整一个认知控制力任务，也叫有效视野（Useful Field of View），他突然遇到一个复杂的问题。格林发现，他自己和一些帮他做试点测试的朋友在这项任务中表现得非常棒。巴维利埃自己的测试结果是在预期表现之内，因此她提出了一个有趣的问题，是什么因素使得格林召集的那班人马在测试中表现如此优秀。

一些调查表明那些测试中表现出高水平的受试者都是行动类电子游戏玩家，尤其是叫作第一视角射击手游戏的玩家。这个线索，即玩电子游戏与认知控制力之间有关系，导致了后来突破性的研究，这个研究出版在 2003 年《自然》杂志上，题为《行动类电子游戏调整视觉选择性注意力》。

这个研究显示，当经常玩行动类电子游戏的玩家在实验室中受测试时，和非玩家相比，他们的注意力能力更高，注意力可分散能力更强，注意力加工速度更快。格林和巴维利埃也表示，有些非行动类电子游戏玩家，被招募来玩名为《荣誉勋章》的第一视角射击手游戏，每天玩一次，连续玩十天，和另外一组玩俄罗斯方块的人相比，这组人的认知控制能力会提高。他们的结论是，行动类电子游戏可以“迫使玩家同时完成许多不同类型的任务（发现新敌人，跟踪已有敌人，避免受伤等）”，这反过来减小了认知控制力多个方面的局限性。

这个研究出版十年来，几十项研究都表明玩行动类电子游戏可以提升认知控制力。除了 2003 年论文中提到的行动类电子游戏提升多种方面的注意力，也有证据表明，这类游戏也会提高人对物体的选择性注意力、时间与空间能力、持续型注意力、自下而上的注意力、工作记忆力、任务转换能力和完成多项任务能力。

实验结果表明，在停止玩游戏后，这类认知控制能力的进步还可以持续数月。有些神经记录尝试去理解这些影响之下的机制，这些记录表明，游戏玩家展现出高级的发现目标的能力，至少部分原因是他们更能抵制分心。一个 fMRI 研究进一步表明，在调研任务中，如果提高了注意力要求，游戏玩家和不玩游戏的人相比，不会同等程度地激活前额叶皮质区。这表明游戏玩家更有效地分配他们的认知控制力资源。

在 2008 年，格萨里博士从这些振奋人心的发现（即行动类电子游戏与认知控制力的提高有因果关系）中受到启发。多年来，格萨里实验室致力于揭露老年人认知控制力缺陷，在某种程度上我们也越来越想要帮助这类人群，而不是仅仅汇报他们的问题。但是我们不能直接从行动性电子游戏上寻找答案，因为这些电子游戏类的研究都是针对年轻人的。格萨里博士决定做一个类似于 2003 年那样的研究，但他的研究将直接定位健康的老年人，并且不会用现成的行动类游戏，而是从零开始自己设计打造一款以提高认知控制力为目标订制的电子游戏。

具体计划就是，先创造一款新奇的电子游戏，再认真测试，看其是否能够帮助那些玩这个游戏的老年人提高认知控制力。具体来讲，我们想要用这款游戏向老年受试者提出挑战，让他们沉浸在容易使人分神的环境中并执行两项艰难的任务。这样做会满足我们的目标，即让老年人浸入一种和他们日常生活一样艰难的情境中：在一个有干扰的环境中进行多种任务的交流。这里的假设是，如果受试老年人在管理这种高等级的对其认知控制力的干扰挑战时，他们的大脑变好了，那么没有直接受训的认知控制力的其他方面也会展现出收益。这个假设是基于这些发现，即认知控制能力有着共有的潜在神经机制，最值得注意的就是参与活动的前额叶皮质网。

考虑到行动类电子游戏在提高年轻人认知控制力方面大获成功，那么用这个方式提高老年人认知控制力就变得很有吸引力。那么为什么不直接拿一个优秀的、现成的、其他研究者用过的第一视角射击者游戏呢？第一个原因就是老年人不太喜欢这类游戏，也不擅长玩这类游戏。第二，商业化的行动类电子游戏，在测量其应对提高玩家表现方面的挑战时，不像格萨里博士认为的那样具有适应性。我们认为，适应性对于任何有效的可塑性控制工具来说都是最关键的设计元素。而且，我们想要控制每一个游戏元素——计时、定位和刺激物类型——这样我们可以记录下游戏过程中的神经活动并且理解训练时大脑在进行什么变化。因为我们要从零开始创造一个游戏，我们就可以把游戏设置得不那么暴力。

同年晚些时候，格萨里博士构想出了一款名叫《神经赛车手》（NeuroRacer）的 3D 电子游戏的基本雏形，在游戏中，玩家沿着公路驾驶一辆车，玩家遇到弯路和路面倾斜要一直控制车速和位置，同时还要快速且正确地对目标标志（例如绿色圆圈）而不是分散注意力标志（例如绿色方块）做出反应。这些任务，不管是驾驶还是定位目标，都具有独立适应性。意思就是，随着玩家玩得越来越好，挑战不断增强（例如，车辆速度会越来越快，玩家回应标志的速度得越来越快）。游戏的另外一个设计特点是，为了避免玩家在两个任务之间权衡，只有当两项技能都提高时，他们才会获得“升级”作为奖励。《神经赛车手》包括重复性的干扰因素和分神事物，这些都可以不停地挑战玩家，看其干扰解决能力的极限到底在哪。现在，我们需要做的就是建好这个游戏。

那么，你如果是实验室科研工作者，怎么建立一个认知控制力电子游戏呢？答案很简单明了：和电子游戏专家合作。因此，2009 年时，我们召集了一批全明星电子游戏行业的专家队伍（工程师、设计师、研发者、艺术家），他们自愿投入宝贵的时间来打造《神经赛车手》。他们和格萨里实验室的成员一起创造这个独特的交互式的训练软件，在引擎方面，这个游戏和认知练习很相似，但在界面、契约、回报和艺术方面，它还是具有电子游戏的特点。在杰奎因·安杰拉博士的科学领导下，我们在接下来的几年中开始研究《神经赛车手》，判定是否玩这个游戏能够提升老年人的认知控制力。

2013年9月，我们在《自然》杂志上发表了一系列《神经赛车手》实验的结果，并把其作为封面故事："电子游戏训练提高老年人认知控制力。"我们的实验结果告诉人们，我们可以用量身定制的电子游戏作为认知和精神诊断工具，来了解在人的一生中应对多项任务的能力是怎样变化的。具体来说，我们的报告指出，人应对多项任务的能力在20岁以后就开始下降，伴随这个情况发生的是老年人在游戏中遇到挑战性时刻，比如在开车的时候突然出现标志牌，他们前额叶皮质活动会减弱。有缺陷的活动等级是一个叫做额中线 θ 节律的大脑震动，这个现象是在前额叶皮质层产生的，和认知控制力的各个方面都有联系。

随后，我们进行了一次电子游戏训练研究，这次研究工作包括招募住在圣弗朗西斯科的60~80岁之间的老年人。他们的任务是带一个笔记本电脑回家，在为期一个月的时间中花12个小时玩《神经赛车手》（一周玩三次，每次一个小时），然后他们返回实验室，我们就可以检验表现力和大脑的变化。一些老年人玩多任务模式（既要开车又要识别标志牌），另外一些老人玩单一任务模式，一次只需完成两项任务之一。这次研究表明，玩多任务模式的《神经赛车手》可以把老年人应对多项任务的执行力提高到20岁的水平，而且当他们停止玩游戏后，这个增高的水平还会保持6个月。他们多项任务执行力的提高，与此同时额中线 θ 节律的等级也提高，这表明这个游戏逆转了和年龄有关的前额叶皮质活动缺陷。

为了支撑我们的主要假设，我们发现老年人在别的认知控制任务中的执行力也有提高，没有受训的工作记忆力和持续注意力测试的提高可以证明这一点。当工作记忆力、执行力在有干扰的背景（即分神事物和干扰因素）中评估时，《神经赛车手》甚至会使其提高。谈到这些结果的机制时，我们提出，是《神经赛车手》多项任务的特质导致了这些变化，因为参与单一任务的老年人并没有经历这些变化。我们的老年参与者享受这次经历、享受与新兴科技的接触，这证明，老年人不喜欢学习怎样使用包括电子游戏在内的现代科技是个错误的观点。

这次研究教会我们许多事情。其中最主要的就是，使用适应性电子游戏机制挑战干扰加工过程（interference processing）可以导致好处迁移到老年人别的认知控制能力。这次研究在怎样认真设计一个电子游戏训练干预项目和执行一个好的对照研究方面都是一个好的例子。这次项目让格萨里实验室走上了研发新奇电子游戏辅助提高专注力的道路。

尽管这次还有其他电子游戏训练研究的结果都很振奋人心，其实在阐明这个方法的可行性和机制这条路上，我们才刚刚出发。证据的等级仍然是暗号（signal）。我们认为这在不久的将来会提升到规范性等级，因为认知训练和电子游戏研究合起来的证据，可以把这个领域推向下一个篇章。我们还需要理解哪些设计元素和传递方式可以最有意义并且最持续地提高认知控制力，为了做到这一点，我们还有很多工作要做。另外，不是所有的研究结果都一致是积极的；我们还需要进一步理解这些差异。当然，我们需要大规模的RCTs研究，来更好地理解现实世界对我们专注力的影响。

重点是，我们需要明白不是所有的电子游戏都是一样的。有些能产生巨大的收益，有些也许对我们的认知控制力没有丝毫收益，另外一些可能还有负面影响。传言说这类游戏很危险，行动类电子游戏世界深受其害。有些论断说，暴力的电子游戏和玩家对暴力脱敏、玩家同理心降低有关，很多证据能够支持这一论断，尽管这两者的因果关系还处于讨论之中。电子游戏会造成上瘾，或对现实世界的行为造成其他的负面影响，这也是人们的一大忧虑。例如，儿童和青少年自述的注意力程度，尤其是ADHD型的注意力不集中和多动症状，都和过度接触电子游戏有关。这被解释成：“许多电子游戏会让儿童高度兴奋，注意力快速变化，这会削弱儿童对低兴奋任务的注意力（比如，学校作业）。”但是，这些数据都只是相关性数据，因此不能作为证明两者因果关系的直接论据。以上两个案例，都提醒我们，认知并不等同于行为。即使我们可以控制电子游戏科技，使之提升人的认知能力，减少深藏于大脑的认知控制力局限性，我们还是需要通过影响行为因素，来获取最大化的现实世界收益。

自然：环境影响大脑

2007 年，密歇根大学的 38 位学生带着一幅地图，在 GPS 的跟踪记录下花了一个小时徒步走过绿树成荫的植物园和交通拥挤的市中心。在这次一小时的徒步旅行之前和之后，他们都进行了工作记忆力测试。2008 年发表的论文中提到，徒步植物园后，他们的工作记忆力显著提升，但徒步市中心并没有同样的效果。接触自然对患有 ADHD 的儿童和抑郁症的年轻成年人也表现出有益影响，让人惊讶的是，仅仅观看自然图片都会有效。这些研究证据证明，注意力储存理论（ART）这一理论建构具有合理性。

我们已经讨论过教育、冥想、认知练习和电子游戏训练怎样提升我们的认知控制能力。我们的期望就是，重复性地接触这些，能够让我们控制大脑可塑性并且给大脑带来持续性的变化。所有这些方法都是积极介入法，都需要受试者的努力才能够完成。但是，注意力储存理论（ART）是一种完全不同的方法；这种方法被设计成被动性的。自上而下的、目标指引的、重复使用性认知控制疲劳，这就和挑战身体极限后身体疲劳是相似的道理，这个方法的前提就建立在这个基础上。这种疲劳和后续减弱的认知控制力有关，其呈现形式是任务执行力方面的干扰增强，自我控制力减弱。这就和我们第五章中讨论的一致了，分心是种时不时被外因内因影响的状态。认知疲劳是这些因素之一。

注意力储存理论（ART）提出，从自上而下的要求中放松精神，通过参与强大的自下而上的活动，这种自下而上的活动能够不通过目标而是通过刺激物特点吸引注意力，认知疲劳可以有效快速地恢复。这个点子就是自然能够做到这样；或者，就如同这个理论的先驱人物卡普兰博士描述的那样，这是种“软性吸引力（soft fascination）”。自然环境能够以一种自下而上的方式吸引我们的注意力，因为自然刺激物对我们有种固有的吸引力（可能这是由于进化原因）。自然刺激物吸引我们但是产生极少量的自上而下的回应。这和城市环境形成对照，因为在城市环境中自下而上的刺激更有可能引发大量的自上而下的活动。因为认知控制力是自上而下的，因此自下而上的自然之旅让这些参与者认知控制力得到了休息，并给了他们足够的时间来恢复认知控制力资源和提高他们的工作记忆力。也有别的观点，沉浸在自然带来的减压收益，也会作用于恢复性效果（restorative effects）.

尽管有很多证据都证明了这个理论，但是这仍是一个非常年轻的领域，最近的证据让这个理论以理性假设的身份进入我们的视野。我们需要更客观的记录由接触自然引发的认知疲劳恢复，并进一步了解深层机制，来把这个方法提升到更高的一个水平。话虽如此，我们还是鼓励大家多与自然接触，因为这么做能给我们的身心健康带来诸多好处。

药物：虚假地增强认知调控能力

如果说接触自然（exposure to nature）使我们离专注的方向更近了一步，那么我们会禁不住问，比那个方向走得更远的方法是什么。对那些想快速构建一个更强大的大脑的人来说，最被动的方式就是吞一颗药。我们对认知调控中神经递质（neurotransmitters）和其他神经分子（neuromolecules）作用不断加深的了解，扩展了应用药物提高这些能力和降低限制的可能性。事实上，很多物质已经做过此类声明。这些物质被广义地分类为“聪明药（smart drugs）”“认知促进剂（cognitive enhancers）”和“益智药（nootropics）”，成为治疗注意缺陷多动障碍、发作性嗜睡病（narcolepsy）和阿尔茨海默病的药物。那些想要提高认知能力的健康人，也会服用安非他明（amphetamine）、哌醋甲酯（methylphenidate）、莫达非尼（modafinil）和胆碱酯酶抑制剂（cholinesterase inhibitors）等药物。实际上，据报道称，大学校园中为了提高认知能力而服用这些药物的人高达 25%。这样，一个关键的问题就呈现在我们面前：这些药物真的能增强认知调控能力吗？

兴奋剂哌醋甲酯（例如利他林 [Ritalin]）和安非他明（例如阿得拉 [Adderall]）不仅是治疗注意缺陷多动障碍中应用最广泛的药物，也是健康人因非医学目的而广泛使用的药物。它们能够提高大脑中去甲肾上腺素（norepinephrine）和多巴胺（dopamine）的水平，作用于前额皮层，因而会对认知产生影响。虽然这些药物对患有注意缺陷多动障碍的儿童具有明显的临床收益，但这主要反映在改善后的课堂管理中的行为改变，而非真正地矫正了认知调控缺陷或提高了学习成绩。

至于认知调控，无论是患者还是健康人，似乎都在工作记忆和对简单任务保持持续性注意方面取得了进步；但需要更大程度认知调控的复杂任务，例如涉及干扰，其结果并不显著。实际上，有时候在这些情况下，这些药物甚至会损害认知能力。不同剂量（例如，认知效果主要局限于较低剂量）会产生不同反应效果，巨大的个体差异使问题变得更加复杂。因此，人们还无法确定，这些药物是否真的能提高认知调控能力。这似乎与大学校园中驱使人们疯狂使用这些药物的印象形成了鲜明对比。

在这个领域，受到较多关注的另一个药物为莫达非尼，临床上它是用于治疗发作性嗜睡病等医疗疾病的催醒药（wakefulness-promoting medication）。和兴奋剂一样，作为广泛应用的认知促进类药物，莫达非尼已经成为健康人出于娱乐目的的处方药之一。有的研究揭示，莫达非尼似乎确实能提高休息充分的健康人的认知调控。此观点被记录为持续性注意、选择性注意和工作记忆的改善，在睡眠剥夺的设置中效果增强。然而，不同研究结果对这个药物在多大程度上能提高认知调控尚未取得一致意见，这也凸显了用一个单分子影响如此复杂的系统的复杂性。

尽管效果适中，但仍有迹象表明一些药物能够提高认知调控。事实上，现在并没有治疗注意力分散的神奇药物。其原因是分子方法（molecular approaches）会引发副作用和上瘾问题。此外，这也涉及社会层面的伦理问题；人们把“大脑兴奋剂”看作是一种干预，它可以不费吹灰之力地快速完成，这样就失去了真实性，是不公平的，受限制的，是一种作弊。

体育锻炼：更好的身体，更好的思维

现在，让我们来谈谈需要耗费功夫的缓解注意力下降的方法，其中最积极的方式是：体育锻炼。我们相信，大多数人都意识到比较正规的体育锻炼对人体健康有益，其中包括心血管疾病、癌症、肥胖、糖尿病和中风。此外，体育锻炼同样有益于精神健康，对焦虑、抑郁和精神分裂症的症状有积极影响。关于运动引发神经变化的数据进一步补充、完善了这些发现；这些数据十分振奋人心，其中包含脑容量（脑灰质和脑白质）变大、神经生长因子（nerve growth factors）数量增加、血流量（blood flow）上升、功能和结构联系增多，甚至产生了新的神经元。这或许并不出人意料，神经可塑性（neural plasticity）能为认知能力带来众多收益，这一观点也受到了一些元分析研究的支持。

在过去的 20 年中，很多研究都致力于探索体育锻炼对儿童和年轻人的认知调控的影响。根据表现得出的数据（performance data）和神经活动的记录，处于青春期前的孩子身体越是健康，其调控能力越强。一般来说，得出的结论为“与身体更健康的儿童相比，身体没那么健康的孩子为了完成任务，会在认知调控过程的灵活调整方面遇到更多的困难”。已经有研究表明，在大学生中存在相同的关系。

为了探索现实世界中身体健康对专注力的影响，在虚拟现实环境中，一个研究让身体更健康和身体不那么健康的儿童在跑步机上走路，旨在对比他们在交通繁重的公路上穿行（navigate）的能力。难点在于穿行的过程中，他们需要集中注意力走路，却还要听着 iPod 中的音乐或使用免提式手机讲电话。以往的研究显示，对任何年龄的行人而言，过马路时候使用手机都会危害安全；其中，儿童尤其容易因手机分心而被车撞。

本研究发现，在所有测试条件下，越是健康的儿童，越容易成功地穿过马路。此外，更健康的孩子就不会受到手机或音乐干扰的负面影响；与不受干扰时过马路的表现相比，不那么健康的孩子则在听音乐或讲电话的干扰下表现不佳。这些数据与实验室中认知任务的研究结果一致，也支持了小时候身体越健康，专注力越强的结论。

一个更有效的方法是应用干预性练习设计（interventional exercise design）来获取数据。这些研究得出的结果与对比更健康和不那么健康儿童的实验结果一致。进行了有氧运动训练（aerobic exercise training）的儿童，其在认知调控的任务中表现出进步。在健康儿童和患有注意缺陷多动障碍的儿童中，即使是完成一个强体力劳动（physical exertion）之后，其认知调控能力也会提高，学习成绩也会受益。有趣的是，如果锻炼计划需要认知的参与，其对大脑的影响将会更大。在年轻人和中年人从事急性和慢性运动对认知调控的影响研究中，研究者发现了相似的训练收益。

此外，也有很多研究探索体育锻炼对老年人的认知能力的收益。2003 年发表的一篇运动干预（exercise interventions）的元分析，具有重要的里程碑意义；它指出体育锻炼有益于老年人的总体认知，其中对认知调控作用最大。更有趣的是，他们还发现，与只进行有氧训练的组相比，同时接受力量训练和有氧训练组的效果更好。虽然一些研究得出的结果不那么令人信服，但近期，一篇综述和另一个元分析均支持了老年人的认知调控能力增强的发现。它们指出，锻炼对老年人认知调控的所有方面——工作记忆、注意力和目标管理都有收益。

为了探索这些影响的神经机制，一个功能性磁共振成像（fMRI）研究显示，在进行干扰挑战时，与不那么健康的老年人相比，更健康的老年人的前额皮层更活跃。重要的是，一个干预研究得出了相同的结果；此研究包含两组参与者，一组老年人接受6个月的有氧运动训练，对照组则进行拉伸运动训练（在肥胖儿童中也发现了相似的结果）。研究不仅表明前额皮层的大脑活动增强，也显示干扰对任务表现的影响降低。

基于这些证据，我们认为进行体育锻炼应该成为人们，尤其是儿童和老年人缓解注意力下降的规范性方法。个体一生的随机对照研究的元分析有低成本和易获取的特点，它对其他方面的身体健康也有好处，其影响有强大的生物学基础。当然，大量的工作还有待完成，例如决定理想的干预时长，每次项目的持续时间、训练的基本组成部分、现实世界的影响和与其他方法间的互动。例如，营养项目及与认知练习的联合疗法可能会提高效果。

神经反馈：尚待完善的研究

在2010年，14个学生参与了德国的一个研究，连续5天，他们需要每天到实验室报到。他们需要坐在一间屏蔽电的隔音室中，头戴脑电图描记器（EEG）的帽子，目不转睛地盯着电脑屏幕中出现的方块。他们的目标是，不能借助其他工具，只用他们的思想使方块从灰色变为红色。没有人告诉他们完成这个奇怪任务的最佳策略。但他们知道他们的大脑活动正在被记录，大脑活动能改变方块的颜色。他们还知道，当他们集中注意力，特定大脑活动节律升高时，红色会变得更加饱和；当他们集中注意力的方式错误时，方块颜色会变成蓝色，颜色也会越来越饱和。

这个方法被称为“神经反馈训练”，在反复试验中，参与者渐渐学会如何使方块变得更红，他们中大多数人报告称“唤起情感（evoking emotions）”是最佳策略。方块的红色与大脑活动有直接的关系——本研究中为阿尔法节律——一周的时间，14 个学生中有 11 人逐渐每天成功地增加其阿尔法节律。最有趣的是，在这个星期结束前，与对照组相比，他们在心理旋转（mental rotation）挑战中的认知调控能力提高。一个近期的研究指出，即便是只进行了 30 分钟的训练结束后，阿尔法节律的神经反馈训练也会导致神经网络的改变，而网络变化的程度与注意力任务中心智游移（mind wandering）现象的减少有关。

神经反馈的基本原理始于 20 世纪 60 年代，其含义为神经节律是认知许多方面的基础，通过反馈训练，如果你能学习提高特定的节律，那么就能相应改善依赖于这些大脑节律的认知能力。此方法是脑 – 机接口（BCI）的一种形式，个体以特定方式思考时，通过接收活动是如何被调控的实时、基于回报的反馈，它允许个体自发控制大脑节律。一般情况，研究人员会用脑电图扫描器记录神经活动，但功能性磁共振成像和近红外光谱法（NIRS）等其他技术也能胜任此工作。我们会应用大脑节律幅度的视觉（有时为听觉）再现方式来显示反馈。通过设置一个简单的游戏，这个游戏会时刻显示出个体将特定的大脑节律向特定方向移动的能力，成功或失败。

神经反馈领域主要关注其临床应用，事实上，它已经在注意缺陷多动障碍、自闭症（autism）、焦虑、成瘾和抑郁症的治疗中取得了一些成就（尽管有限）。最近，研究人员对应用神经反馈来优化健康人的认知表现产生了兴趣。近期，一个多区段（multisession）神经反馈研究的目的，即是应用此训练方法来提高额中线 θ 节律（midline frontal theta）（与《神经赛车手》提高的老年人的节律性大脑活动测量相同）的活动。

研究人员指出，额中线 θ 节律反馈的结果是，在未受过训练的认知任务中活动增强，工作记忆和任务切换表现提高。另一个研究揭示，相似的方法能够改善老年人的工作记忆和选择性注意表现。虽然，除了神经活动的改变，可能也会发生脑灰质和脑白质中脑结构的改变，但前文大体阐述了神经反馈效果的机制。作为提高认知的一种方法，神经反馈还无未做好面向大众的准备，但层出不穷的研究都显示出信号的存在。此方法的某些版本或许确实有助于增强认知调控能力。

大脑刺激：仅仅是信号级别

我们将要讨论推动专注研究的最后一个方法：用电场和磁场直接刺激大脑。大脑刺激的前提是，由于大脑的功能依赖于电信号，所以我们可以在外部（或内部）应用电场和磁场来影响其功能。在所有提到的方法中，这个方法可能听起来最具有科幻小说的意味，事实上它已经有一百多年的历史了，而现今变得越来越流行起来。虽然一些科学家认为这种方法应该牢牢植根于研究领域，但我们发现一些公司已经在销售大脑刺激的设备给那些怀着此目的的顾客。

虽然有众多电磁刺激大脑（例如交流电、强和弱磁场及随机电噪声 [random electrical noise]）的方式，但最广泛应用于提高认知的方法为经颅直流电刺激（tDCS）。自 2000 年尼切博士（Dr. Nitsche）和保卢斯博士（Dr. Paulus）在德国进行的研究之后，这种大脑刺激方法呈现出爆炸式发展；他们的研究强有力地证明了弱电流（weak currents）能够改变皮层的神经反应（neural responsiveness）。自那之后进行的大多数经颅直流电刺激研究中，通常会用一个 9 伏的电池驱动装置使参与者的头皮直接接受几毫安的电流（一个 100 瓦的灯泡是那个水平安培数的 500 倍）。电极放置位置的不同，决定了它会扩大或抑制其下面大脑区域的神经放电（neural firing）的可能性。引人注目的是，在电流关闭之后，影响持续存在。随后，研究人员进行试验，评估刺激对学习和认知的影响。

多年以来，研究人员一直在探索经颅直流电刺激对抑郁、帕金森病和中风等神经病学和精神病学疾病的治疗效果，并已经取得了令人信服的成就。如果未来的研究能继续取得副作用较少的积极成果，那么我们很有可能就会有一套全新的治疗工具包——我们也许会称之为“电子疗法（electroceuticals）”。除了应用于临床，人们对经颅直流电刺激作为提高认知能力、优化健康人大脑功能的工具也十分感兴趣。现在有证据表明，通过提高注意、工作记忆和目标管理这些核心认知调控能力，经颅直流电刺激（以及其他类型的大脑刺激方法）对提高专注力有积极作用。

例如，近期一个研究评估了作用于前额皮层的经颅直流电刺激对 19 名军事人员的持续性注意能力的影响；这些参与者在执行模拟空中交通管制员的任务过程中（此任务包含在 40 分钟内，识别稀少的目标），自愿接受大脑刺激。数据显示，随着时间推移，对照组中参与者的表现下降；而在 40 分钟全程内，接受经颅直流电刺激组的成员，在目标探测中一直表现出较高水平的警觉性。研究人员解释称，这些结果表明“经颅直流电刺激可能非常适合那些需要持续性注意的工作，因为它可以缓解表现下降”。这一领域渐渐延伸到干扰解决方案领域，在《神经赛车手》电子游戏的辅助下，格萨里实验室近期研究了作用于前额皮层的经颅直流电刺激对多任务处理能力的影响。我们发现，作用一次后，刺激的结果为表现增强；但这只发生在多任务处理中，而非单一任务版本的游戏中。

现今，人们越来越关注经颅交流电刺激（tACS）作为增强认知调控能力的手段。和直流电刺激不同，应用交流电（AC）为直接定位刺激不同的大脑频率提供了可能。研究人员希望这会产生更多的选择性影响（selective effects）。基本观点是，所应用的交流电频率可能会扩大大脑中自然出现的频率，正是这些频率构成了认知调控能力的基础。早期研究已经显示出这种方法的前景，它能在刺激停止后仍增加大脑节律的机能，也能提高工作记忆容量等认知调控能力。此外，我们需要进行更多的研究来证实这些影响，并理解其机制。

总之，脑电刺激作为提高认知调控能力和有益于提高专注的手段，我们有很多理由为之兴奋。但目前，它还处于信号（signal）的级别。在这个方法成为一个可行的、规范性的方法之前，还有很多关键问题有待回答，而不仅仅是更好地理解其长期的副作用。此外，此方法也可能会导致一些负面后果，例如以牺牲其他方面为代价来提高认知的某些方面。在此大幅提高大脑功能的新科技手段广泛地为消费者使用之前，我们应该解决其对个人身份、自主权和真实性等伦理问题的影响。

结论：同时改善大脑和行为

在帮助实现专注的众多方法中，各个方法的证据力度各异。在我看来，只有体育锻炼达到了成为真正规范性方法的最高水平。其次是认知训练、电子游戏训练和冥想，从层出不穷的科学文献显示了这个迹象。我们需要更多的时间去搞清楚，究竟什么是这些方法的最佳操作方式和传递系统。我们保持着一种谨慎的乐观态度，相信未来它们会发挥重要作用。这里也有微弱的迹象表明其他方法需要更多的证据，才能成为规范性方法——药物、大脑刺激和神经反馈。目前，传统的教育和接触大自然仍处在合理假设的级别，但它们值得我们去进一步研究。我们发现，教育领域的一些创新性方法已经开始收集证据了（例如《心智工具》，*Tools of the Mind*）。此外，需要注意的是，这些只是大类，其下会有各种不同的情况。因此，即便某种方法有效，比如认知训练，但这并不意味着所有的训练都有效。

现在，科学家对联合应用这些方法后产生的协同效应（synergistic effects）越来越感兴趣，毕竟集体的效果大于单个方法的。人们一般称这种方法为“多模式综合法（multimodal approach）”，而格萨里实验室倾向于称之为“神经交叉适应性训练（neuro cross-fit training）”。格萨里实验室已经发现了一些早期证据，这些证据体现了体育锻炼和认知训练联合疗法的收益。目前，实验室已经研发了一种称之为“体 – 脑训练”（Body-Brain Trainer）的新型电子游戏，此游戏应用 Xbox Kinect 动作捕捉游戏系统，能同时挑战人的体育锻炼和认知健康。此外，我们将冥想的原则和与自然接触（nature exposure）的理念融入游戏中。我们十分乐观，相信将来会揭示出不同方法间强大的协同交互作用，而这些方法将会是依据个体差异而专门制定的，能够使大脑获得有意义的、可持续的改善。

虽然这些方法能够提高认知调控能力，但任何单一的方法或联合疗法也不太可能完全消除专注力下降的所有表现。即便最终，我们拥有能将认知调控的局限性降低到最小的神经交叉适应性训练项目，但这也无法保证它对人类的日常生活会有积极影响。其原因是，纵然认知调控对所有更高层次的相互作用十分关键，但认知和现实世界行为间并不存在一对一的映射（one-to-one mapping）。环境因素可能会造成提高了的认知调控能力无法对日常生活产生最佳的影响。例如，由科技引发的焦虑可能会遮蔽出色的注意力带来的好处。现在看来，同时改变大脑和行为是最理想的方式。在本书的最后一章，就如何用策略来改变行为，进而优化认知的表现，我们会提出一些实用的建议。

第十一章　改善行为方式以保持专注

如今，我们应该十分确定，我们生活在高科技的干扰之中。大约在过去10年中，高科技干扰已经极大地改变了世界，也改变了我们的思想、感情和行为。在第二部分，我们探索了现代科技使分心恶化的众多方式；从早晨一睁眼到晚上入睡，我们无时无刻不受到科技的干扰。如我们所展示的，网络、手机和社会媒体永远地改变了我们的心理状态。基于不同领域的可靠研究指出，人们每天都在任务切换当中度过，每个任务获得的只是分散的注意力。

现在，让我们来回忆下前面所讲的注意力（选择性、分配、持续性和处理速度）、工作记忆（容量和保真度）和目标管理（多任务处理和任务切换）领域中认知调控的局限性。如前文所述，高科技的影响以所有可能的方式凸显了这些局限性：在频繁的干扰下，它们挑战了我们的注意力能力；粉碎工作记忆，并通过干扰降低其保真度；驱使我们过度地进行多任务处理和任务切换。所有这些都会导致我们的表现下降。

在第一部分引入并在第九章详细论述的边际价值定理模型解释了我们的行为：现代技术减少了我们在信息源上花费的时间，使我们在耗尽信息之前就急于转向另一个斑块。我们就好像是患有注意力障碍的松鼠，不断从一棵树跳到另一棵树上收集一些美味的食物，却总是在跳向另一棵树的时候留下更多的食物。这听起来很累，但正如我们所提出的，它对我们的健康、人际关系、学校和工作表现及心理健康都具有负面影响。

现在是控制这个局面的时候了。在前一章，我们提出了一些利用可塑性和提升大脑功能进而增强认知调控能力的方法。这些方法能够让你在需要的时候，对干扰的适应性更强，多任务处理的效率更高。在此，我们提出一种互补的、平行的方法来提高认知调控。我们会提出一些策略，根据这些策略人们可以改变环境和自身行为，更好地专注于单个任务，缓解认知调控局限性的压力，从而减少人脑认知面临的挑战，提高表现和生活质量。

在介绍这些策略之前，请允许我们先谈谈这个想法的前因后果。你是否总是需要专注于一个任务？曾经，你是否允许过自己被其他事物分心和打断？我们从第四章学到，任务切换会耗费精力，同时尝试做两件事意味着你都无法集中注意力于其中任何一件事。然而，上网或与多个朋友发信息却很有趣。一个探索干扰对厌倦（boredom）的影响的研究指出，外部干扰（警告，通知）会减少简单任务中的厌倦感；如果是复杂任务，或是需要持续性注意的简单任务，外部干扰则会增加与任务相关的厌倦感。

我们建议，你应该先思考下这个任务是否需要全神贯注地去完成。当你遇到简单的、无关紧要的、不具备时间敏感性（time-sensitive）、不需要持续性注意的任务时，那你一定要开着手机和浏览器窗口。在这种情况下愉快地进行多任务处理，可能会真正地使你完成一系列确实需要完成的、无关紧要的任务。

但是，如果你想要大脑处于最佳表现状态，那么就需要持续、专注和单一的注意力。经验告诉我们，当遇到下面这些情况时，需要尽量减少任务切换，集中注意力于一个任务。这些情况包括：（1）任务较困难或需要大量思考（例如，为一个充满挑战性的考试做准备）；（2）任务具有较大负面影响的风险（例如，开车）；（3）任务具有重要或较高价值；（4）任务具有时间敏感性（例如，要在今天之内准备好工作报告）。

之前，我们论述边际价值模型是为了解释人们一开始会有这种表现的原因，以及技术是如何影响人们的行为并加剧注意力分散的。然而，本章以边际价值定理模型为框架论述避免分心和干扰的实践策略，其目的是优化人们在一个信息斑块上所消耗的运算时间。

现在让通过分析边际价值定理模型（如图 11.1 所示）来讨论改变行为的策略方法。在一个信息源上所花的最优时间（在当前任务中集中注意力的时间）是以“预计转移时间（expected transit time）”和“资源摄入曲线（resource intake curve）”为基础的。模型左侧显示的是“预计转移时间”，右侧为“资源摄入曲线”。预计转移时间越长（向左移动代表预期的转换消耗越大），资源摄入曲线越大（图表中向右移动代表获得的收益越多），则在当下信息源上花的时间越长。转移时间和资源摄入曲线不仅受外部因素的影响，我们潜意识里也会对它们进行评估。这说明我们可以通过改变外部因素或者是改变自己的思想来优化这些因素。

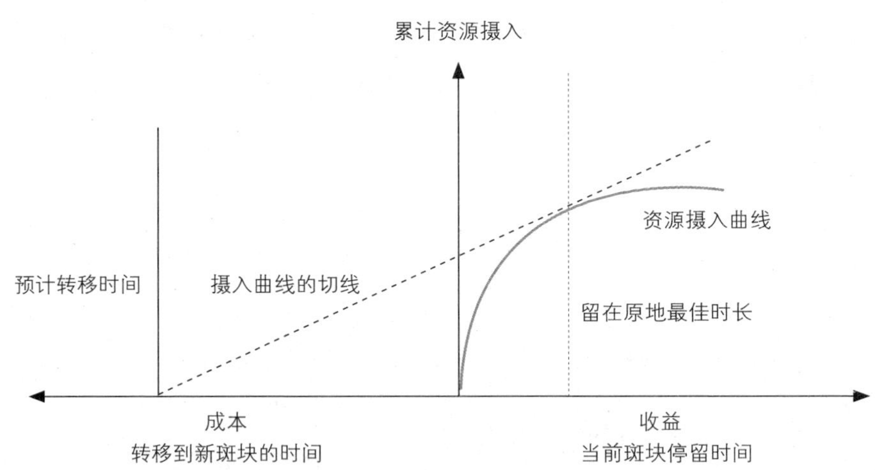

图 11.1

边际价值定理的示意图

在第九章讲到，由于现代高科技的奇迹（外部因素）以及因为元认知的缺乏而低估多任务处理和切换的成本（内部因素），更容易获得的新信息源会影响模型的左侧内容，即到达新斑块的预计转移时间（图 11.2a），造成预计转移时间（向右移）变短，以及在一个信息源上花费的时间减少。同样地，处理一个信息源时厌倦感和焦虑会不断积累，以及元认知低估留在当下信息源的收益（内部），这些技术会影响模型的右侧，使资源摄入的斜面变平（图 11.2b），进而导致在信息源上花费的时间变少。

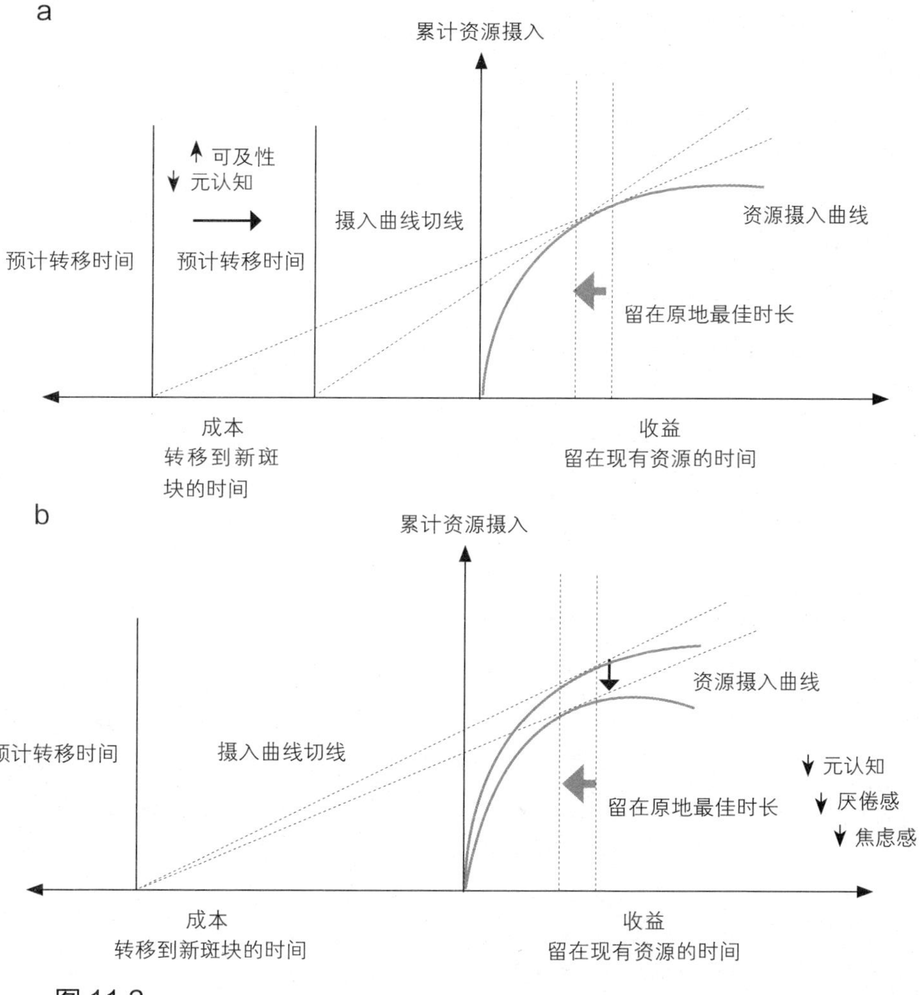

图 11.2

IT 技术对于边际价值定理的影响：更频繁的多任务处理和切换

高科技挑战了我们的认知调控局限性，加剧了认知困难。为了应对其影响，我们建议采取下面的步骤，以便更好地集中注意力于一个信息源（如图 11.3 所示）：

1. 通过增加人们对多任务处理 / 任务切换（左侧）的成本，及停留在一个信息斑块（右侧）的价值的理解，提高元认知。

· 本书的主要目的之一就是通过分享大量关于认知基础的信息来实现这个目标。

2. 限制对新信息源的可及性。

· 我们会列举一些简单的策略以远离这些诱惑。

3. 集中注意力于单一目标（右侧）时，减少厌倦感。

· 我们将会论述一些方法，这些方法能在不损害首要目标的前提下，使执行任务变得更有趣和有效。

4. 减少促使转换到新任务的焦虑感（右侧）。

· 从社会学视角，我们将会描述一些有助于预防社交控（FOMO）的活动和技术。

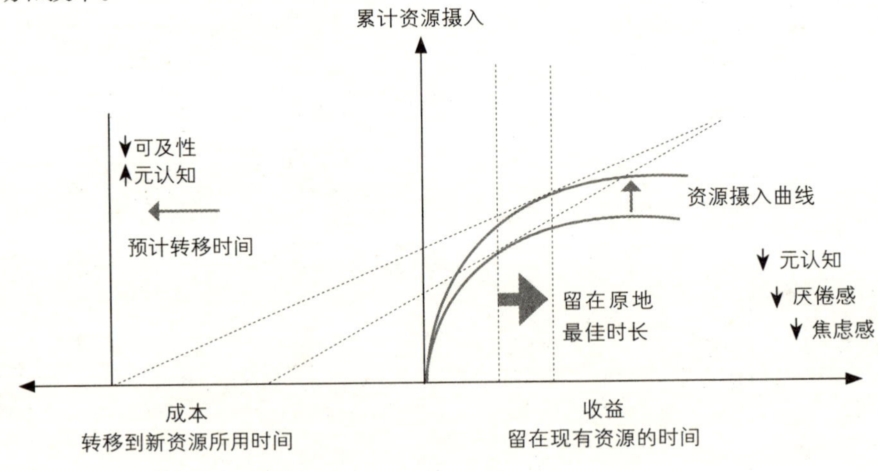

图 11.3

通过增加元认知，减少可获得性，减少厌倦感和焦虑，可以优化我们的行为。

现在让我们再来看边际价值定理模型：（1）（↑元认知）将会使预计转移时间向左移，以及资源摄入曲线增加；（2）（↓可及性）会使预期传送时间向左移；（3，4）（↓厌倦感和焦虑）将会增加资源摄入曲线的坡度（如图 11.3 所示）。所有这些都会影响边际价值定理模型的因素，它们能增加你在停留在一个信息源上的时间，进而协助你应对这个干扰困境。

在我们讨论改变这些因素的策略前，要注意的是，还存在另一个关于如何应对技术的思想流派。如果你用技术把迷恋当作“成瘾”来治疗，那么“治愈”可能会与人们如何治疗吸毒或酗酒问题相似：使用解毒程序（detoxification program）。在过去的几年中，我们发现一些书公开宣称“数字脱瘾期”项目能够使人恢复精神集中和注意力。我们被敦促不使用电器，从技术那里放个假，甚至被鼓励去寻找 JOMO，也就是“错过的乐趣（joy of missing out）”。通俗报刊会讲述一系列脱瘾成功的故事来取悦我们：从一个男人在没有互联网的情况下生活一整年，到学习如何获得“99 天的自由”，到关闭脸谱网页面（并节省沉浸在社交媒体的所浪费的 28 小时），到在“露营地（Camp Grounded）”度过没有技术的周末，到鼓励我们了解 24 小时内无科技产品的“不插电项目（Unplugged Project）”，到不插电的国庆日，最后到晚上酒吧中举行的脱离科技产品的派对。在这里，人们意识到即便是几个小时不用科技产品，他们就会变得焦虑，即使他们与生活在同一个物理空间的有血有肉的人类连接着，也会感觉自己像是断了线似的。

虽然休息一下是好事，能够提高我们对高科技会影响思想的元认知；但简单地说，目前没有证据表明广泛的技术脱瘾真的有效果。当然，一个晚上、一天、甚至一星期不使用科技产品后，你可能会感觉更好。然而，当“解毒”期结束后，你会直接进入信息寻觅行为，疯狂地将注意力分散于那些脱离技术产品时期所错过的信息。与短期节食、戒毒和戒酒项目一样，除非你努力改变你的生活环境和日常活动，否则不久你就又会恢复原来的旧习惯。对边际价值定理模型而言，人们可以获得比那些脱瘾期间无法接触到的更多信息，进而导致更频繁的中断，最终形成更严重的分心。

我们曾经与那些想要较长时间脱离技术的人交谈过。一个人会报告称，刚开始解毒时，他或她对那些错过的信息会感到焦虑。但随着时间的推移，这种感觉会逐渐减弱。然而，这些接受解毒的人一旦回到丰富的技术世界后，他们就会更加沉浸于那些错过的短信、电话、邮件和社会媒体的帖子。假定平均一个青年每天发送和接收 3200 条短信，平均一个成年人每天收到数百封电子邮件消息，那么每天大多数人的社会媒体都充斥着许多帖子、评论和照片。“脱瘾”之后回归到“现实”世界，就意味着需要花费几小时的时间去回到正常状态的伪装之下。“正常”代表在追补错过的联系时，新的联系又悄然而至，我们常常被接连的警告和通知打断，提醒你放个长假的结果是更多的工作，更大的压力。为防止技术脱瘾不起作用，我们会提出多种策略以缓解你分散的注意。这些策略有助于你夺回控制权，你可以自己决定何时可以被打断，何时忽略干扰并集中注意力在当前所在做的事情。考虑到四种常见的场景，我们会提出一些减少目标干扰的策略。

场景一：开车

纵然大多数人都知道，开车过程中的任务切换和分散注意力可能会导致车祸，轻则受伤，重则死亡，但大家还是会这么做。你会看见在等红灯的时候，司机会低下头看手机，红灯过后，便按下喇叭，继续前行。在高速公路上，你会发现旁边车辆的司机不停地低头、抬头，去查看腿上的手机。你可能会偷偷地快速浏览手机，心里还想着自己是个好司机，不会出什么事。

场景二：专注于重要任务

从儿童忙于学校项目，专业人员起草提案，学者撰写文章，到音乐家编辑新的乐曲，几乎所有人都曾经遇到过重要任务。虽然大家都知道任务转换和多任务处理会降低工作效率，但使人分心的东西却无处不在：这些设备在教室中随处可见，开放性办公室已成为一种常态。在你坐在电脑前的时候，即便还没有弹出来吸引你的注意，但大量的干扰离你只是点击鼠标之遥。

场景三：社会互动（Social Interactions）

无论是与家人一起吃饭，与同事工作中的相互交流，还是与朋友一起吃饭，科技总是会给我们的关系带来压力。将来可能会出现的场景是，即便会忽视坐在对面的人，我们也会马上回复一条短信。环顾四周，你会发现这些设备随处可见。它们削弱了人际关系，随时可能会打断我们。新研究也发现了脱离技术产品的面对面交流，有助于维持良好人际关系的更多原因。

场景四：睡眠

第五章概述了睡眠剥夺对认知调控的影响，第六章展示了科技是如何影响睡眠的，而第七章论述了睡眠不足的众多负面影响。我们需要更多的睡眠，但是繁忙的生活以及高科技的影响迫使我们在床上的时间变少，盯着屏幕的时间变多。这会形成睡眠剥夺的恶性循环，损耗我们的判断力和做事效率，接着睡眠会变得越来越少，为了赶上进度而试图同时做越来越多的事。

现在我们开始详细论述这些场景，并提出一些切实的方法。这些方法能够提高我们的元认知，减少与科技的接触，降低厌倦感，并将害怕错过的焦虑感降至最低。如此一来，他们能够对边际价值定理模型两侧的因素施加压力，进而提高我们在重要信息源上的最优时间。

如何不分心安全驾驶

尽管开车的时候使用手机面临着高额的罚款和众所周知的危险，但很多人还是无法抗拒新来短信那嘹亮的召唤。当手机就放在我们身边，通过汽车中的内置蓝牙就触手可及时，这将十分危险。此外，很多人都觉得自己是好司机，能够在路上开车时进行多任务处理（较差的元认知）。当驾驶的道路十分反复时（无聊），情况会变得更糟；而开车时的压力则会进一步加剧这种状况。所有这些因素加起来犹如灾难的配方，在世界各地每天都发生着这样的灾难。在此，我们会介绍一些策略。这些策略能够帮助我们忽略手机的诱惑，并学习推迟查看手机。

↑元认知

我们希望第一、二部分的内容不仅能帮助你们真正了解开车时分心和多任务处理的危险性——“开车时发信息造成的失事风险是不分心时的 23 倍”，使用手机和法定醉酒增加的事故发生的概率相差无几——而且明白我们为何如此易受诱惑，为何停止这个行为对我们来说如此困难。如果你仍然认为自己十分擅长多任务处理或只是想亲自感受下同时开车和发短信的危害，那么你可以尝试一些在线模拟器。也许在虚拟世界体验开车时发信息的严重后果，便足以帮助我们改变对能力的元认知。

人们对开车时发信息的研究已经非常明确，6 个州也已禁止这一行为。比较之下，尽管研究指出使用免提手机也会增加事故风险，但 14 个州虽禁止司机使用手提电话，却没有禁止所有手机通话。这体现我们较差的元认知无处不在。司机的注意力一从道路转移到驾驶以外的事情，就会引发风险，我们所有人都应该充分意识到这一点。

↓可及性

想要摆脱开车时发短信或打电话的诱惑，最简单的方法是将手机放在车后行李箱（trunk）并关闭蓝牙。一些应用程序可以在开车时阻止发信息和打电话。例如，DriveOFF 和 DriveMode 应用程序是基于速度：一旦你的速度高于慢速，应用程序就会阻碍你发短信，显示静止的屏幕保护程序，或提醒你不要发信息（这本身就会令人分心）。Live2Txt、TxtShield、SafeDrive 和 LifeSaver 等应用程序能够减少手机带来的分心和打断。此外，如果驾驶员是您的孩子——我们知道这会有多恐怖——Canary 和 DriveSafeMode 等应用程序会在您孩子开车时监控科技活动。到这本书出版的时候，肯定会有更多的应用程序出现，大家可以去查阅你们的应用程序商店。如果觉得这个方法太极端，那么你可以在开车时把手机交给一位乘客，需要的时候让他或她帮你回复。

↓厌倦感

也有一些方法能够使你平时在两地间的往返变得更加有趣和吸引人，且不会将你置身于危险之中。例如，与乘客聊天就不会产生像打电话那样的负面影响，即便近期有研究指出这依赖于对话中的脑力要求。对话所需要的认知调控资源越多，与乘客的交谈就越不利于驾驶。如果你需要在开车时开会，那么你可以尝试合伙用车，让你的同伴驾驶，这样你就可以全身心地投入到会议当中。非交互活动也比打电话、发信息或发邮件安全得多。在近期的一个研究中，大卫·斯特雷耶（David Strayer）制订了“工作量评定量表（Workload Rating Scale）”；研究指出，与打电话相比，听有声读物或音乐需要的工作量更少，因而事故发生率更小。假定有声读物和播客不需要大量的注意力资源（attentional resources），这样你就可以在可控的范围下听一些有价值的信息，实际上这对你也有益。如果驾驶环境需要更多的注意力资源，你就应该关闭播客或有声读物，将注意力转回到手边的任务上。最后，仅仅是变换路线也会使行车过程变得更加有趣。

↓焦虑

如第九章所叙述的，大多数人都会焦虑于错过信息（例如，社交媒体上发布的信息，一条短信息，或虚拟世界中的其他事情），或错过一些重要的事情，例如紧急事件。在此，我们会提出一些策略，这些策略能使你掌控其他人联系你的方式，进而减轻焦虑感。首先，向家人、朋友和同事设定明确的期望。譬如开车，让他们知道你平时上下班的时间，并且在这段时间内你没空。其次，确保每个人知道你的新计划；你还可以使用 Live2Txt 等应用程序设置自动回复短信和来电。最后，很多应用程序和手机设置能够使你接到紧急电话，却不会因一些无关紧要的通知干扰你。一些程序会在相同的号码多次来电后提醒你。其他的程序只会显示特定号码的来电。当然，如果开车时接到重要来电，你应该靠边停车，处理来电。

如何高效完成关键任务

无论是在办公室赶报告还是忙于第二天要交的学校作业，我们无时无刻不面对着各式各样的干扰。在办公室撰写重要报告时，我们会努力应付放在办公桌顶上的“当你出去时”解雇通知书（pink slips）或回复紧急邮件。我们相信自己能够同时做很多事，甚至效率会更高（较差的元认知）。无数扰人的电子邮件、短信、阅后即焚（Snapchats）和社交媒体发布上的通知（可及性）同样会吸引在家学习的学生的注意力从无聊的功课转向这些消息。除此之外，我们论述的研究表明，大部分干扰来自于我们内心想要查看虚拟世界的欲望（焦虑），而非外界的提醒。这也就解释了为何每个人都挣扎着试图保持注意力集中。当你面对一项关键任务，而环境又不断打断你思路的时候，你可以应用这里介绍的一些策略。

↑元认知

到目前为止，你们应该充分认识到 Distracted Mind 的局限性是影响我们在重要任务中的表现的方式。在第七章，我们了解了其对学生的影响：学习时进行多任务处理会导致平均学分绩点（GPA）降低；对小学至大学的所有年级来说，教室中使用科技产品会造成测试分数和效率下降，大学课堂上使用科技产品与学生的高危行为增加有关。在工作场所，看似短暂的中断会导致任务停止约半个小时。受到干扰的工作可能会完成得更快，但其代价是更高的工作负载、更大的压力、更浓的挫败感、更紧迫的时间和更多的努力。你需要充分意识到自己实际在不同网络或智能手机上所花费的时间，这一点很重要。你可以在电脑上安装 TrackTime 或 RescueTime 软件；Checky、Moment、Instant 或 Menthal 软件将会提醒你每天智能手机的使用情况。

↓可及性

完成关键任务，尤其是应用电脑完成任务时的最大问题是“信息”这个最受欢迎的事物无处不在。在此，我们提出的一些建议能帮助你们减少与信息的接触。首先建立一个能避免分心和被打断的工作环境。这是整个过程中最困难、最具挑战性的部分。你需要只使用一个屏幕。没错，虽然多个屏幕有利于展开工作，但它们分散你的注意力。此外，把桌子上所有不重要的资料收起来，只留下那些任务需要的纸质资料。接着，完成这项工作之后，远离那些令人分心的书籍和笔记。随后，在可能的时候，寻找一个没有其他人和干扰的安静地方。如果你必须在咖啡店等嘈杂的环境工作，你可以尝试佩戴消噪耳机。如果你正在飞机上，你可以考虑使用那些耳机，并决定是否连接网络。

下一步是你要决定完成任务需要哪些应用程序，打开需要的程序，关闭所有不需要的。不要只是最小化这些程序：一定要关闭它们。最小化了的图标会诱惑你去打开它们，这会吸引你完成任务时的注意力。如果工作需要使用网站，那么每次只打开一个网站。如果可能，不要使用标签（tabs）；使用完一个网站后立即关闭，不要最小化或保留在浏览器中。与关闭了的应用程序和标签相比，人们更容易接近打开了的、最小化了的程序和标签，即便无足轻重，它们也会方便转换注意力。

由于电子邮件无处不在，所以它已被视为加剧 Distracted Mind 的特殊情况。可能你会发现自己难以关闭邮件，但关闭邮件十分关键。它能使你摆脱回复新来邮件“叮叮声”的诱惑。我们现在知道，一旦受到打扰，我们可能需要 20~30 分钟的时间才能重新回到工作上。克莱夫·汤普森（Clive Thompson）在《纽约时报》（*New York Times*）上发表的一篇文章很有趣，题名为《超乎想象的聪明：论科技如何改进我们的思维》（*Smarter Than You Think: How Technology in Changing Our Minds for the Better*）；他指出我们需要结束“24/7 邮件的暴政（tyranny of 24/7 email）”。汤普森举了一些大型公司的案例，包括戴勒姆公司（Daimler）、大众汽车公司（Volkswagen）和德国电信公司（Deutsche Telkom）。这些公司对下班后的电子邮件设定了明确的限制。埃德尔曼（Edelman）全球公共关系公司总部位于多伦多，此公司的 7–7 规定（7–to–7 rule）禁止员工在早晨 7 点前或晚上 7 点后发邮件。想要减少大脑与邮件的接触，这不失为一个合理的个人策略。

除此之外，你还能做什么来结束 24/7 邮件的暴政？近期，科斯塔丁·库什夫（Kostadin Kushlev）和不列颠哥伦比亚大学的伊丽莎白·杜恩（Elizabeth Dunn）的一项研究为此提供了起点。研究者将 124 名成年人分为两组，实验为期两周。第一周，第一组需要尽可能频繁地查看邮件；第二组则每天查看邮件三次。第二周，两组的策略互换，第一组每天三次查看邮件；第二组则尽可能频繁地查看。结果显示，当参与者——大学生和社区成年人——每天查看三次时，他们报告称压力较小，这也意味着其在心理和生理各方面的总体感觉较好。

基于人们整天查看邮件（短信和社会媒体）的发现以及本研究的结果（限制邮件的接触有益于人的心理和生理），你可以听从作者——麦吉尔大学（McGill University）教授丹尼尔·莱维坦（Daniel Levitan）的建议；他极力主张人们只在每天的某些时间去查看电子通信。莱维坦给读者的建议是，如果你想要变得高效、富有创造力和更具精力，科学命令你应该将一天分割为多个项目阶段（project periods）。你的社交网络（social networking）应该在指定的时间内完成，而不应该持续不断地干扰你的一天。同样，电子邮件的处理也应在指定的时间内完成。当你知道有一封未读邮件时，你的大脑会不断思考这件事情，这会损耗注意力资源，使你做事情时分心。

邮件里面写了什么？谁发给我的？好消息还是坏消息？与其听着接连的邮件提示音，你最好还是关闭电子邮件程序，并充分意识到你正在忽略信息。

你在减少与扰人的电脑屏幕和程序的接触时，尤其是电子邮件和短信等通信方式，你就应该将手机调为静音。关闭包含震动在内的所有形式的提醒，如果你仍能感觉到它对你的吸引力，那么把手机放在其他的房间。如果你需要手机在身边的安全感，那么尽量把它放在看不见的地方，或将其倒放；使手机远离你的直接接触范围，例如房间的另一边。近期，比尔·桑顿（Bill Thornton）教授及其在南缅因州大学（University of Southern Maine）的同事所进行的研究宣称，在执行需要集中注意力的复杂任务时，实验者手机（不是参与者的手机）的单纯在场就会导致注意力分散和较差的表现。在此研究中，教室中学生的手机虽已经调成静音，但对注意力有同样的负面影响。

最后，SelfControl、Freedom、KeepMeOut、Cold Turkey、FocalFilter、FocusMe、Training Wheels、LeechBlock、TinyFilter、Anti-Social、Freedom 及 Stay- Focused 等

应用程序能帮助人们控制环境。这些应用程序能在一段时间内屏蔽特定网站或限制规定网站的日常使用。如果你不断地查看社交媒体，设置 Concentrate 或 Think 等程序后，你就只能打开特定任务所需的特定工具，进而限制潜在干扰物；FocusWriter、WriteRoom 或 JDarkRoom 能够阻止与写报告或学校作业不直接相关的所有程序。如果你发现自己正在写邮件，接着却迷失在收件箱中，那么你可以考虑使用应用程序 Compose，它可以让你书写和发送邮件，不再查看收件箱。

↓厌倦感

让我们来面对这个事实：有时，一直埋头于关键任务会有些无聊，尤其是在其他事物更具吸引力的时候——高清视频、沉浸式的电子游戏和距你鼠标点击之遥的无数的社交媒体链接，情况更是如此。降低完成任务过程中厌倦感的一个策略就是，偶尔站着操作电脑，而非一直坐在那里。你可以将电脑放在一个盒子上以增加高度；也可以购买一个跑步机办公桌，以便保持站立或行走姿势。其额外的好处是，在具有挑战性的认知调控任务中，与坐着不动相比，行走能够增加大脑中的血液。此外，你可以听听音乐，尤其是那些你喜欢的歌曲；这是专注于单一任务时，改善情绪、提高认知任务表现的简单方式。有研究表明，聆听熟悉的音乐不仅能够减轻内科和牙科患者的压力，而且能增加医务人员的工作效率。当然，音乐等外在刺激是潜在分散注意力的因素，人们需要解决其对表现的影响。

如第九章所论述的，人们越来越多地暴露于无处不在、频繁的奖励反馈之中，因此科技可能会减少执行单一任务时产生的厌倦感。也就是说，快节奏的电子游戏、短信和邮件往来正在改变我们对慢节奏活动的容忍度。为了克服这一点，我们提出的策略是，在休息之前逐渐增加花在任务上的时间。将延时开始的休息作为奖励，你可以一步步地增加对较慢节奏奖励周期(reward cycles）的容忍度。你可以控制休息，而不是休息控制你。

说到休息，需要注意的是并非所有的休息都一样。下面介绍的一些想法主要论述我们如何利用高效的休息，在厌倦感占上风之前更加持久地专注于首要任务。伊利诺伊大学（University of Illinois）的心理学教授埃茨诺瑞·埃列伽（AtsunoriAriga）和亚历杭德罗·列拉斯（Alejandro Lleras）解释称："停止和恢复目标能使人集中注意力。从实际角度来看，研究表明在面对长时间的任务时（例如准备期末考试或缴税），我们最好强制进行几次短暂的休息。事实上，短暂的脑部休息将会帮助你专注于任务！"因此，即便休息不会降低任务的无聊感，但抗击疲劳和减少压力的积极效果能使你保持注意力，其原因是投入到任务中的整体时间变得更有益。

在规划恢复性、减轻压力的休息的研究基础上，本文提出的一些方法只需花费你几分钟的时间。

· 锻炼——即便只有 12 分钟——能促进大脑功能，提高注意力，详见第十章内容。

· 遵循 20–20–20 规则，训练眼睛：每 20 分钟休息 20 秒，并瞭望 20 英尺外的物体。此时，你的焦距从英寸变为很多英尺，此过程需要血液流向与持续性注意（constant attention）无关的大脑区域。

· 接触自然。至少部分休息时间要远离科技，花几分钟时间待在自然环境中。已经有研究指出，只需在自然环境中停留十分钟，这样的休息就具有恢复性；甚至单纯浏览自然的图片，同样具有恢复性，详见第十章。

· 做白日梦、望着某处发呆、在纸上涂鸦或做任何使你远离特定任务的事情，能够激活"默认模式网络（default mode network）"——相互作用的大脑区域的网络，这些区域常常会显示你在做白日梦，创造性地思考或只是心不在焉——这对注意力来说具有恢复性。

· 有研究指出，小睡十分钟能提高认知功能。较长时间的小睡同样有效。

一个对飞行员的研究就表明，飞行员小睡三十分钟后，其反应能力得到改善。

·与其他人面对面或通过电话聊天，能够减小压力，也已被证明能提高工作表现。

·大笑！读一本笑话书，看连环画，读有趣的博客。洛马林达大学（Loma Linda University）的一个研究发现，观看搞笑视频的老年人在记忆力测试中分数较高，其皮质醇（cortisol）降低，内啡肽（endorphins）和多巴胺（dopamine）升高，这意味着老人的压力较小、精力充沛、拥有更多积极情感。

·喝点东西，吃些点心。

·读一章小说。近期有研究展示了人们在阅读沉浸式小说时，大脑的主要变化。基本思路为，在工作、学校的课间或在家中抬高双脚放松的休息时间中，你要专注于你所选择做的事情，（无论出于本书所讨论的任何原因，都不应该把拿起手机纳入其中！）。那些使你放松，带你远离过度刺激的技术环境的事物，有助于你在重新投入到任务中时，拥有更强烈的觉醒（arousal）、更能集中注意力、变得不那么容易被打断。

↓焦虑

在第二部分，我们论述了技术是如何引发焦虑的，此焦虑与社交控（FOMO）相关，进而会打断你的工作，重新调整你的注意力资源，损害你在所有重要任务中的表现。我们在前面的场景所学到的策略可以应用于此。首先设定期望；告诉同事你的新计划，即所有的通讯只能发生在预先设定的时间内。虽然有多种方式，但下面论述的是我们推荐的方法。

第一，发邮件或信息给那些你经常联系的人。向他们解释，你正在施行“90-20 计划（90-20 plan）”（或我们在下文将会讨论的计划之一），90 分钟内不会上网，但会在休息时间查看和回复所有消息。如果平时你总能马上回复社交媒体，那么贴个公告，告诉大家你的新工作计划。

第二，在施行计划的第一周，设置自动回复，清楚地说明你的计划。一周过后，大多数人都会知道这件事情。

第三，如果你与其他人共享一个工作环境（办公室，图书馆，家），张贴一张红色标志，上面写着“杜绝干扰区域（No Interruption Zone）”以及你有空的时间。在绿色标志上面写着“空闲中，欢迎打扰（I Am Available Now to Be Interrupted）”。通过使你不再一直期待各种通信，并知道重要的通信能够被接通，这种方式将会减少源于社交控的焦虑感。除了你想让别人联系你之外（现实并不会如此），尽管此方式不会有效地阻止你所有专业和社交领域的朋友联系你，但在你逐渐适应一个稀疏的、更可控的通信环境时，它会开始减轻你的焦虑感。

此外，还有另外两个选择，它们改善焦虑的方式更具通用性。人们可以考虑进行冥想和心智觉知练习（mindfulness practices），正如第十章所论述的，它们会影响大脑。近期，约翰·霍普金斯大学（Johns Hopkins University）对包含 2993 名参与者的 41 个随机、对照心智觉知试验进行了元分析；分析证明减轻焦虑感的效应量（effect sizes）为中等。同时，正如前面所讨论的，参与体育锻炼是个不错的主意，原因是对健康成年人参与的锻炼项目进行的元分析证明，锻炼能降低焦虑感，提高总体生活质量。这些结果显示，冥想和锻炼同样能削弱社交控（驱动大多数人不断地查看科技产品）表现的可能性，但这还有待研究的验证。

如何实现免受干扰的社交

在任何一间餐厅内环顾四周，你会看见几乎每个桌子上都放着手机（可及性）。大多数人可能都没有意识到手机，即便是未接听的，对我们与他人的关系有负面影响（较差的元认知）。与过去相比，在面对面的交谈中，人们更可能停下来查看收到的短信（焦虑），无故地（厌倦感）低头看手机。下面的一些想法聚焦于当家人和朋友在你面前时，你应如何充分利用时间与他们社交，而非自己打断自己，损害重要人际关系。

↑元认知

在第六章，我们论述了人们如何将设备带入过去专注于面对面联系的情景，例如约会，参加孩子的学校宴会、度假甚至做爱。在第七章，我们探索了科技对人际关系的负面影响；其中一些研究指出手机的出现，会减少亲密感、联系和谈话质量，降低个体感受对方同理心（empathy）和理解的程度。手机不仅能削弱我们自己的同理心，也能削弱我们对他人于我们的同理心的感知能力。2015 年，一个对年轻人的研究发现“大多数人都有过移动设备破坏面对面交谈的经历”。自从“手机堆栈（cellphone stack）”出现以来，一些人承认了手机对交谈的影响。

在第七章，我们讨论了无手机焦虑症（nomophobia）的概念——手机没有一直在身边引发的焦虑。想不想知道自己是否有无手机焦虑症？你可以测试一下，问问自己早晨何时第一次查看手机，多久查看一次，睡觉时手机放在哪里，去卫生间时是否携带手机，用它来干什么。很有可能的结果是，许多人会发现自己正在遭受着无手机焦虑症的折磨。意识到这一点有助于推动你更好地控制智能手机的使用。

↓可及性

维持“不受干扰”人际关系的最好策略是，让所有人关闭手机或将其远离互动区。如果这样做太困难，你可以尝试“让高科技歇一下（tech breaks）”策略，先让交谈者查看手机，然后再关闭它们，也可以每 15 分钟设置一个闹钟，允许每个人查看手机一分钟，并重复这个过程。这将会是一个有效的方式，它能阻碍计划外的干扰，进而避免造成不尽人意的人际互动（interpersonal interactions）。

减少接触的另一种方式为建立一个“零科技区域”，这意味着没有电视、手机和任何其他设备。例如，阿里安娜·赫芬顿（Arianna Huffington）就曾提倡将卧室变成零科技区域，她恳切地请求人们“为了自己的健康，禁止平板电脑和智能手机进入卧室”。我们由衷地支持将零科技区域作为避免分心的一种方式。此外，我们已经与一些父母交谈过，他们选择将就餐区作为零科技区域。如前所述，一些人无法做到将手机放置在直接视野之外，但如果你将零科技时间和零科技区域的想法结合起来，这个策略可能会有效。例如，在用餐的中途，可以有一分钟的休息时间让每个人查看消息。随着家庭成员认识到，即便用餐时间不查看手机也不会错过信息时，一分钟休息就可以逐步取消了。

并非所有的技术都对人际关系有相同的破坏作用。私人设备可能会使人脱离实时互动，但电视和电子游戏也算是社交体验（social experiences）。尽管典型家庭不再一起观看电视节目，但如果这对你来说很重要，也许你可以尽量寻找一个每周一次的节目供家人一起观看。看节目的时候，你可以宣布电视区域是私人零设备区域，或许人们在卫生间或点心休息时间可以使用。我们建议家长采取两种方式，以促进家庭成员间的无障碍互动：每周进行家庭会议；每周共同的科技时间，包括一起看电视、电影或交互式游戏。家庭会议应持续 15 分钟左右（虽然时间可以更长点），内容应涉及家长了解本周孩子们的活动以及以积极的方式分享经历。最佳方式为，每个人坐在桌子跟前，或在沙发、地板上，尽可能使每个人的高度相同，其原因是个体高的人往往被视为更具有主导性，并使所有私人设备远离会议区域。

↓厌倦感

我们在第二部分所论述的一些研究显示，在无聊或无趣的社交环境中，很多人会伸手去拿手机。我们认为，重新学习如何避免因进展缓慢的社交环境而产生的厌倦感，并接受不是所有的谈话都同样令人兴奋的事实，这一点很关键。最重要的是，我们需要明白躲在科技产品之后，必然会错过谈话中有趣的事情。如果我们不断被虚拟世界中的东西分散注意力，那么我们就会错过现实世界中珍贵的东西。

吃饭时间将会是重新训练我们自己的好时机。众多研究检验了家庭聚餐的影响；近期，一个元分析也发现，频繁的家庭聚餐与一些积极结果有关，例如改善了的孩子表现、青少年社会心理健康和家庭关系。为了避免厌倦感，把孩子或其他人纳入交谈之中，但不要让他们觉得在接受“盘问”，以帮助他们享受平时的用餐。

↓焦虑

我们在前面场景中推荐的很多技术手段都有助于减轻社交场合的焦虑，这种焦虑源于害怕错过发生在其他地方的互动。正如我们所论述的，设定期望是个好开端。按照我们前面的建议，如果你规定用餐时间为零科技时间，那么让你的朋友和同事知道，在这段时间内你没有空。如果必要的话，你可以使用 Essential Calls 或 Selective Silence 等前面提到的技术，或联合应用手机的免打扰功能及 Allow Calls 技术，以确保紧急电话能被接通。另一个选择是，如果你不担心错过重要的短信或电话，你可以使用自动回复短信和来电的应用程序，通知来电者你的空闲时间。

如何拥有良好睡眠

大多数人知道良好睡眠的价值，但生活、学校和工作的压力迫使我们缩短夜晚时间，以延长白天时间。我们在卧室用笔记本电脑完成一点工作；或睡前在床上玩手机游戏以自娱（厌倦感），却忽视了这些行为对十分重要的睡眠模式的影响（较差的元认知）。随后，我们把这些设备放在床边（可及性），唯恐在晚上错过什么消息或无法在早晨最先了解最新动态（焦虑）。正如本书前面所论述的，科技尤其会损害睡眠，进而损害我们的健康和大脑功能。下面的策略将有助于你在入睡和保持睡眠这个不应受干扰的任务中重获控制权。

↑元认知

第五章解释了一个晚上的睡眠不佳是如何损害认知调控能力，而持续的睡眠剥夺又是如何产生严重且长期的后果的。大多数年轻人及很多年龄较大的成年人会在睡前，在床上玩手机、平板电脑和电脑，其中约一半的人会在晚上醒来的时候查看放在床边显眼位置的手机。第七章讨论了睡前使用科技产品对睡眠（尤其是儿童和青少年的睡眠）的负面影响。美国的成年人也有过夜晚睡眠时间减少，睡眠质量下降的经历，其原因之一即是他们睡前一小时内会使用电子设备。较差睡眠是影响儿童、青少年和成人的信息处理、记忆力和情绪状态的一个主要问题。

认识到科技对睡眠的影响，这一点很重要。除非你让某个人监视你的夜间行为，否则你可能根本不会意识到自己睡得不好。近期，《纽约时报》中的一篇文章探讨了多种选择，包括 Jawbone Up、Fitbit、Basis Peak 和 Microsoft Band 在内的监视系统（watch-based systems）。文章也介绍了戴在头上或胸部的设备，例如 ResMedS+，它们可以监视很多睡眠活动。最后，Aura 或 Beddit

等设备可被放置于床上；或在你购买 Sleep Number 智能床时，你可以去买一个 SleepIQ，它包含一个传感垫和智能手机应用程序，能为夜间睡眠情况评分。

↓可及性

对于科技产品的可及性和睡眠的改善，最好的方案看似十分简单：使所有的科技产品远离卧室，但很多人却无法接受这个做法。因此，一个比较实用的方法为限制可及性，或限制夜间技术中破坏性较强的方面。国家睡眠基金会（National Sleep Foundation）强烈建议人们为了自己和孩子能有良好的睡眠，应遵循：（1）在睡前至少一小时，逐渐减弱卧室的灯光，以释放最大量的褪黑激素；（2）卧室内不要放置电子产品，睡前至少一小时关闭电子设备；（3）在白天尽可能多接受日光照射（也就是到外面休息一下），以调节身体的生物化学机制。对那些在晚上无法放弃使用电子产品的人来说，梅奥诊所（Mayo Clinic）的一个研究建议，人们应该调暗智能手机或平板电脑的亮度，并将设备放在距离面部至少 14 英寸的地方，这样能减少射入眼睛的蓝光，进而将褪黑激素的释放所受到的影响降到最低。为了避免设备中的蓝光，你可以尝试 f.lux 等软件，它们能改变设备的屏幕亮度以匹配白天的环境，在夜晚又变为暖色，使褪黑激素顺利释放。

最后，科技与睡眠的交集还体现在你早晨的习惯中。我们之前提到一个研究发现，80% 拥有智能手机的成年人会在早晨醒后的 15 分钟内伸手拿手机，60% 的人一醒来便会查看手机。对年轻人来说，这些数据值更高。如果睡前把手机放在卧室外的其他地方，就可以限制可及性并有益于你缓慢且逐渐醒来，这比一醒来就立即查看手机，使大脑处于高度警惕状态的方法更可取。

↓厌倦感

对很多人来说，智能手机或平板电脑扮演着减少睡前厌倦感的角色。对这些人，尤其是儿童而言，躺在床上并不是一个十分令人兴奋的活动。但是，你可以通过改善睡眠环境使它变得不那么无聊。一个选择就是，在暗淡的房间内听着音乐，让音乐伴随你慢慢进入梦乡。近期，一个随机对照试验的元分析指出，音乐能显著改善包含夜间睡眠中断（interrupted sleep）在内的慢性睡眠障碍患者的睡眠质量。其他研究也显示，其在质量不佳的成人中也表现出相似的辅助睡眠质量的结果。

睡眠环境对减弱入睡前厌倦感的影响方面的研究较少，但一些有趣的研究显示，改变卧室环境能使睡眠更令人愉悦。例如，现在有的床可以根据不同舒适度需求进行调整，而床的两侧可以独立控制。此外，一些研究表明睡眠质量和对睡眠的态度能够通过逐渐调弱灯光得到改善。

↓焦虑

如前所述，罗森博士所在实验室的一个研究发现，较差睡眠质量的最显著预测因子即为害怕错过“重要”电子通讯的焦虑感。这种焦虑最容易导致参与者在夜间醒来的时候查看信息。这个问题比较棘手，它依赖于人们对重要通讯的定义。同样地，你需要设定期望，告诉其他人，对紧急情况下电话才会接通感到舒适。我们建议，你可以设定一小部分人的夜间电话为紧急情况，安卓系统设备可使用 Essential Calls 或 Selective Silence 应用程序，苹果手机可以联合使用免打扰和允许特定号码来电（Allow Calls From option）功能，以决定即便处于静音状态也能被接通的号码。你也可以设置手机在多次来电后响铃，并更新语音信箱，告诉人们若有紧急情况可以再次拨打电话。应用程序可以自动回复短信，回复内容写明只有手机的紧急信息才能找到你。

总结：掌控科技而不被科技掌控

应该明确的是，如果你难以使自己远离持续的科技干扰，那么你并不孤单：你是当今典型的高科技使用者。利用开车、完成重要任务、社交和睡眠这四种常见的生活情境，我们提出了众多策略以帮助你对抗科技对注意力分散的负面影响。每一套策略聚焦于边际价值定理模型的四个因素，以帮助你减轻认知调控局限性上的压力：提高元认知，减少与干扰人的科技的接触，减弱厌倦感，使害怕错过的焦虑感降到最低。毫无疑问，这些策略同样适用于其他情境下注意力分散的情况。我们所建议的策略旨在针对特定的情境，应用这些策略能使你更专注于重要的事情，而不被当下无关紧要的事情所干扰。

不要期望改变行为很简单。我们的一生都易受分心和打断的影响，而科技对注意力分散的影响造成了我们的过度沉溺。第二部分所论述的科技游戏规则的改变者（technological game changers），导致我们控制 Distracted Mind 的能力失控。这就是一些人别无他选，只能尝试数字脱瘾的原因。正如本章所讨论的，我们并不认为极端的方法能够解决问题。我们所呈现的方法不那么极端，成功的可能性更高。

改变行为并非易事，但却是可行的。如果你发现自己被分心，你可以提问自己下面的问题：

· 我如何能增强自己对特定情境下思想表现的元认知，我的行为在哪些方面与目标和自身局限性基础上的应有表现不一致？

· 我如何能改变自然环境，以减少与潜在干扰物的接触？

· 我如何能评估自己是否因厌倦感而自扰，如何才能使任务变得更有趣，以避免厌倦感？

· 我如何才能意识到我的行为受到害怕错过虚拟世界中事物的焦虑感的驱动，我应该采取什么措施才能减弱那种焦虑？如果遵循本章罗列的策略来避免分心和打断的陷阱，你将有很长一段路要走。但你可以结合第十章论述的方法，以提高认知调控能力，降低目标干扰，改善认知水平。

致谢

《专注》的内容构思开始于 2002 年，因为获得了加州大学伯克利分校认知神经科学博士后研究员一职，所以当时我从美国东海岸搬到了旧金山。当时我在寻找着一种并非单纯为了推进心理学理论而进行的研究项目，而是想找到一种人们日常所关心的研究项目，因为这种研究的结果会让人们了解到自己的心智是至关重要的。所以，由于在加州大学旧金山分校的神经内科门诊中，我总会听到老年患者谈论注意力分散对他们生活所产生的负面影响，于是我就开始研究分心对记忆力的影响。

首先，我要感谢这些患者对我的信任，他们在向我倾诉关于自己注意力的不安和弱点时，也允许我了解他们的个人生活。是他们让我首次看到了专注的真相。

我十分感激我的第一位科学导师约翰 · 莫里森（John Morrison）以及加州大学伯克利分校的导师——马克·狄索波西多（Mark D' Esposito）和罗伯特·奈特（Robert Knight），他们给予了我机会和鼓励，也为这次的研究项目提供了智力支持。

我要感谢我的实验室同事——布莱恩·米勒（Brian Miller），杰西·里斯曼（Jesse Rissman），杰夫·库尼（Jeff Cooney），亚伦·鲁特曼（Aaron Rutman），凯文·麦克沃伊（Kevin McEvoy），泰勒·塞伯特（Tyler Seibert），乔恩·凯利（Jon Kelley）和达里娅·皮诺（Darya Pino，现名为 Darya Rose），他们帮助我开发和测试了之前用以评估注意力分散神经机制的范式，这些范式在全书中多次引用。我要特别感谢 Darya，因为其在这一话题上进行过长达十多年的引人深省的探讨。

我十分感激所有教职员工，包括我试验室的博士后、助理研究员和学生们。多年来，他们不辞辛劳地仔细阐释大脑中有哪些因素造成了人们注意力分散，以及人们应怎样补救其负面影响。他们是：西奥多·赞托（Theodore Zanto），韦斯·克拉波（Wes Clapp），扎克·查迪克（Zack Chadick），迈克尔·鲁宾斯（Michael Rubens），雅各布·博林杰（Jacob Bollinger），乔纳森·卡尔克斯坦（Jonathan Kalkstein），乔蒂·米什拉（Jyoti Mishra），杰奎因·安格拉（Joaquin Anguera），埃塞基耶尔·莫塞拉（Ezequiel Morsella），安妮·贝瑞（Anne Berry），彼得·魏斯（Peter Wais），布拉德·佛伊泰克（Brad Voytek），内特·卡什多勒尔（Nate Cashdollar），凯米·罗尔（Cammie Rolle），朱迪·巴（Judy Pa），大卫·齐格勒（David Ziegler），徐万宇（WanYu Hsu），奥马尔·阿尔-哈希米（Omar Al-Hashimi），雅基·杰诺维奇（Jacki Janowich），珍·林图尔（Jean Rintoul）和杰奎琳·博康弗索（Jaqueline Boccanfuso）。衷心感谢帮助各研究项目进行的其他实验室成员，包括让全部研究顺利开展的志愿者实习生，当然还包括多年来的数百名研究参与者，他们为这项科学的推动倾注了大量时间和精力。

构思的第二部分开始于 2009 年，当时我受邀参加了美国退休人员协会（AARP）年会并做了演讲。这是我第一次针对我的注意力分散研究做出演讲，这让我见识到了与公众分享科学信息的力量。这在接下来的几年在全世界内引发了数百个相关讨论，也促成了我的公共广播公司（PBS）特别节目《亚当·格萨里谈专注力》。

我感谢所有由衷提出极佳问题的听众们，这些问题让我在回答人们真正关心的问题时进行了更深入的探寻。

感谢莱利·基普（Lennlee Keep）以及来自 Sant é Fe Productions 的团队，他们在我紧张制作公共广播公司（PBS）的节目时鼓励并引导了我。这一经历帮助我凝练了有关这一课题的想法，也找到了与公众分享这些想法的最佳方式。

有关专注的故事在撰写这本书时达到了高潮。实际上，我之前并不想写书；我在科技写作上用了很多时间，我最享受的是在节目里和公众分享这些。

多亏了拉里·罗森（Larry Rosen），我才得以完成这本书的写作。他对这项计划有着极大的热情，也在一同研究科技对注意力的影响时提供了宝贵的深刻见解，这让我意识到只有将这一故事以书的形式写出来，才能显示其应有的深度和广度。

我要感谢一直支持着我们的代理人史黛丝·格利克（Stacey Glick）；麻省理工学院出版社的鲍勃·普赖尔（Bob Prior）从一开始就对这本书寄予了厚望；凯米·罗尔（Cammie Rolle）协助进行了文献研究；我们的文字编辑朱迪思·费尔德曼（Judith Feldmann）包容了我们所有的吹毛求疵。

最后，我十分感激我的妻子、我的所爱乔·格萨里（Jo Gazzaley）不厌其烦地改善这本书的细节。她在我身边为相关工作无私奉献，从而将本书提升到更高档次，对此我永远心存感激。

——亚当·格萨里

几年前，在出版了第五本有关科技对人们心理影响的书后，我不知道比起我篇幅较短的博客，是否还有足够的内容得以成书。早在 1997 年，我曾在

《高技术工作紧张症》（*TechnoStress*）一书中写到过科技如何开始让人们发狂，也曾在 2007 年出版的《我和我的空间》（*Me, MySpace, and I*）中讨论过对高科技中成长起来的孩子们的教育，也在 2010 年的《重组》（*Rewired*）一书中写过如何教育新一代精通科技的学生们。在 2012 年，我在《自我凌乱》（*iDisorder*）一书中提到人们变得越来越沉迷于科技产品的现象，而在 2015 年，我参与编辑了威利 – 布莱克威尔公司（Wiley–Blackwell）出版的手册《心理学、科技和社会》（*Psychology, Technology, and Society*）。

全身心投入实验室的心理学研究后，我意识到，若想全面理解科技的影响，必须将我的视角拓展到神经系统科学领域。十分巧合的是，我在旧金山举行的学习与脑力智能会议上做完开场致辞后，参加了一项关于多任务处理的座谈会，亚当·格萨里博士（Dr. Adam Gazzaley）精妙的神经系统科学研究让我觉得醍醐灌顶。我很少在会议上做笔记，却在这次会议上做了足足好几页有关研究结果和图表的笔记，在这之后，我又沉浸于格萨里博士实验室所做出的具有开创性意义的研究成果，也深深着迷于他针对专注力所做的视频讲座。意料之外的是，我给他去了一封电子邮件，经过几次邮件往来和几通长时间的电话，我们决定一起创作本书。这让我感到欣喜若狂。这本书结合了我们两人的专业领域（神经系统科学和心理学），以独特的视角解释了人们如何以及为何变得越来越不专注。

我十分感谢马克·卡里尔（Mark Carrier）博士和南希·奇弗（Nancy Cheever）博士，他们与我一同建立了加利福尼亚州立大学多明格兹岗分校的乔治·马什应用认知实验室。我也十分感谢所有在我们的实验室中参与研究的大学生和研究生们。据我统计，在我们将所有研究并入一个实验室之后的六年中，我们培养出了两位博士，且目前共有 15 名美国研究生入学管理委员会（GMAC）实验室的研究生正在读博，其他人也得到了自己的文学硕士学位并在这一领域开展工作。我要特别感谢文学硕士亚历克斯·利姆（Alex Lim），他是我们第四实验室的“导师”，也孜孜不倦地管理着我们新的神经系统科学实验室。

我也一定要提及加利福尼亚州立大学多明格兹岗分校在我过去41年人生路中的重要性。加利福尼亚州立大学多明格兹岗分校是一所小型的州立大学，许多在此上学的学生都是家中第一个考上大学的人，更别提追求更高学历的想法了。学校一直支持着我的工作，让我在过去十年间教授“科技的全球影响力”这一门课。该门课是唯一一门在学校礼堂进行授课的课程，每学期有450名学生参加。学校一直推进着我的工作，为我提供热心的学生，并用各项小额津贴资助我们的研究，让我们的实验室正常运转下去。政府的多个项目帮助了我的许多学生，我们感谢麦克奈尔学者项目、MBRS-RISE项目、MARC-USTAR项目的大力支持。我要特别感谢威利·哈根（Willie Hagan）校长，我曾对多个校内组织说明，我们接下来的神经心理学研究需要让实验室将重点放在“科技心理学”上，知道这一情况后，校长为我们的神经系统科学实验室提供了资金支持。

就我个人来说，如果没有我的未婚妻薇琪·奈文斯（Dr. Vicki Nevins）博士对我过去五本书的支持，我不可能完成任何一本书，尽管每次我都在说写完这本书我就不写了。我因写作状态好而情绪高涨时，她静静聆听并为我鼓掌称赞，在我效率不高而感到沮丧的日子里，她又深深地为我感到同情。我的四个孩子和他们的对象都十分了不起。即便他们和我们住得都不近，不能经常见面，但亚当和法里斯、阿丽尔和杰斯、克里斯和蒂法尼、凯莉和格兰特都腾出时间，保证我们能分享家庭动态。我们会发短信，视频聊天，上脸书沟通，还会在电话里（气喘吁吁地）说话，我时时刻刻都能感到他们对我的爱和关心。还有格雷森（我的孙女）、埃文和迈克尔（薇琪的孙子们，即便我和薇琪还没“正式”成婚，他们也一直管我叫爷爷），给他们一人一个拥抱。

十分感谢麻省理工学院出版社的鲍勃·普赖尔（Bob Prior）对本书的支持。在我们不断的删减、粘贴、剪切、增添中，朱迪思·费尔德曼（Judith Feldmann）出色地完成了编辑工作。亚当的妻子乔·格萨里（Jo Gazzaley）主要负责多次通读手稿和寻找需要润色、修正和改善的地方。最后，当然少不了史黛丝·格利克（Stacey Glick），她是我前面五本书的代理人，一直花时间帮我理解出版界。

——拉里·D. 罗森